Michael Fahlenbock, Torben I
Horst Hübner, Oliver Wulf (Hg.)

Hochschulsport-Umfrage NRW 2009

Schriften zur Körperkultur

herausgegeben von
Prof. Dr. Horst Hübner
Bergische Universität Wuppertal

Band 58

LIT

Michael Fahlenbock, Torben Hense,
Horst Hübner, Oliver Wulf (Hg.)

Hochschulsport-Umfrage NRW 2009

LIT

Die Titelseite wurde von Frau Helena Niedens entworfen

Bibliografische Information der Deutschen Nationalbibliothek
Die Deutsche Nationalbibliothek verzeichnet diese Publikation in der
Deutschen Nationalbibliografie; detaillierte bibliografische Daten sind
im Internet über http://dnb.d-nb.de abrufbar.

ISBN 978-3-643-10681-0

©LIT VERLAG Dr. W. Hopf Berlin 2010
Verlagskontakt:
Fresnostr. 2   D-48159 Münster
Tel. +49 (0) 2 51-620 320   Fax +49 (0) 2 51-922 60 99
e-Mail: lit@lit-verlag.de   http://www.lit-verlag.de

Auslieferung:
Deutschland: LIT Verlag Fresnostr. 2, D-48159 Münster
Tel. +49 (0) 2 51-620 32 22, Fax +49 (0) 2 51-922 60 99, e-Mail: vertrieb@lit-verlag.de
Österreich: Medienlogistik Pichler-ÖBZ, e-Mail: mlo@medien-logistik.at
Schweiz: B + M Buch- und Medienvertrieb, e-Mail: order@buch-medien.ch

Inhaltsverzeichnis

Abbildungsverzeichnis

Tabellenverzeichnis

Einleitung

Der Hochschulsport hat sich in den letzten Jahrzehnten zu einem zentralen Bestandteil der Hochschulen in Deutschland entwickelt, dabei spielte insbesondere der Hochschulsport in NRW eine herausragende Rolle. Sein gestiegener Stellenwert zeigt sich in seiner gesetzlichen Verankerung als allgemeine Aufgabe der Hochschulen im Landeshochschulgesetz und in einer weitgreifenden Vernetzung innerhalb und außerhalb der Hochschulen. Der Hochschulsport besitzt durch die Nähe zu Forschung und Wissenschaft, durch seine hohe Flexibilität im Kursbetrieb, durch seine Angebotsvielfalt und durch seine interkulturelle Ausrichtung eine hohe Ausstrahlungskraft für den Sport außerhalb der Hochschule. Gegenwärtig muss auch der Hochschulsport die Folgen des gesellschaftlichen Wandels zur Kenntnis nehmen und insbesondere angesichts starker Individualisierungsprozesse, neuer Freizeittrends, gewachsener gesundheitlicher Belastungen von Studierenden und Bediensteten seine Angebote und seine Leistungen entsprechend modifizieren und weiterentwickeln. Darüber hinaus erfordern vielfältige Problemstellungen in seinen wichtigsten Arbeitsfeldern – der Bereitstellung von Sportstätten und Sportgelegenheiten, der angemessenen Ausbildung von Übungsleiterinnen und Übungsleitern, der Sicherung zuverlässiger finanzieller Budgets und der Verwaltung des Hochschulsports zwischen Hauptamtlichkeit und studentischer Mitarbeit – eine periodische und fundierte Situationsanalyse.

Daher lag es nahe, dass die nordrhein-westfälische Landeskonferenz für den Hochschulsport (LK NRW) im Jahre 2008 eine empirische Studie initiierte, um diesen eher unerforschten Bereich des breitensportorientierten Betriebssports zu analysieren und damit zugleich Grundlagen für eine gezielte Weiterentwicklung zu erhalten. Im Mittelpunkt der Untersuchung sollte das allgemeine Interesse der LK NRW stehen, eine Evaluierung seiner Leistungen angesichts der erweiterten Aufgaben des Hochschulsports vorzunehmen und eine Qualitätssteigerung anzustreben. Für dieses Vorhaben, das im Vorfeld der „Woche des Hochschulsports 2009" stattfinden sollte, konnte vom zuständigen Innenministerium des Landes NRW ein finanzieller Zuschuss eingeworben und die Zustimmung der Landesrektorenkonferenz NRW gewonnen werden.

Die Wuppertaler Forschungsstelle „Kommunale Sportentwicklungsplanung" (FoKoS), die von Professor Dr. Horst Hübner an der Bergischen Universität Wuppertal geleitet wird, hat die Studie wissenschaftlich begleitet. Gemeinsam mit dem langjährigen Vorsitzenden der Landeskonferenz, Michael Fahlenbock, unter dessen Leitung auch die „Woche des Hochschulsports" organisiert wurde, gründete sich eine Projektgruppe, an der die Mitglieder der Forschungsstelle Torben Hense und Oliver Wulf die Federführung bei der Online-Befragung übernahmen.

Die Ziele der empirischen Bestandsaufnahme lauten: Ein aktuelles und differenziertes Bild über das Sport- und Bewegungsverhalten der Studierenden und der Hochschulangehörigen zu ermitteln, die Sicht und Beurteilung des Hochschulsports durch die Nutzer, aber auch durch die „Nicht-Teilnehmer"[1] zu erfragen sowie eine detaillierte und standortspezifische Qualitätsanalyse an allen Hochschulsporteinrichtungen in NRW durchzuführen.

Eine erste landesweite Befragung wurde bereits 2003 im Rahmen des damaligen „Jahres des Hochschulsports" durchgeführt. Die Studie belegte, dass der Hochschulsport bei Studierenden und auch bei den Bediensteten einen hohen Stellenwert besitzt; sie wies jedoch einige wesentliche Verfahrensmängel hinsichtlich der Qualität der Stichprobe und der Verallgemeinerbarkeit der Befunde auf.

In Abstimmung mit der Landeskonferenz erarbeitete die Projektgruppe die konzeptionellen Grundlagen der Erhebung, die eine landesweite Online-Befragung vorsah. Mit Blick auf die datenrechtlichen Aspekte sollte jede teilnehmende Hochschule eigenständig ihren Studierenden und Bediensteten, über die jeweils bei ihnen registrierten E-Mail-Adressen, eine Information zur Befragung und einen Link zu einer landesweiten Internet-Plattform zusenden.

Insgesamt kann die Befragung als voller Erfolg verbucht werden. Es haben sich 30.612 Studierende und 4.823 Bedienstete aus 15 Universitäten und Hochschulen an der Befragung beteiligt. Bis auf die Universitäten in Düsseldorf und Siegen, die aufgrund organisatorischer Probleme sich nicht beteiligen konnten, nahmen alle großen Universitätsstandorte teil.

Erste Trends und Ergebnisse sind im Rahmen der Auftaktveranstaltung zur Woche des Hochschulsports am 24.06.2009 in Köln präsentiert worden. Nun kann im Frühjahr 2010 der umfangreiche Abschlussbericht vorgelegt werden, der neben den landesweiten Ergebnissen auch neun standortbezogene Teilanalysen beinhaltet.

Zuerst erfolgt ein kurzer Überblicksbeitrag zur geschichtlichen Entwicklung sowie zum heutigen und zukünftigen Stellenwert des Hochschulsports (Kap. 1). In Kapitel 2 wird das Verfahren der Onlinebefragung, deren Durchführung und Stichprobenqualität näher betrachtet. Im anschließenden Kapitel finden sich allgemeine Grunddaten über die Sport- und Bewegungsaktivitäten der Studierenden und Bediensteten im Lande NRW sowie eine Vielfalt detaillierter Beurteilungen über den Hochschulsport, sowohl aus Sicht aktueller Hochschulsportnutzer als auch aus dem Blickwinkel von momentanen „Nicht-Teilnehmern".

Die standortspezifischen Detailanalysen von insgesamt neun Hochschulsportstandorten in NRW werden in Kapitel 4 präsentiert. In jedem Standortprofil erfolgt nach eini-

---

[1] Aus Gründen der sprachlichen Vereinfachung werden die maskulinen Formen „Teilnehmer", „Sporttreibender" usw. verwendet, sofern das Geschlecht der bezeichneten Person oder Personengruppe für den behandelten Sachverhalt nicht von Bedeutung ist.

gen allgemeinen Hinweisen zum Sporttreiben der Studierenden und Bediensteten eine systematische Gegenüberstellung der Beurteilung von Relevanz und Realität ausgesuchter Aspekte des Hochschulsportangebots. Zum Abschluss werden für jeden untersuchten Standort die wichtigsten Besonderheiten festgehalten.

Das Kapitel 5 zieht ein Gesamtfazit der Studie und wagt einen Ausblick auf mögliche zukünftige Entwicklungen des Hochschulsports in Nordrhein-Westfalen. Die in der vorliegenden Studie präsentierten Erkenntnisse bieten den Hochschulsportstandorten in Nordrhein-Westfalen eine Vielfalt informativer Ergebnisse, auf deren Basis ihre Programme empirisch fundiert fortgeschrieben und der Weg einer zukunftsfähigen Hochschulsportentwicklung weiter beschritten werden kann.

Für das Zustandekommen und die Finanzierung des Projektes gilt der Sportabteilung des Innenministeriums des Landes Nordrhein-Westfalen unser herzlicher Dank. Des weiteren danken wir den Mitgliedern der LK NRW für den Hochschulsport, hier insbesondere Frau Katrin Bührmann (Wuppertal), Frau Margret Fischer (Bielefeld), Frau Elke Hannes (Bochum), Herrn Dr. Richard Jansen (Bonn), Herrn Jan-Philipp Müller (Dortmund), Frau Heike Nitzsche (Aachen), Herrn Eckart Rohde (Köln), Herrn Jürgen Schmagold (Duisburg-Essen), Herrn Wolfram Seidel (Münster), Herrn Nico Sperle (Aachen) und Herrn Dieter Thiele (Paderborn) für die vielfältige Unterstützung und die konstruktiven Anregungen im Laufe des Projektes. Auch den weiteren Ansprechpartnern im Hochschulsport und in der Universitätsverwaltung der 15 beteiligten Hochschulen sei für ihre Mitarbeit bei der Durchführung der Onlinebefragung gedankt. Besonders erwähnen wollen wir die studentischen Hilfskräfte Lars Birger Hense und Malte Kotzur, die vielfältige Arbeiten im Rahmen des Projektes übernahmen, von der Datenbearbeitung bis hin zu der Verschriftlichung der Ergebnisse für die Teilanalysen. Hervorzuheben sind ebenfalls die Beiträge von Nora Markert und Anika Prehl, die im Rahmen ihrer Examensarbeit wichtige Bausteine für das Gelingen dieses Bandes geliefert haben und ebenfalls an den entsprechenden Stellen als Co-Autorinnen genannt werden.

Wuppertal, im April 2010

Michael Fahlenbock
Horst Hübner
Torben Hense
Oliver Wulf

Michael Fahlenbock

Statement der Landeskonferenz NRW

Die Landeskonferenz NRW für den Hochschulsport (LK NRW) ist in der Sportfamilie des Landes fest verankert. Im Lehr- und Wissenschaftsbetrieb der Hochschulen wird dieses „profilbildende Element" im Hochschulalltag – auch aufgrund der gesetzlichen Verankerung – zwar zur Kenntnis genommen, dennoch sind die Verantwortlichen im Hochschulsport ständig gefordert, für ihre Anliegen zu kämpfen, sie zu legitimieren und die Potenziale des Hochschulsports an den Hochschulen begreifbar zu machen. Die hohen Teilnehmerzahlen signalisieren, wie wichtig die Angebote für die Hochschulangehörigen und für das Campusleben sind. Bei den komplexen Aufgaben, die die Hochschulen zu erfüllen haben, werden leider oft die Augen vor den breitensport-, bewegungskulturellen-, gesundheits- und bildungsrelevanten Kompetenzvermittlungen verschlossen. Angesichts der aktuellen Entwicklungen an den Hochschulen (BA- und MA-Studiengängen, Modularisierung, Bologna-Prozess) unterliegen auch die Angebote des Hochschulsports neuen organisatorischen, inhaltlichen und räumlichen Herausforderungen. Um den Entwicklungen Folge leisten zu können und Problemstellen antizipieren zu können war sich die LK NRW einig, ein zeitgemäßes onlinebasiertes Befragungskonzept in Auftrag zu geben.

Fünf Jahre nach der ersten landesweiten Hochschulsportbefragung über das Internet startete die LK NRW für den Hochschulsport im Jahre 2008 einen zweiten Anlauf, eine Online-Befragung zum Hochschulsport in NRW zu initiieren. Erneut unterstützte die Sportabteilung des Innenministeriums das Projekt. Fünf Jahre Fortschritt bei der Anwendung von Online-Surveys, die Einbeziehung einer ausgewiesenen Forschungsstelle, eine stärkere Beteiligung der Hochschulverwaltungen sowie ein modifizierter Befragungsablauf sollten eine verbesserte Datenlage für anschließenden Analysen sicherstellen.

Die Konzeption der hier vorliegenden Studie geht zurück auf die empirische Studie zur „Sportnachfrage der Studierenden der Westfälischen Wilhelms-Universität Münster" (vgl. HEISE, 1995) und wurde in enger Anlehnung an die Befragung aus dem Jahr 2003 verfasst. Damit ist gesichert, dass – zumindest bez. einzelner Trends – Vergleichsmöglichkeiten im Sinne gegebener Entwicklungsprozesse nachvollziehbar werden. Modifizierte Fragestellungen und zusätzliche Fragen wurden in der Landeskonferenz NRW für den Hochschulsport gemeinsam verabschiedet. Um die Befragungsdauer so kurz wie möglich zu halten, galt es, die Fragenzahl zu begrenzen und eine frühe Trennung zwischen Sportaktiven und Sportabstinenten zu ermöglichen.

Drei direkte Anforderungen wurden von der LK NRW für den Hochschulsport an die Initiatoren formuliert.

- Zum einen sollte die Online-Befragung als ein regelmäßig wiederholbares Analyseinstrument konzipiert werden. Eine Übertragbarkeit auf andere Bundesländer sollte gesichert sein (das Interesse anderer Bundesländer wurde durch diverse Nachfragen spürbar);

- Darüber hinaus sollte die NRW-weite Hochschulsportbefragung auch standortspezifische Rückschlüsse ermöglichen. Ziel dieses Aspektes war, die Vergleichbarkeit der Hochschulstandorte mit ihrer jeweiligen Spezifik zuzulassen. Als Bezugsgröße sollten bei der Analyse der standortspezifischen Daten die landesweiten Ergebnisse sein;

- Schließlich sollten die Standortauswertungen der Hochschulsportbefragung Vergleiche zu den repräsentativen Sportverhaltensstudien der Forschungsstelle „Kommunale Sportentwicklungsplanung" an den entsprechenden Standorten (Bielefeld, Bochum, Münster, Paderborn, Wuppertal) in NRW zulassen. Auf dieser Datenbasis bieten sich eine Reihe weiterführender interessanter Untersuchungen an.

Die Mitglieder der LK NRW für den Hochschulsport danken der Forschungsstelle „Kommunale Sportentwicklungsplanung" der Bergischen Universität Wuppertal für die Bereitschaft, sich vertieft in den Bereich Hochschulsport einzuarbeiten, die Methodik einer Onlinebefragung inhaltlich sowie organisatorisch maßgeblich zu gestalten und die Auswertung des riesigen Datens(ch)atzes zu übernehmen. Der vorliegende Band belegt eindrucksvoll das nun erreichte hohe Niveau. Von daher darf man schon heute auf die Fortschreibung einer onlinebasierten Befragung zum Hochschulsport in 2015 und der daraus resultierenden Ergebnisse gespannt sein.

Nora Markert / Anika Prehl

1 Geschichte, Entwicklungen und Trends des Hochschulsports

In den folgenden Abschnitten erfolgt eine Auseinandersetzung mit der Geschichte, mit der aktuellen Lage und mit den Trends des Hochschulsports. Die Betrachtung der Genese des Hochschulsports ermöglicht eine konstruktive Auseinandersetzung mit seinen gegenwärtigen Problemen und mit seinen Perspektiven. Die Konfrontation mit der Vergangenheit macht einerseits positive Erfolge sichtbar, weist aber andererseits auch auf Defizite hin, an denen gearbeitet werden muss, damit der Hochschulsport auch in Zukunft einen wesentlichen Beitrag zum Hochschulleben beitragen kann.

1.1 Entwicklungen des Hochschulsports seit der Gründung des adh

Im Folgenden zeigt ein Rückblick die Entwicklung des Hochschulsports seit der studentischen Gründung der „Arbeitsgemeinschaft deutscher Hochschulsportreferenten" (AdH) 1948[2] bis zum heutigen Zeitpunkt. Heute ist der adh der Dachverband von 172 Mitgliedshochschulen.

Obwohl das Sporttreiben an Hochschulen in Deutschland nicht erst nach dem zweiten Weltkrieg begann, liegt der Fokus in diesem Kapitel auf der Entwicklung des Hochschulsports im Zeitraum zwischen 1948 und heute, da die Darstellung der gesamten Hochschulsportgeschichte im Rahmen dieser Arbeit zu umfangreich ist. Örtlich gesehen beschäftigt sich der Rückblick in die Geschichte mit den Hochschulen in der Bundesrepublik Deutschland (BRD) mit dem Schwerpunkt NRW-

Die Zeit um 1948 ist herausragend für den Sport an Hochschulen, da das Ende des Krieges auch einen Neuanfang für den Hochschulsport bedeutete.

Nach zwölf Jahren Diktatur, in denen gerade der Sport an den Hochschulen sehr stark durch das Gebot der Wehrhaftmachung vom Nationalismus gekennzeichnet war, „wurde die öffentliche Wahrnehmung studentischen Engagements in Deutschland nach 1945 ganz erheblich durch politisch konträre Positionen geprägt" (OELRICH, 1998, S. 9). Somit bedeutete die Gründung der „Arbeitsgemeinschaft deutscher Hochschulsportreferenten" im Jahre 1948 einen „markanten Bruch mit den sportpolitisch-ideologischen Rastern der Zwischenkriegszeit" (OELRICH, 1998, S. 9).

---

2   1950 änderte nannte sich die AdH in „Allgemeiner Deutscher Hochschulsportverband" (ADH) um. Seit 1990 lautet die Abkürzung adh. Im Folgenden wird die aktuelle Schreibweise verwendet.

Eine bedeutende Änderung stellte die Freiwilligkeit des Sporttreibens dar. Im Gegensatz zur Zeit des Nationalsozialismus (NS-Zeit), in der der universitäre Sport Pflicht war, konnten die Studierenden nun selbst entscheiden, ob sie sich im Hochschulsport körperlich betätigen wollten oder nicht. Die Eigenverantwortlichkeit der Studierenden stand im Mittelpunkt der neuen Verbandsordnung (vgl. HÜNEFELD, 2009). Der Hochschulsport funktionierte nicht mehr als Instrument zur Soldatenausbildung, sondern sollte den Studierenden nun als Ausgleich zur geistigen Belastung dienen.

In den Besatzungszonen der Amerikaner, Briten und Franzosen entwickelte sich der Hochschulsport recht schnell. In der sowjetischen Besatzungszone wurde er im Mai 1946 zugelassen, beschränkte sich jedoch auf die jeweiligen Hochschulorte. Wettkämpfe mit Studierenden anderer Hochschulen waren weder innerhalb noch außerhalb dieser Zone gestattet.

Die Studierenden, die gemeinsam am 2. April 1948 in Bayrischzell den adh gründeten, stammten aus allen Besatzungszonen. Jedoch wurde schon 1949 den Studentenräten der Sowjetischen Besatzungszone die Mitgliedschaft im adh nicht mehr ermöglicht, was 1950 dazu führte, dass der nun „Allgemeiner Deutscher Hochschulsportverband" genannte adh ein westdeutscher Verband wurde (vgl. MILDE, 1998, S. 41). Grund der Namensänderung war die Philosophie „einen wirklich „allgemeinen" Verband gegründet zu haben, indem sich also alle im Hochschulsport Beteiligten zusammenfinden" (MILDE, 1998, S. 41) konnten. Doch obwohl der adh eine Zusammenführung mit den östlichen Hochschulen anstrebte, blieb diese Region bis 1990 ausgeschlossen.

Eine weitere bemerkenswerte Phase des Hochschulsports stellt die 68er Studentenbewegung dar, denn nun wurden die gesamte Struktur und die inhaltliche Ausrichtung des Verbands hinterfragt. In den fünfziger und sechziger Jahren hatte der adh zunächst den Schwerpunkt auf die Organisation des nationalen und internationalen Wettkampfsportes gesetzt. Doch in einer Zeit, in der leistungsorientiertes Handeln verurteilt wurde, wandelte sich dies mit dem Ergebnis, dass der Breitensport in den Vordergrund geriet und jetzt neben den Studierenden auch alle anderen Personen, die an den Hochschulen vertreten waren, teilnehmen konnten. „Unter dem Einfluß (sic.) der gesellschaftspolitisch argumentierenden Reformer, zu denen auch die studentische „Basis" gehörte, wurde das soziale dem motorischen Lernen übergeordnet" (BRAUN, 2004, S. 98). Die Studierenden forderten einen „Sport für alle". Der Wettkampfsport an den Hochschulen wurde von den Gegnern leistungsorientierten Sporttreibens abgelehnt. Sie kämpften für die Abschaffung der Deutschen Hochschulmeisterschaften und den Teilnahmestopp an internationalen Wettkämpfen. Dies konnte auf der 50. adh-Vollversammlung 1973 nur knapp verhindert werden (vgl. HÜNEFELD 2009).

An diesem Beispiel wird deutlich, dass die Entwicklung des Hochschulsports stark von gesellschaftspolitischen Bedingungen beeinflusst wird. Die gesamte Bildungspolitik befand sich zu Beginn der 70er Jahre im Umbruch, und neben der Forderung nach einem „Sport für alle", forderten die 68er-Studenten ebenfalls „Bildung für alle" (vgl. BEYER/FEHRES, 1998, S. 104).

Zudem entwickelte sich in der Gesellschaft Ende der 1960er Jahre ein größeres Interesse am Sporttreiben und die Zahl der Studierenden verdreifachte sich innerhalb des Jahrzehnts zwischen dem Wintersemester 1960/61 und 1970/71. Die gesellschaftlichen Veränderungen führten zu einer Vielzahl von sportinteressierten Studierenden, die am Hochschulsport teilnehmen wollten. Diese waren vorrangig an Breitensportangeboten interessiert, was dazu führte, dass der „Anteil der wettkampforientierten Angebote lediglich noch bei ca. 12% des Gesamtangebots (bundesweit)" (PFISTER, 1985, S. 18) lag. Die Freizeit- und Breitensportorientierung wird weiterhin dadurch deutlich, dass viele Angebote koedukativ genutzt wurden (vgl. PFISTER, 1985, S. 16-18).

In der Zeit kurz vor und nach den olympischen Spielen 1972 wurde die Kritik am wettkampforientierten Sport noch lauter. Die so genannten „Wopp-Thesen", die die Wichtigkeit von Kreativität und Entfaltungsmöglichkeiten der Studierenden betonten, und das Berliner Modell, welches zur ersten „Zentraleinrichtung Hochschulsport" an der FU Berlin 1971 führte, entstanden. Ergebnis war, dass sich der Hochschulsport nun sowohl finanziell, personell als auch räumlich unabhängig organisierte (vgl. HÜNE-FELD, 2009).

Das Thema „Zentraleinrichtung der Organisation" innerhalb der Hochschulstrukturen spielte im adh-Memorandum, das 1981 beschlossen wurde, eine große Rolle. Nach langer Zeit dieser politischen Diskussionen konnte sich der adh mit den eigenen Entwicklungen und Problemen auseinandersetzen. Nun konnte sich der Hochschulsport mit Details wie Teilnehmergebühren und finanzieller Ausstattung beschäftigen. (vgl. HARMS, 1998, S. 71ff.). Diese Entwicklung ging einher mit einer Zunahme der sportwissenschaftlichen Entwicklungen.

Wie zuvor kurz erwähnt, verlief der Studentensport in der DDR getrennt vom Hochschulsport in der BRD. Dies endete mit dem Zeitpunkt der politischen Wende 1989. In der DDR waren die Studierenden bis zu diesem Zeitpunkt zur Teilnahme am Studentensport verpflichtet. Der Pflichtsport war durch eine Sportartspezifik gekennzeichnet, d. h. zu Beginn des Studiums konnten die Studierenden aus 12 Sportarten, die alle zu den traditionellen Sportarten wie beispielsweise Rudern, Geräteturnen und Leichtathletik zählten, eine Sportart auswählen, die sie dann Studium begleitend ausführten. Damit wurde das Ziel verfolgt, die Studierenden zum lebenslangen Sporttreiben zu motivieren. Zudem sollte die Fähigkeit zum selbstständigen Sporttreiben gefördert werden und der Studentensport als Ausgleich zum bewegungsarmen Alltag dienen, „Wohlbefinden fördern und eine aktive Erholung ermöglichen" (SCHEEL, 1998, S. 85).

Es ist wichtig anzumerken, dass durch den Zwang zur Teilnahme am Studentensport, die mit Hilfe von Anwesenheitskontrollen überprüft wurde und beinhaltete die Pflicht das Sportabzeichen abzulegen, den positiven Zielen entgegengewirkt wurde. Im November 1989 jedoch entschieden sich viele Hochschulen für die Abschaffung des Pflichtsports und erklärten den Studentensport als fakultativ oder führten für die jüngeren Studierenden die wahlweise-obligatorische Sportausbildung ein (vgl. SCHEEL, 1998, S. 85ff.).

Natürlich führten die unterschiedlichen Organisationsformen in der DDR und der BRD bei der Zusammenführung zu Unsicherheit und Umstrukturierungen. Eine wichtige Veränderung, die schon im Januar 1990 umgesetzt wurde, war die endgültige Abschaffung des Pflichtsports in den restlichen Hochschulen der DDR. Dies führte zunächst dazu, dass die Studierenden sich nicht freiwillig für den Studentensport begeisterten, also demnach die Sportbeteiligung zurückging.

Nach dem Mauerfall begann die Umgestaltung vom Studentensport zum Hochschulsport; es wurden attraktivere Sportprogramme erstellt, neue Organisationsformen wurden eingeführt, andere Zielgruppen angesprochen und neue Ressourcen erschlossen. All diese Maßnahmen führten dazu, dass viele Studierende nun freiwillig in die Sportstätten zurückkehrten, um die Sportarten und Bewegungsfelder ihrer Wahl zu betreiben.

Die Hochschulen der neuen Länder galten zu Beginn der 1990er als „Sorgenkind" des adh, da der Hochschulsportbetrieb dort durch fehlende finanzielle Mittel und personellen Abbau gefährdet war. Seit 1994 jedoch ist der Hochschulsport, auch in den neuen Ländern fest in allen Landeshochschulgesetzen verankert (vgl. SCHEEL, 1998, S. 99).

Im Jahre 1998 feierte der adh sein 50-jähriges Jubiläum und machte mit verschiedenen Veranstaltungen und einer Festschrift von Burk und Milde (1998) auf sich aufmerksam. Bis dahin nahm die Öffentlichkeit trotz der vielen genannten Verdienste des adh kaum Notiz vom Hochschulsport und der Wichtigkeit der vielen Sportangebote an den Hochschulen.

Eine Veranstaltung anlässlich des Jubiläums war die Sommersportwoche, die vom 10. bis 14.6 stattfand. Im Rahmen der Sommersportwoche richtete die Universität Stuttgart sieben Deutsche Hochschulmeisterschaften aus[3].

1999 initiierte der adh das Konzept „Partnerhochschule des Spitzensports". Dieses Projekt steht im Kontrast zu den Ansprüchen an den Hochschulsport in den Jahren der 1968er Bewegung, da hierbei, wie der Name schon sagt, der Spitzensport gefördert wird. Hochschulen, die an diesem Projekt teilnehmen, verfolgen das Ziel, den Studie-

---

[3]   vgl. http://www.uni-stuttgart.de/aktuelles/presse/1998/30.html (Stand: 08.03. 2010)

renden ihre Studienzeit so flexibel zu gestalten, dass sie den Sport mit dem Studium vereinbaren können. Der Erfolg dieses Projekts wird durch die hohe Zahl der studierenden Athleten, die an der Olympiade 2008 teilnahmen, bestätigt. Ein Drittel der Olympiamannschaft studierte an Hochschulen[4].

Die aktuellsten Entwicklungen und Events des Hochschulsports werden an dieser Stelle am Beispiel des Hochschulsports in NRW skizziert. Hier liegt der Schwerpunkt der Ausführungen. In Kapitel 1.2 und 1.3 werden weiterhin sowohl die aktuelle Situation als auch die Zukunftsperspektiven und -möglichkeiten diskutiert. Doch zunächst folgt ein kurzer Überblick über die Gestaltung des Hochschulsports in NRW seit dem zweiten Weltkrieg bis heute.

1.1.1 Hochschulsportentwicklungen in NRW

Nordrhein-Westfalen (NRW) trägt nicht nur im Jahre 2009 mit der Gestaltung der Hochschulsportwoche bedeutend zur Entwicklung und Verbesserung des Hochschulsports bei. Schon kurz nach dem zweiten Weltkrieg spielte NRW eine wichtige Rolle. Der erste internationale Wettkampf fand 1947 in Köln statt, wo kurz zuvor die Deutsche Sporthochschule gegründet worden war. Die Kölner Studierenden traten beim „ersten internationalen Leichtathletiktreffen" gegen die Wettkampfmannschaft der Universität Oxford an (vgl. MILDE, 1998, S. 37).

Auch die zweite internationale Veranstaltung fand im heutigen NRW, in der damaligen Britischen Besatzungszone statt. Im März 1948 wurde in Bonn ein Fußballspiel zwischen den Bonner Studierenden und der Universitätsmannschaft aus Bern ausgetragen.

Vom 9. bis 16. August 1953 fand die dritte Internationale Hochschulsportwoche in Dortmund statt. Wettkämpfe in sieben verschiedenen Sportarten (Basketball, Fechten, Fußball, Leichtathletik, Schwimmen, Tennis, Wasserball) wurden von Teams aus 22 verschiedenen Ländern durchgeführt. Dies war die erste internationale Spitzensportveranstaltung in der BRD nach dem zweiten Weltkrieg.

Ein weiteres wichtiges Jahr für den Hochschulsport in NRW ist das Jahr 1989. Ursprünglich war für dieses Jahr die Universiade in Sao Paolo/Brasilien geplant. Ende Januar wurde diese jedoch aufgrund finanzieller und organisatorischer Probleme abgesagt und am 3. Februar erfuhr der adh, dass er als Ausrichter einspringen könne. Trotz der Kurzfristigkeit wurde dann am 4. März beschlossen, sich für die „Austragung der Universiade 1989 mit dem Sportpark Wedau und den vier Sportarten Basketball, Fechten, Leichtathletik, Rudern" (LUFFT, 1998, S. 80) zu bewerben. Erst 153 Tage vor der Eröffnung wurde Duisburg die Funktion als Ausrichter zugesagt. Dennoch gelang es

---

[4]   vgl. http://www.adh.de/ueber-uns/daten-und-fakten/arbeitsfelder.html (Stand: 08.03.2010)

spannende Wettkämpfe zu organisieren. „13 Universiade-Rekorde und 2 deutsche Rekorde in der Leichtathletik zeugen vom hohen Leistungsstandard" (LUFFT, 1998, S. 84). Sowohl am ersten als auch am letzten Tag war das Stadion mit jeweils 30.000 Zuschauern ausverkauft.

1994 fand die bis dahin größte Studierenden-WM aller Zeiten statt, auch sie wurde in NRW ausgerichtet. 43 Nationen von fünf Kontinenten nahmen an der WUC Judo (World University Championship) in Münster teil. (vgl. HÜNEFELD, 2009)

2003 richtete NRW das Jahr des Hochschulsports aus. 365 Tage lang wurde der Hochschulsport sowohl praktisch als auch theoretisch durchleuchtet. Bei den vielen Workshops, Seminaren und Wissenschaftsveranstaltungen, die insgesamt an 24 Hochschulen unter dem Motto „denkSportbewegt" durchgeführt wurden, wurde die Bedeutung des Hochschulsports untersucht und diskutiert. 25.000 Studierende aus ganz Deutschland kamen nach NRW, um an Turnieren wie dem „Rhönrad UniCup", dem Kanupolo-Mixed-Turnier oder auch an den Handball- und Basketballmeisterschaften teilzunehmen (vgl. HÜNEFELD, 2009).

Wie bereits erwähnt, steht auch im aktuellen Jahr 2009 der Hochschulsport in NRW wieder im öffentlichen Interesse. Vom 22.6. bis 28.6 fand die Woche des Hochschulsports[5] statt, die vom Innenministerium NRW, dem Ministerium für Innovation, Wissenschaft, Forschung und Technik NRW, dem adh, der Landesrektorenkonferenz der Universitäten NRW, dem Landessportbund NRW der Arbeitsgemeinschaft der Studentenwerke NRW und der Landeskonferenz NRW für den Hochschulsport getragen wurde. Neben Veranstaltungen wie dem Uni Eishockey Cup, der Hochschulsportshow und dem Multisportevent Uni Trophy in Duisburg wurde der 24.6.2009 zum landesweiten Hochschulsporttag erklärt, an dem die Hochschulsporteinrichtungen sich und ihr vielfältiges Sportartenangebot an den Hochschulstandorten präsentierten. In Schnupperkursen konnten alle Interessenten neue Sportarten kennen lernen. Außerdem hatten sie die Möglichkeit an Turnieren teilzunehmen und zum Abschluss auf einer der vielen Partys an den Hochschulen NRWs zu feiern (HÜNEFELD, 2009).

Zudem wurde im Deutschen Sport- und Olympia Museum bei der dort stattfindenden Kick-off-Veranstaltung am 22.6. die Ausstellung „Gedankensprünge", die sich mit der Geschichte des akademischen Sports befasst, eröffnet.

Der Hochschulsport, der häufig von den Medien vernachlässigt wurde, rückt dank solcher Events immer mehr in das öffentliche Bewusstsein. Seit 1976 ist er in der Bundesgesetzgebung im Hochschulrahmengesetz (HRG) verankert und mittlerweile besagt auch die Landesgesetzgebung (HSG NRW), dass die Hochschulen in ihrem Bereich den Sport zu fördern haben.

---

5   www.hochschulsport-nrw.de (Stand: 08.03.2010)

Die Landeskonferenz NRW, die als landesweite Interessenvertretung der Hochschul-sport-Einrichtungen in NRW agiert, sieht die Hauptaufgabe des Hochschulsports darin ein „bedarfsorientiertes, überwiegend breitensportliches Sport- und Bewegungspro-gramm anzubieten"[6].

Darüber hinaus hat der Hochschulsport die Aufgabe zu Sport und Bewegung zu mo-tivieren und weiterhin eine „umfassende Mitverantwortung für eine gesunde Lebens-führung zu entwickeln und die Kommunikation unter den Hochschulangehörigen zu verbessern" (ebd.). Er ermöglicht außerdem eine Identifikation mit der Hochschule. Die Landeskonferenz NRW sieht die Bedeutung des Hochschulsports als einen bil-dungspolitischen Auftrag mit „Anspruch auf ein qualitatives Profil des Sportangebo-tes und eine soziale und kommunikative Kompetenz" (ebd.).

Diese Sichtweise zeigt nicht nur den Entwicklungsprozess des Hochschulsports, son-dern gibt Hoffnung, den Hochschulsport in NRW in Zukunft mehr in das Hochschulle-ben zu integrieren.

(Foto: Isabella Thiel)

---

6   http://www.hochschulsport-nrw.de/Kontakt/Wir_ueber_uns.html (Stand 08.03.2010)

1.2 Hochschulsport heute

Zunächst zur formalen Seite der heutigen Situation. Der Sport ist heute, wie bereits erwähnt, sowohl im Hochschulrahmengesetz, als auch im Hochschulgesetz NRW fest verankert.[7]

Gesetzlich ist die Förderung des Sports an Hochschulen demnach festgelegt, jedoch ob und wie häufig Studierende in der heutigen Zeit Sport im Rahmen des Hochschulsports betreiben, ist natürlich auch von den Studierenden selbst, den gesellschaftlichen Rahmenbedingungen, der Organisation des Studiums und den Sportstätten abhängig.

Wenn es um Hochschulsport geht, ist es wichtig zu betonen, dass es hier um den Sport geht, der von Studierenden ausgeführt wird[8], das heißt von Menschen, die sich in einer anderen Lebensphase befinden als Schüler oder Berufstätige. Daher müssen die Umstände, von denen speziell Studierende umgeben sind, besonders beachtet werden. "Hierzu zählen vor allem das Leben in meist heimatfernen Hochschulorten, die oft beengten Wohnverhältnisse der Studierenden sowie die häufig beklagte Einsamkeit in der Massenuniversität" (SCHMITTNER, 1992). Bei der Organisation des Hochschulsports müssen also Rahmenbedingungen wie „die Interessen der Studierenden, der Ort, die sozialen Kontakte, Belastungen, Entbehrungen, Freuden usw." (KÄHLER, 1992, S. 234) berücksichtigt werden.

Die Gründe, um Sport zu treiben, sind bei Studierenden und der übrigen Bevölkerung sehr ähnlich, doch unterscheiden sich Studierende vor allem in der Möglichkeit Sportangebote wahrzunehmen. Dadurch, dass viele Studierende zwischen ihrem Wohnort und dem Studienort pendeln müssen und auch nur für den begrenzten Zeitraum ihrer Studienzeit vor Ort sind, ist es wichtig, ihnen ein Hochschulprogramm zu bieten, das ihnen die Gelegenheit gibt, für begrenzte Zeiträume ihren eigenen Bedürfnissen und wechselnden Interessen entsprechend Sport zu treiben (vgl. GÖRING, 2009, S. 111).

---

7   Nach Abschnitt 1 § 3 Absatz 5 S. 18 Hochschulgesetz wirken die Hochschulen an der sozialen Förderung der Studierenden mit. [...] Sie fördern in ihrem Bereich Sport und Kultur. (http://www.innovation.nrw.de/downloads/Hochschulrecht.pdf)
8   Der Hochschulsport wird auch von Bediensteten der Universitäten genutzt, jedoch bezieht sich diese Arbeit hauptsächlich auf die Nutzung des Hochschulsports durch Studierende.

1.2.1 Der Einfluss der Reformen

Eine große Veränderung stellt die Einführung von Bachelor- und Masterstudiengängen dar, die auf die Integration des europäischen Hochschulraums zielen. Im so genannten „Bologna-Prozess" werden diese Reformen initiiert. Sie sollen eine „wettbewerbliche Situation ermöglichen und damit gleichzeitig die Forderung nach Profilierung und Autonomie der Hochschulen" (BERTHOLD/ LEICHSENRING, 2007, S. 7) unterstützen. Die neuen Studiengänge sollen in kürzerer, aber intensiverer Studienzeit absolviert werden.

Diese Änderung hat selbstverständlich großen Einfluss auf die Lebenssituation der Studierenden von heute und auch auf die Teilnahme der Studierenden am Hochschulsport. Laut BERTHOLT und LEICHSENRING (2007) hat sich das Studium von einer Lebensphase zu einer „Durchgangsstation" (S. 7) gewandelt. Ein großer Nachteil dieser „Lernschnellwege" ist, dass Studierenden durch den gestiegenen Leistungsdruck zu „Einzelkämpferinnen und Einzelkämpfern" werden. Als Konsequenz sehen viele Studierende ihre Hochschule nur noch als Lernort und nicht mehr als Ort ihrer Lebensphase Studium. Hinzu kommt, dass den Studierenden durch die vorgefertigten straffen Studienpläne die Möglichkeiten der Selbst- oder Mitbestimmung genommen werden (vgl. FEHRES/WOPP, 1996, S. 130).

Gerade aufgrund dieser Nachteile, die die neuen Studiengänge mit sich bringen, ist die Teilnahme am Hochschulsport von besonderer Bedeutung. Doch durch die Studienverkürzung, die intensiveres Lernen erzwingt, haben Studierende weniger Freizeit, die ihnen für den Sport zur Verfügung steht.

Hinzu kommt die Einführung von Studiengebühren, die dazu führen kann, dass Studierende aus finanziellen Gründen vom Hochschulsport fernbleiben. Zum einen haben Studierende also weniger Zeit um Sport zu treiben. Zum anderen sind sie nun möglicherweise weniger gewillt, über die Studiengebühren hinaus einen Beitrag zu zahlen um am Hochschulsport teilnehmen zu können (vgl. BERTHOLD/LEICHSENRING, 2007, S. 16)[9].

Da die Hochschulen an ihren Erfolgen gemessen werden, das heißt an Studierenden- und Absolventenzahlen, werden zusätzliche Angebote der Hochschule, unter die bislang auch der Hochschulsport fällt, als weniger bedeutend gewichtet. Durch zusätzliche Einsparungen an die sich die Hochschulen halten müssen, wird der Hochschulsport weiterhin marginalisiert. „Je mehr die Hochschulen von den Ländern über eine leistungsorientierte Mittelverteilung finanziert werden, desto eher könnten die Hochschulen einen Anreiz empfinden, sich auf die in Kennzahlen ausgedrückten

---

9   An einigen Hochschulen in NRW, wie z. B. Wuppertal, Paderborn und Dortmund zahlen Studierende einen geringen Beitrag um an den Angeboten des Hochschulsports teilnehmen zu können. Darüber hinaus fallen für spezielle Kurse zusätzliche Gebühren an.

Kernleistungen zu konzentrieren" (BERTHOLD/LEICHSENRING, 2007, S. 16). Wie wichtig jedoch die Förderung des Hochschulsports ist, soll im Folgenden betont werden.

1.2.2   Potenziale des Hochschulsports

Neben der bereits erwähnten Ausgleichsfunktion zur geistigen Anstrengung gilt die Zusammenführung von Menschen und das gemeinsame kooperative Bewegen als eine weitere wichtige Funktion des Sports, die gerade in der gegenwärtigen Studiensituation von besonderer Bedeutung ist. In der heutigen Zeit, in der viele Hochschulen eher einer Massenabfertigungsfabrik ähneln als einer Bildungsstätte, in der individuell gefördert wird, steigt die Wichtigkeit dieses Aspektes weiter an. Durch die hohen Studierendenzahlen werden die Hochschulen immer anonymer und der Hochschulsport dadurch noch bedeutender.[10] Studierende verspüren den Wunsch „im kompensatorischen Sinne durch gemeinsames Sporttreiben stabile soziale Beziehungen herzustellen" (FEHRES/WOPP, 1996, S. 134).

Es ist wichtig zu verhindern, dass Universitäten und Fachhochschulen zu „kulturellen Wüsten" (NEUFELD, 1987, S. 14) verkommen. In Hochschulen sollen junge Menschen gebildet werden. Doch was gehört alles zu Bildung dazu?

SCHINKEL (1999) verbindet mit Bildung „ein aktives Hineinwachsen in die Welt-, Lern-, Bewusstseins- und Handlungsprozesse, die die Erkenntnisse meiner Selbst verbessern, die meine Stellung und mein Verhalten in der unmittelbaren Umgebung reflektieren und beeinflussen, (...)" (S. 84). Bildung betrifft nicht nur das theoretische Wissen und auch nicht nur die geistigen Aspekte des Lernens, es bezieht sich vielmehr auf den gesamten Menschen. Das bedeutet also, dass auch die Bewegung einen wichtigen Teil der Allgemeinbildung darstellt. „Bewegung ist aus anthropologischer Sicht eine Form, in der sich der Mensch in seiner reinen Menschheit gemäß der ihm eigenen Idee auszuprägen vermag" (vgl. DIETRICH/ LANDAU, 1989) und über sie eignet sich der Mensch seine Welt an (vgl. BUYTENDIJK, 1956, S. 3).

Durch diese Auffassung von Bewegung und somit von Sport wird klar, dass Hochschulsport unumgänglich einen wichtigen Teil der Allgemeinbildung in Universitäten darstellen muss (vgl. KÄHLER, 1992, S. 232ff).

Hinzu kommt, dass der Hochschulsport durch die Studierenden selbst erst zum Leben erweckt wird. Der Großteil der Kurse wird von studentischen Übungsleitern/-innen erteilt. Somit übernehmen diese Studierende schon früh Verantwortung. Dies zeigt, dass nicht nur die teilnehmenden, sondern auch die gestaltenden Studierenden durch

---

10   Im Wintersemester 2007/2008 waren 462.800 Studierende in den Hochschulen NRWs immatrikuliert. Diese Zahl stieg zum Wintersemester 2008/2009 auf 475.400 Studierende an (vgl. Information und Technik NRW).

den Hochschulsport so genannte Soft Skills oder Schlüsselqualifikationen erlangen können.

Diese Qualifikationen beinhalten laut MERTENS (1974) „a) die Eignung für eine große Zahl von Positionen als alternative Optionen zum gleichen Zeitpunkt und b) die Eignung für die Bewältigung einer Sequenz von (meist unvorhersehbaren) Änderungen von Anforderungen im Laufe des Lebens" (vgl. GÖRING/FRIELING, 2007, S. 24). Darunter fallen vor allem überfachliche Qualifikationen wie Team-, Kooperations- und Kommunikationsfähigkeit, sowie kognitive Fähigkeiten und Problemlösungs- und Organisationskompetenzen. Dies wurde in mehreren Großstudien des Bundesinstituts für Berufsbildung (BIBB) herausgefunden (vgl. GÖRING/FRIELING, 2007, S. 27). Schlüsselqualifikationen sind in einer Zeit, in der fast jeder Mensch in NRW unbegrenzt das Internet nutzen kann, wertvoller als Faktenwissen, das mit wenigen Klicks von jedem herausgefunden werden kann. Daher machen diese „weichen Faktoren" einen Großteil des Erfolgs im Arbeitsleben aus.

Die Schulung und Wichtigkeit von Soft Skills ist ein gutes Beispiel dafür, dass der Hochschulsport in einer Wechselwirkung mit der Gesellschaft steht. Er stagniert nicht, er verändert sich, je nachdem, was in der gegenwärtigen Gesellschaft gefragt ist. Sinkt aufgrund der Internetexistenz die Bedeutung der Fachkompetenz und steigt die Bedeutsamkeit von Kooperationsfähigkeit und Problemlösungskompetenzen, so kann er genutzt werden, um die entsprechenden Soft Skills zu schulen. Darin besteht in der heutigen Zeit einer der wichtigsten Legitimationsgründe für die Förderung des Hochschulsports.

1.2.3 Aktueller Trend: Gesundheitsförderung

Da die moderne Arbeitswelt und auch die heutige Situation der Studierenden durch Stress geprägt ist, wird die Förderung von Gesundheit und Wohlbefinden notwendig, denn durch psychische Belastungen des Alltags und Stress nehmen Zivilisationskrankheiten wie Herz-Kreislauf-Erkrankungen zu. „Für Studierende gelten studienimmanente Belastungen, Selbstmanagement, der Zugang zu Seminaren, Literaturbeschaffung, die Doppelbelastung durch Studium und Bestreiten des Lebensunterhalts, verbunden mit Ängsten sowie unzureichende Wohnverhältnisse als risikoreich für die Gesundheit und das Wohlbefinden" (ROLFSMEIER, 2004, S. 37).

Es ist wissenschaftlich untermauert, dass sich sportliche Betätigung positiv auf physische, psychische und soziale Aspekte des Lebens auswirkt[11]. Durch Sport kann Bewegungsmangel, welches als Hauptrisikodisposition für viele Zivilisationskrankheiten gilt,

---

11   Ein Überblick über Studien, die den Einfluss von Bewegung auf physische, psychische und soziale Faktoren belegen, findet sich bei Blair (1996). Körperliche Aktivität, körperliche Fitness und Gesundheit. In the Club of Cologne (Hrsg.): Gesundheitsförderung und körperliche Aktivität. Köln: Sport und Buch Strauß GmbH. S. 11-41.

entgegengewirkt werden (vgl. ROLFSMEIER, 2004, S. 8, 18ff.). Zudem wirkt sich Bewegung positiv auf die Lebensqualität eines Menschen aus. Laut ISRAEL und WEIDNER (1988) führt sportliche Betätigung zu einer Verbesserung einer Vielzahl von Aspekten, die zu einem gesunden Leben beitragen: Erholungsfähigkeit, Wohlbefinden, Reservekräfte, Muskelkraft, Gesundheitsstabilität, mentale Gesundheit.

Die Tatsache, dass mehr für die Gesundheit getan werden muss, und dass Bewegung eine effektive Maßnahme ist, wirkt sich natürlich sowohl auf die Angebote als auch auf die Wahrnehmung des Hochschulsports aus (vgl. BAUMGARTEN/LÜER/DREIBRODT, 2009, S. 81).

Seit 1995 gibt es den Arbeitskreis „Gesundheitsfördernde Hochschule", der darauf abzielt „gesundheitliche Potenziale an der Hochschule zu stärken und zu ermöglichen" (ROLFSMEIER, 2004, S. 39). Die Erkenntnis, dass Hochschulsport genutzt werden kann, um die Belastungen des Studienalltags auszugleichen, hat dazu geführt, dass heute fitnessorientierte Aktivitäten in den Hochschulen boomen. Mit diesen fitnessorientierten Angeboten werden besonders Frauen angesprochen. Laut einer Studie[12], in der Bedienstete der Hochschule Bielefeld zu ihrer Gesundheitswahrnehmung und Sportaktivität befragt wurden, nehmen Frauen gesundheitliche Probleme eher wahr und haben daher den Wunsch nach Veränderung. Daher waren mehr Frauen als Männer gewillt, sich für ein gesundheitlich orientiertes Kursangebot anzumelden (ROLFSMEIER, 2004, S. 230ff). Es scheint, dass die Auswahl der Kurse, insbesondere der fitnessorientierten Veranstaltungen, möglicherweise auf der unterschiedlichen Gesundheits- und Fitnesswahrnehmung von Männern und Frauen basieren. Dieser Trend muss vom Hochschulsport wahrgenommen und entsprechend umgesetzt werden.

Zum Beispiel hat der Wuppertaler Hochschulsport seinen Schwerpunkt auf Prävention und Gesundheitsförderung gelegt, um auch die weniger sportlich Aktive für den Hochschulsport zu motivieren und sie zu mehr Bewegung zu animieren. Diese Sichtweise wird von dem Bundesministerium für Gesundheit gefördert. Im Mai 2009 wurde das bundesweite Modellprojekt „Gesundheitsförderung und Prävention für Studierende und Bedienstete durch Sport und Bewegung" vorgestellt, welches vom Hochschulsportzentrum Aachen ins Rollen gebracht wurde. Kooperationspartner sind die Hochschulsporteinrichtungen der Universitäten in Paderborn, Potsdam und Wuppertal. An diesen vier Hochschulen werden in den nächsten vier Semestern insgesamt 85 gesundheitsfördernde Veranstaltungen angeboten, die darauf abzielen, den Teilnehmern die Möglichkeit zu geben, „Gesundheitsförderung in ihren Büro- bzw. Studienalltag zu integrieren und ihr Bewusstsein für ein gesundes Leben zu sensibilisieren" (BÜHRMANN, Leiterin des Wuppertaler Hochschulsports). Das Projekt soll bundesweit auf 170 Hochschulen und Universitäten ausgeweitet werden, so dass es der Gesund-

---

12   ROLFSMEIER (2004)

heit von insgesamt 1,6 Millionen Studierenden und über 400.000 Beschäftigten zu Gute kommen könnte.[13]

Nachdem dargestellt wurde, inwiefern die gesellschaftlichen Strömungen den Hochschulsport beeinflussen können, ist es wichtig anzumerken, dass die Entwicklung auch anders verlaufen kann. Häufig werden im Hochschulsport neue Trends gesetzt. Die Hochschulen bieten die Möglichkeit, neue noch unbekannte Sportarten zu testen. Nicht selten führt dieses Experimentieren dazu, dass neue Sportarten auch in Vereinen angeboten werden und sich zu Trendsportarten entwickeln. Der Hochschulsport wird daher auch als „Seismograph" bezeichnet. Laut WOPP soll der „Universitätssport... ein großes Praxis- und Experimentierfeld sein, in dem neue Erfahrungen und Erkenntnisse für einen Sport von morgen gewonnen werden" (WOPP, 1987, S. 38). Somit bedingt die Gesellschaft nicht nur den Hochschulsport, sondern der Hochschulsport auch sein Umfeld. Das liegt sowohl an der Aufgeschlossenheit der Studierenden gegenüber neuen politischen und kulturellen Entwicklungen, als auch an der stabilen homogenen Altersgruppe (vgl. FAUST, 1993, S. 119).

Die veränderten Rahmenbedingungen, die das Studium, die Hochschulen und die Gesellschaft prägen, müssen bei der Hochschulsportorganisation gezielter berücksichtigt werden. Was bedeutet das für die gegenwärtige Zeit, für die jungen Leute, die unter den bereits beschriebenen Bedingungen studieren? Wie sollte und wie kann der Hochschulsport der kommenden Jahre aussehen?

Im Folgenden werden Modifikationsmöglichkeiten vorgestellt, die auftretende Probleme berücksichtigen und mögliche Lösungen präsentieren.

---

[13] vgl. //www.presse.uni-wuppertal.de/archiv_ab2008/archiv_medieninformationen /2009/0513_gesundheit.html (Stand: 12.03.2010).

1.3   Hochschulsport morgen – Problemfelder, Perspektiven, Möglichkeiten

Fest steht, dass der Hochschulsport in der Zukunft nicht an Bedeutung verliert, denn gerade weil das Studium durch die Einführung der Bachelor- und Masterstudiengänge intensiver geworden ist, ist es sinnvoll und notwendig, dass dem Hochschulsport mehr Aufmerksamkeit zukommt. Denn je anspruchsvoller und stressiger der Studierendenalltag ist, desto wichtiger ist es, Ausgleichsangebote für die Studierenden zu schaffen. Damit dies geschieht, müssen die Hochschulen den Hochschulsport als ein „Profil bildendes Element" (BERTHOLD/LEICHSENRING, 2007, S. 17) wahrnehmen und entsprechend fördern.

In anderen Ländern hat sich gezeigt, dass ein profilierter Hochschulsport sogar eine erfolgreiche Marketing-Strategie darstellen kann. Zahlende Studierende können ein breites Freizeitangebot erwarten und aus diesem Grund eine bestimmte Hochschule als Ausbildungsort bevorzugen. Hinzu kommt, dass der Hochschulsport ehemalige Studierende an die Hochschule binden und sich als gesellschaftliches Element des Standortes oder einer Region präsentieren kann (vgl. BERTHOLD/LEICHSENRING, 2007, S. 16ff).

1.3.1   Hochschulsport als Teil des ECTS[14]

Eine gute Möglichkeit, den Hochschulsport stärker in das Studium zu integrieren, wäre es, ihn zu einem Teil des Bachelor-Studiengangs zu machen. So wie es auch heute schon, beispielsweise an der Bergischen Universität Wuppertal, einen Optionalbereich gibt, in dem sich die Bachelorstudenten entscheiden können, ob sie z. B. Philosophie, Mathematik, EDV-Kenntnisse oder eine Fremdsprache im Rahmen ihres Studiums erlernen möchten, so könnte man auch spezielle sportbezogene Angebote als eine weitere Komponente anbieten, in der Studierende so genannte Credit Points erwerben können. Die Angebote sollten dazu beitragen, Fair-Play, Engagement, Einsatzfreude und das Leistungsprinzip, also Werte des Sports, die Studierenden jeder Fachrichtung von Nutzen sein können, zu vermitteln (vgl. BERTHOLD/LEICHSENRING, 2007, S. 17).

An der Universität in Kiel gibt es bereits die Möglichkeit, im Rahmen des Bachelor-Studiums Veranstaltungen des Hochschulsports zu besuchen. Studierende müssen im Bereich der sogenannten Fachergänzung insgesamt 30 Leistungspunkte erwerben. Im Sommersemester 2008 konnten Bachelor-Studierende aus allen Fachbereichen

---

14   In den neuen Studiengängen wurde das European Credit Point Transfer System (ECTS) eingeführt mit dessen Hilfe die erbrachten Studienleistungen europaweit vergleichbar gemacht werden.

das Seminar „Einführung in das Eventmanagement am Beispiel des Schülertriathlons" belegen. Ein Drittel der Plätze für dieses Seminar, in dem sowohl Kenntnisse von Eventmanagement, als auch Kenntnisse der Sportart Triathlon vermittelt werden, steht Bachelor-Studierenden aller Fachrichtungen zur Verfügung. Zwei Drittel der Plätze werden an Sportstudierende vergeben. Dieses Konzept wurde sehr positiv wahrgenommen. „Zur Positionierung des Hochschulsports innerhalb der Universität und zur Verdeutlichung der Wichtigkeit des Hochschulsports stellen die ECTS-Kurse eine sehr gute Möglichkeit dar" (SCHRÖDER, 2008). Auch an der Bergischen Universität Wuppertal bietet der Hochschulsport im Optionalbereich ab dem Sommersemester 2010 das für alle Fachrichtungen offene Seminar Eventmanagement im (Hochschul-) Sport an.

Die Integration des Hochschulsports in das ECTS ist auch in NRW schon seit Jahren Gesprächsthema bei den Hochschulsportleitern. Jedoch hapert es noch an der Umsetzung. Wer soll das Konzept betreuen? Hier fehlen, wie so oft die Ressourcen.

Das Thema ist dennoch nicht vom Tisch. Als erste Hochschule in NRW versucht Aachen mit einer halben wissenschaftlichen Mitarbeiterstelle den Hochschulsport in das System einzubinden. Im kommenden Semester soll das ECTS-Projekt gestartet werden. Im WS 2009/10 können interessierte Studierende bereits drei Projekte belegen: das Projekt „Studiomanagement – und Teilnehmer/Innen- Betreuung im RWTH GYM", indem sie 3 Leistungspunkte erwerben können. Hier können sie unter anderem ihre Planungs- und Organisationsfähigkeit, ihre Kommunikations- und Präsentationsfähigkeit, ihre Problemlösefähigkeit und ihre Selbsteinschätzung- und Reflexionsfähigkeit schulen.

Es erscheint jedoch wichtig, dass die Dozenten aller Fachrichtungen ihren Studierenden verdeutlichen, dass sie auch ohne den Erwerb von Leistungspunkten und Scheinen Vorteile aus der Teilnahme am Hochschulsport ziehen können. Neben Fertigkeiten wie dem Skifahren, Segeln oder Windsurfen werden auch Werte wie Toleranz, Fairness, Organisationsbereitschaft, Entscheidungsfähigkeit und Verantwortungsbewusstsein den Studierenden von Nutzen sein. Ihnen muss klar gemacht werden, dass viele ihrer zukünftigen Arbeitgeber sportliche Mitarbeiter bei der Einstellung bevorzugen könnten.

Selbst Studierende, die Sport treiben, sind sich nicht immer bewusst, welche positiven Nebenwirkungen ihr Hobby mit sich bringt. Daher erscheint es sinnvoll, die Studierenden in den Hochschulsportveranstaltungen zur Reflexion aufzufordern und in den fachspezifischen Kursen die Bedeutung von Sport zu thematisieren.

1.3.2 „Bewegte Hochschule"

Neben der Integration des Hochschulsports in das ECTS, gibt es weitere Möglichkeiten, den Hochschulsport fest an das Campusleben zu binden. Anstatt die Veranstaltungen des Hochschulsports auf die Sportstätten zu reduzieren, kann man eine zu Bewegung animierende Hochschullandschaft kreieren. Dies könnte nach dem Konzept der „Bewegten Schule"[15] erfolgen. Warum sollte es nicht auch das Konzept der „Bewegten Hochschule" geben?

Wie bereits erwähnt, dürfen Hochschulen nicht zu Lernfabriken und „Durchgangsstationen" verkommen. Daher kann die folgende Sichtweise BREITHECKERS über die Schule auch auf die Universitäten übertragen werden. Für ihn stellt die Schule nicht nur einen Lernraum dar, sondern einen den ganzen Menschen betreffenden Lebensraum, indem auch sinnliche und soziale Erfahrungen gemacht werden sollen (vgl. 1995, S. 14).

Was kann der Hochschulsport tun, um den bewegungsfeindlichen Lernraum Hochschule zu einem bewegungsfreundlichen Lebensraum umzuwandeln? Einige Visionen könnten dies andeuten:

Hängemattenparks zwischen den Gebäuden können als Entspannungsoasen genutzt werden, Waldwege in den Pausen zwischen den Vorlesungen laden zu Spaziergängen ein. Man kann ebenfalls Spaziertreffs oder Laufgruppen für die Freistunden anbieten. Innerhalb der Gebäude und Seminarräume kann man Möglichkeiten schaffen, um sich aktiv vom Lernstress oder den langen Sitzzeiten zu erholen, beispielsweise können Stühle durch Pezibälle ersetzt bzw. ergänzt werden. Weiterhin könnten Entspannungs- und Ruheräume geschaffen und Klimmzugstangen zwischen den Türrahmen befestigen werden. Dies sind nur einige von vielen Möglichkeiten, um den Hochschulraum bewegungsfreundlicher zu gestalten.

---

[15] Nähere Informationen zum Thema „Bewegte Schule" in: THIEL/TEUBERT/KLEINDIENST-CACHAY (2006); KOTTMANN/KÜPPER/PACK (2008)

Torben Hense / Nora Markert / Oliver Wulf

2 Methodische Aspekte

In den folgenden Abschnitten soll auf die methodischen Aspekte bei der Planung, Durchführung und Auswertung der Hochschulsportumfrage NRW 2009 eingegangen werden. Zunächst wird ein kurzer Blick auf das Forschungsfeld „Hochschulsport" und aktuelle Studien zu dieser Thematik geworfen. Im Anschluss werden die grundlegenden Planungsschritte bei der Konzeption und Durchführung der Studie dargestellt, bevor abschließend in Kapitel 2.4 eine Einschätzung zur Qualität der erhobenen Daten erfolgt.

2.1 Aktuelle Studien zum Hochschulsport

Bei der sich ändernden Nachfrage im Bereich Freizeitsport, vom Verein stärker hin zu den unverbindlichen Organisationsformen des Sporttreibens, spielt der Hochschulsport eine nicht zu unterschätzende Rolle. Zum einen zeigen sich neue Entwicklungen bei den Studierenden häufig als erstes (vgl. HEISE, 1995, S. 5), da deren Lebensstil flexibel und offen ist für neue Entwicklungen und Trends. Zum anderen ist der Hochschulsport im Vergleich zu den Vereins- und Verbandssystemen aufgrund der anpassungsfähigen und flexiblen Organisationsstruktur eher in der Lage, auf ein sich wandelndes Sportinteresse zu reagieren und vielfältig in das Kursprogramm zu integrieren (vgl. HEISE, S. 6).

Jedoch herrscht ein generelles Informationsdefizit im Bereich empirischer Untersuchungen zum Hochschulsport. Nur vereinzelt gibt es Studien in diesem Bereich, was jedoch sehr verwundert, da wie HEISE hervorhebt der „Hochschulsport das umfangreichste und differenzierteste kulturelle Angebot ist, das die Hochschulen für die Studierenden bereitstellen und seine Nähe zur Forschung eine wissenschaftliche Begleitung doch eigentlich vermuten ließe" (ebd. S. 6).

2.1.1 Allgemeine Studien zum Hochschulsport

Das Sportverhalten von Studierenden wurde bereits vereinzelt in empirischen Studien thematisiert, beispielsweise von ALBRECHT (2003), vom Deutschen Studentenwerk[16] und in Untersuchungen u. a. von WOPP (1987). Weitere Studien fanden in den 70er und 80er Jahren statt und können daher kaum aussagekräftige Ergebnisse zur gegenwärtigen Sportnachfrage im Rahmen des Hochschulsports vorbringen.

---

[16] Im dreijährigen Abstand durchgeführte Studie „Die wirtschaftliche und soziale Lage der Studierenden in der Bundesrepublik Deutschland". Diese beinhaltet vereinzelte Informationen zum Sporttreiben.

In den letzten beiden Jahren gab es zwei bundesweite Studien, in denen der Hochschulsport eine große Rolle gespielt hat: Die Online-Umfrage der HIS GmbH (2009) und das CHE-Ranking (2008).

Die Online-Befragung „Sport im Studium" wurde 2009 von der Hochschul-Information-System (HIS) GmbH über das „HISBUS Online Panel"[17] durchgeführt. Es nahmen insgesamt 7.060 Studierende aller Fachrichtungen, Studiengänge und Hochschularten in Deutschland an der Befragung teil. Inhalte der Befragung waren das Sportverhalten allgemein und die Hochschulsportnutzung in Kontextbedingungen des Studiums. Neben repräsentativen Daten zur Sportaktivität und zu Beweggründen für die Sportaktivität von Studierenden wurden sowohl Fragen zur Hochschulsportnutzung und zur Qualität des Hochschulsports, als auch zu den Auswirkungen der Hochschulreform gestellt. Folgende zentralen Untersuchungsergebnisse lassen sich festhalten:

- Ca. 55% der Studierenden treiben regelmäßig, d.h. pro Woche mehr als 60 Minuten Sport.

- Am häufigsten treiben die Studierenden „selbst organisiert" Sport (60%). Der Hochschulsport wird an zweiter Stelle als Anbieter genannt (knapp 40% aller Aktiven).

- Besondere Attraktivität besitzt der Hochschulsport durch geringe Kosten, vielfältiges Trainingsangebot und die nicht vorhandene Verbindlichkeit.

- Die am häufigsten von den Studierenden betriebene Sportart ist das Laufen/Joggen (37,3%), vor dem Training an Geräten im Fitnessstudio (28,3%) und dem Fitness- und Gesundheitssport (27,3%).

- Besondere Stärken besitzt der Hochschulsport im Bereich Fitness- und Gesundheitssport, bei Rückschlagsportarten sowie Budo- und Kampfsportarten.

- Entwicklungspotentiale im Hochschulsport zeigen zum einen der Bereich Schwimmen und zum anderen das Training im Fitnessstudio.

- Auswirkungen der veränderten Studienbedingungen, insbesondere der Bachelor/Masterstudiengänge auf das Sportverhalten, sind in der Studie nicht nachweisbar.

Das Centrum für Hochschulentwicklung (CHE) erstellt seit 1998 jährlich das sogenannte „CHE-Hochschulranking", welches Informationen zu Studien- und Rahmenbedingungen der Studierenden höherer Fachsemester an den Hochschulen beinhaltet[18]. Im Jahr 2001 wurden erstmals Fragen zum Hochschulsport in den Fragebogen mit aufgenommen (vgl. HACHMEISTER, 2009, S. 5). In den nachfolgenden Jahren erfolgte

---

[17]   http://www.hisbus.de. Zu ersten Ergebnissen vergleiche GÖRING (2009b)

[18]   Jährlich werden über 200.000 Studierende angeschrieben und um die Beantwortung eines umfangreichen Fragebogens gebeten (vgl. HACHMEISTER 2008).

regelmäßig eine Befragung der Hochschulsportreferate mit wechselnden Schwer-punkten.[19] Den nachfolgenden Informationen liegt der im November 2008 veröffent-lichte Bericht „Im Blickpunkt: Hochschulsportangebote aus Sicht der Studierenden" von HACHMEISTER zu Grunde. Bei der Untersuchung 2008[20] wurde „erstmalig neben der Beurteilung der Qualität der Sportangebote auch nach der Teilnahme am Sport-angebot der jeweiligen Hochschule und ggf. nach den Gründen für eine Nichtteil-nahme am Hochschulsportangebot gefragt" (ebd.).

Von insgesamt 217.000 (über einen Online-Fragebogen) angeschriebenen Studie-renden nahmen 26,5% (57.600) an der Befragung teil. Bezüglich der Auswertungen zum Hochschulsport wurden diejenigen aus der Stichprobe selektiert, die sich zur Qualität und Teilname oder Nichtteilnahme geäußert haben. Nach dieser Selektion verblieben 53.154 Studierende in der Stichprobe. Folgende grundlegende Ergebnisse können festgehalten werden:

- „Insgesamt nehmen 21,1% der Befragten am Hochschulsport teil, weitere 28,6% nehmen zwar aktuell nicht teil, haben aber bereits schon einmal teilgenommen. Rund die Hälfte der Befragten hat noch nie am Hochschul-sport teilgenommen (Unterschiede zwischen Frauen und Männern gibt es kaum)." (S. 7).

- „Der mit über 50% mit Abstand häufigste Grund für die Nichtteilnahme, ist der, dass andere Sportangebote genutzt werden. Rund ein Viertel der Be-fragten gibt als Grund für die Nichtteilnahme an, dass das Hochschul-sportangebot zeitlich (25,6%) oder auch örtlich (22,7%) ungünstig liegt. Et-wa jede/r sechste Befragte gibt an, nicht am Hochschulsport teilzuneh-men, weil generell keine Zeit für Sport sei. Ein zu hoher Preis der Sportange-bote (1,9%) sowie eine zu geringe Qualität des Sportangebotes (4,3%) werden dagegen kaum als Gründe für die Nichtteilnahme aufgeführt." (S. 10).

- „Insgesamt wird der Hochschulsport [...] von den Studierenden sehr positiv beurteilt. Der mittlere Gesamtindex liegt bei 2,0 auf einer Skala von 1 („sehr gut") bis 6 („sehr schlecht"). Von den Teilaspekten wird die Breite des An-gebots mit 1,8 am positivsten beurteilt, gefolgt von der Qualität hinsichtlich der Übungsleitenden mit einer durchschnittlichen Bewertung von 2,1 und der Qualität der Sportstätten mit einem Mittelwert von 2,3." (S. 12).

---

[19]   Schwerpunkte waren: 2001: Sportstätten; 2004: Personal; 2006: Urteile und Sportkurse; 2008: Urteile und Teilnahmen.

[20]   Diese ist für die nachfolgenden Betrachtungen auf Grund ihrer Aktualität und der umfangreichen Informationen von besonderer Bedeutung.

2.1.2 Bisherige Studien zum Hochschulsport in NRW

Neben den bundesweiten Studien zum Thema „Hochschulsport" wurden in den letzten 15 Jahren einige Untersuchungen durchgeführt, die sich schwerpunktmäßig mit dem Hochschulsport in NRW beschäftigt haben.

Die folgenden Erläuterungen in diesem Feld erheben keinen Anspruch auf Vollständigkeit, sie wurden vielmehr aufgrund ihrer Aktualität und Nähe zur Thematik „Sportverhalten von Studierenden und Hochschulangehörigen im Rahmen des Hochschulsports in NRW" ausgewählt. Hierzu zählen die empirischen Studien von HEISE (1995)[21], RONGE (1999)[22], der Landeskonferenz NRW (2003)[23] und KÖNEN (2005)[24].

Ein Punkt, den fast alle Untersuchungen (ausgenommen RONGE (1999)) gemein haben, ist die Beschäftigung sowohl mit den aktiven als auch den nichtaktiven Sportlern, was nicht nur ein Ansatzpunkt für die Gewinnung neuer Mitglieder sein kann, sondern auch bei der aktuellen Hochschulsportumfrage beachtet wurde.

Die Studie von HEISE zielte auf einen Abbau des Informationsdefizits in diesem Bereich und auf einen umfassenden Einblick in die Nachfrage Studierender nach sportlichen Aktivitäten und damit die Schaffung einer breiten Informationsgrundlage für eine bedarfsgerechte Gestaltung des Freizeitangebots (vgl. HEISE, S. 193). Methodisch wurde mit eine Primärstudie durchgeführt, da kaum Daten zum Sportverhalten im Hochschulsport vorlagen. Der begrenzte finanzielle und personelle Rahmen sprach für die schriftliche Befragung an der 1.105 Studierenden teilnahmen (ebd., S. 44). Anhand der Studie konnten detaillierte Schlüsse über die bisherige Sportnachfrage der Studierenden und ein potentielles Interesse gezogen werden. HEISE untersucht eine große Vielzahl von Aspekten[25]. Neben Aussagen zu soziodemografischen, psychischen, physischen und studienspezifischen Einflussfaktoren der Sportnachfrage in beiden Gruppen konnten mehrere signifikante Unterschiede zwischen beiden Gruppen herausgestellt werden. Darauf aufbauend wurden Entscheidungen für oder gegen eine sportliche Aktivität abgeleitet. Trotz der vielen Aspekte, die in dieser Studie abgefragt wurden, stellen die Ergebnisse nur einen Teilausschnitt der Sportnachfrage der Studierenden dar und können nur auf eine Hochschule (Münster) mit den vor Ort gegebenen Bedingungen bezogen werden. Die wesentlichen Ergebnisse lassen sich wie folgt zusammenfassen:

---

[21] HEISE, A. (1995), Die Sportnachfrage der Studierenden der Westfälischen Wilhelms-Universität-Münster.

[22] RONGE, V. (1999), Das Sportverhalten der Studenten der Bergischen Universität, u. a. ihre Beteiligung am allgemeinen Hochschulsport.

[23] LK NRW (2003), Online Befragung 2003 im Bereich das Hochschulsports in NRW.

[24] KÖNEN, A: (2005), Welchen Sport treiben Studierende? Empirische Studien zum Sportverhalten 21- bis 30-jähriger unter besonderer Berücksichtigung von Studierenden.

[25] Vgl. hierzu HEISE, S. 194ff.

- 70% der Studierenden treiben regelmäßig mindestens einmal pro Woche Sport.

- Der durchschnittliche Zeitumfang der sportlich aktiven Studierenden liegt bei etwa dreieinhalb Stunden pro Woche.

- Fast alle Sportler waren schon in einem Sportverein aktiv. Etwa zwei Drittel von ihnen haben schon einmal das Hochschulsportangebot oder das Angebot kommerzieller Anbieter wahrgenommen.

- Zu den ganzjährig am häufigsten ausgeübten Sportarten zählen vor allem die fitnessorientierten Aktivitäten Jogging, Schwimmen und Gymnastik.

- Sportler und Nichtsportler assoziieren mit einer sportlichen Aktivität vor allem Gesundheit und Fitness.

Die bei HEISE angesprochenen hochschulsporteigenen Bedingungen, die mit in Betracht gezogen werden müssen, gelten auch für die empirische Untersuchung von RONGE an der Bergischen Universität Wuppertal. Die örtlichen Gegebenheiten nehmen Einfluss auf die Sportnachfrage und damit verbunden auf die Untersuchungsergebnisse. Das Ziel der Studie von RONGE war es, das Sportverhalten der Studierenden der Bergischen Universität Wuppertal und ihrer Beteiligung am Hochschulsport mittels einer telefonischen Befragung zu eruieren. Im Sommersemester 1998 wurde aus den Studierendendateien (16.397 Studierenden) eine Zufallsstichprobe von 941 Telefon-Adressen gezogen, wobei aus Kapazitätsgründen nur 765 Adressendateien genutzt werden konnten. Von dieser Gesamtmenge ausgehend, konnten 330 Telefoninterviews realisiert werden. Grund der niedrigen Quote der realisierten Interviews (43%) war das häufige Nichterreichen der zu Befragenden. Die Verweigerungsquote von 17 Personen liegt dagegen ausgesprochen niedrig.

Im Folgenden wird nur auf die für das Sporttreiben und den Hochschulsport relevanten Teilergebnisse der Befragung eingegangen, die sich hauptsächlich mit den Sportmotiven befassen. Insgesamt bekommt der Hochschulsport gute Bewertungen von den Teilnehmern. 81% der Befragten finden die Einrichtungen und Örtlichkeiten der Sportanlagen in Wuppertal angemessen, ca. 71% bewerten den organisatorischen Ablauf als gut und mehr als 90% finden das Angebot ausreichend.

Jedoch gelten diese Daten nur für die Bergische Universität Wuppertal. Daher können keine Verallgemeinerungen für andere Universitäten vorgenommen werden.

Eine erste landesweite Befragung wurde bereits 2003 im Rahmen des „Jahres des Hochschulsports" von der LANDESKONFERENZ NRW durchgeführt. Obwohl gezeigt werden konnte, dass der Hochschulsport sowohl bei Studierenden, als auch bei Bediensteten einen hohen Stellenwert aufweist, besitzt die Studie doch einige wesentliche Mängel hinsichtlich der Qualität der Stichprobe.

Im Jahr 2003 beteiligten sich insgesamt 2.657 Personen: davon nahmen 355 nicht aktiv am Hochschulsport teil, 71% der Befragten waren Studierende, 13% wissenschaftliches Personal und 16% nichtwissenschaftliche Mitarbeiter. Aufgrund der geringen Teilnehmerzahlen ließen sich keine standortspezifischen Aussagen und aufgrund der verzerrten Stichprobe nur stark eingeschränkte landesweite Aussagen treffen. Dennoch lassen sich drei Ergebnisse festhalten:

- Knapp 38% der Studierenden sind zwei Mal pro Woche sportlich aktiv. Bei den Bediensteten geben 30% an, zwei Mal pro Woche sportlich aktiv zu sein.

- Hochschulportteilnehmerinnen und –teilnehmer suchen im Sport Spaß, Freude und Ausgleich zum stressigen Alltag und die Verbesserung der Fitness und Gesundheit.

- Wettkampfsport wird im Hochschulsport nicht erwartet und spielt nur eine untergeordnete Rolle.

Die aktuellste, von KÖNEN mit Unterstützung der Wuppertaler Forschungsstelle „Kommunale Sportentwicklungsplanung" (FoKoS) durchgeführte Untersuchung greift das Sporttreiben der Altersgruppe der 21-30-jährigen unter besonderer Berücksichtigung von Studierenden auf. Besonderes Augenmerk liegt auf „Art, Umfang, Häufigkeit, Regelmäßigkeit, Dynamik und Organisationsform der betriebenen Sportarten und sportlichen Aktivitäten" (KÖNEN, 2005, S. 7). Ziel der Studie war es, das Sportverhalten von Studierenden zu untersuchen und es mit dem der nicht studierenden, gleichaltrigen Erwerbstätigen zu vergleichen, um Unterschiede und Gemeinsamkeiten im Sportverhalten herauszufinden (vgl. KÖNEN, S. 110). Bei dieser Sekundäranalyse wurden Daten von fünf FoKoS-Sportverhaltensstudien aus Universitätsstädten (mit dem Schwerpunkt NRW) für die spezifische Statusgruppe aufgearbeitet und unter der erwähnten Fragestellung ausgewertet, um einen fundierten Überblick über diese Statusgruppe zu bekommen. Die von KÖNEN verwendete Datenbasis waren rund 2.500 Personen im Alter von 21 bis 30 Jahren. Die Ergebnisse der Untersuchung zeigen nicht nur u. a. Regelmäßigkeiten und Häufigkeiten der sportlichen Aktivitäten, sondern geben auch Auskunft „über zukünftige sportliche Interessen und über Gründe, warum welche Sportarten nicht betrieben wurden" (KÖNEN, S. 111). Da der Schwerpunkt der Untersuchung eher auf den Vergleich der zwei Statusgruppen liegt und weniger auf einer Qualitätsanalyse des Hochschulsports abzielt, können an dieser Stelle nicht alle Ergebnisse erläutert werden. Im Folgenden werden deshalb nur die drei relevantesten Erkenntnisse aufgeführt. Insgesamt wurden von den Befragten 113 verschiedene Sportarten angegeben, was wiederum 2,16 Sportarten pro Person entspricht. Studierende sind sportlich aktiver als Vollzeiterwerbstätige. Obwohl das Interesse für neue Sportarten bei den Studierenden höher ist als bei den Erwerbstätigen, kann insgesamt ein weitaus schwächerer Unterschied im Sportverhalten der beiden Gruppen festgestellt werden als beispielsweise bei altersspezifischen oder geschlechtsspezifischen Merkmalen.

2.2   Zum Forschungsstand von Online-Befragungen

Online-Befragungen haben sowohl für die Marktforschung, aber auch für die akademische Forschung in den letzten Jahren eine wachsende Bedeutung erfahren, die sich in einer hohen Anzahl von durchgeführten Umfragen und methodischen Forschungsberichten niedergeschlagen hat.[26] In den folgenden Abschnitten soll kurz erläutert werden, welche Formen der Online-Befragungen inzwischen geläufig sind und was ihre besonderen Vor- und Nachteile sind.

Die computergestützte Befragung gilt als neuere Form der Datenermittlung. Fast jede dritte Befragung im Rahmen der Marktforschung erfolgte im Jahre 2008 online (vgl. ADM, 2009). Gegenüber den schriftlichen Befragungen, wie auch neuerdings gegenüber den mündlichen Befragungen, wird die Online-Befragung immer stärker präferiert (vgl. TADDICKEN, S. 85).

Das Internet etabliert sich seit den 1990er Jahren als weltweites Kommunikations- und Informationsmedium. Nicht nur Unternehmen greifen bevorzugt darauf zurück, sondern auch immer mehr private Lebensbereiche des Menschen werden von diesem Medium durchdrungen (vgl. THEOBALD, S. VII). Wird die fortschreitende weltweite Vernetzung betrachtet, so erscheint es logisch, dass diese „neue Form der Kommunikation zu Forschungszwecken genutzt wird" (ebd. S. IX). Weitere positive Faktoren, die eine Forschung im sozialen Feld begünstigen und das Internet sehr attraktiv machen, sind neben der bereits erwähnten sich ausbreitenden digitalen Vernetzung unter Privatpersonen auch die technischen Gegebenheiten, die anhaltende Attraktivität und Popularität (vgl. BATINIC; S.6) und der steigende Bedarf der Unternehmen und der Wissenschaft in möglichst kurzer Zeit aktuelle empirische Daten zu erheben (vgl. THEOBALD, S. VII).

Welker und Zerr heben hervor, dass Online Forschung einen doppelten Bezug zum Internet aufweist (vgl. WELKER, S. 36). Einerseits kann das Internet Methode bzw. Instrument sein (Kernbereich). Dies ist zum Beispiel der Fall, wenn der Forscher Informationen und Daten mit dem und im Internet erheben möchte. Das Internet ist in dieser Form auf verschiedenen Stufen des Forschungsprozesses einsetzbar. Es kann sowohl zur Rekrutierung von Untersuchungsobjekten als auch für Recherchen hinsichtlich einer Forschungsfrage eingesetzt werden (ebd.). Andererseits gibt es die Möglichkeit, das Internet als Gegenstand zu verwenden, indem Gebrauchs- und Verhaltensweisen wie auch gesellschaftliche Bezüge erforscht werden.

Online-Untersuchungen weisen viele Merkmale von schriftlichen Untersuchungen auf, „erweitern diese aber um medienspezifische Elemente" (BATINIC, S. 12). Das Internet verfügt über unterschiedliche Formen der Datenerhebung, die mit den traditionellen

---

[26]   Vgl. hierzu ZERBACK, SCHOEN, JACKUB, & SCHLERETH (2009) und ADM (2009)

Formen übereinstimmen. Einerseits steht das Internet für die Sekundärforschung zur Verfügung, da eine „nicht überschaubare Menge an Informationen für den öffentlichen Zugriff" (THEOBALD, S. 6) zur Verfügung steht.[27] Andererseits bietet sich das Internet als Primärforschung an, weil viele Millionen Menschen über dieses erreichbar sind und somit eine „aktive Generierung von neuen bisher nicht erhobenen Daten" (ebd.) ermöglicht wird. Besonders in der Primärforschung findet das Internet immer häufiger Anwendung (vgl. BATINIC, S. 23) wie die Hochschulsportumfrage zeigt.

Internetbasierte direkte Verfahren können in reaktiv und nicht-reaktiv unterteilt werden, „je nach dem, ob die zu analysierenden Personen sich dessen bewusst sind, dass sie Gegenstand einer Untersuchung sind, oder nicht" (BATINIC, S. 23). Demnach wird den reaktiven Verfahren die Befragung und das Experiment zugeordnet und den nicht reaktiven die Beobachtung (siehe Abbildung 2). Logfile Analyse, der Einsatz von Cookies und Session-IDs sind Beispiele für nicht-reaktive internetbasierte direkte Beobachtungsverfahren. Web-Experimente gehören dagegen in die Gruppe der reaktiven Experimentverfahren. Das für die Hochschulsportstudie bedeutendere Verfahren ist das reaktive, internetbasierte, direkte Verfahren der Befragung, genauer die E-Mail-Befragung.

Online-Befragungen können differenziert werden in Befragungen ohne Auswahl der Teilnehmer, wie zum Beispiel Web-Befragungen und in Befragungen mit Auswahl der Teilnehmer, worunter E-Mail-Befragungen, Online-Panel-Befragungen und Online-Fokusgruppen-Diskussionen zählen (siehe Abbildung 2) (BATINIC, S. 7; ZERR, 2001, S. 11ff; FRIES, S. 24). Vor- und Nachteile der zufallsgesteuerten und nicht-zufallsgesteuerten Ansätze sind in der entsprechenden Fachliteratur ausführlich dokumentiert worden.[28]

---

[27]   In Form von Suchmaschinen findet man heutzutage Daten zu fast allen Bereichen der Gesellschaft. Jedoch muss die Qualität (Herkunft Aktualität und Zuverlässigkeit) der Daten hinterfragt werden (vgl. THEOBALD, S. 6).

[28]   Vgl. hierzu vor allem COUPER & COURTS (2006) und MAUER & JANDURA (2009).

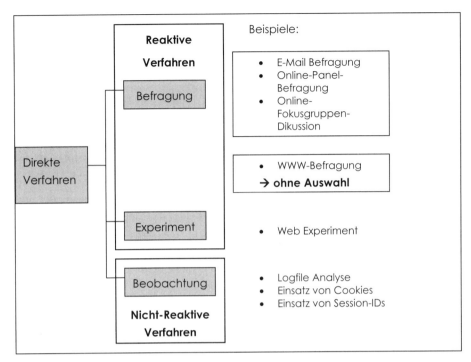

Abbildung 1   Internetbasierte direkte Verfahren

Sowohl für die Rechtfertigung des gewählten methodischen Vorgehens der Hoch-schulsportumfrage, als auch zur allgemeinen Rechtfertigung internetbasierter Unter-suchungen ist es von Bedeutung, zu wissen, ob die Ergebnisse von computergestütz-ten Befragungen im Vergleich zu traditionellen Methoden (schriftlich, mündlich und telefonisch)eine bessere oder schlechtere Qualität besitzen.

Unverzichtbare Gütekriterien der Datenqualität empirisch-quantitativer Untersuchun-gen sind die Validität (Gültigkeit der Messung), Reliabilität (Zuverlässigkeit der Mes-sung) und Objektivität (Grad, in dem die Ergebnisse eines Tests unabhängig vom Un-tersucher sind) (LIENERT/RAATZ, 1998, S. 7).

Mit dieser Thematik haben sich viele verschiedene Autoren auseinandergesetzt; sie gelangen überwiegend zu folgenden Ergebnissen: Online-Befragungen sind anony-mer als mündliche Befragungen und können zu größerer Offenheit führen und damit eine positive Wirkung für die Validität und die Objektivität erzielen. Andererseits kann dieser Aspekt auch zu Spaßteilnahmen mit sinnlosen Angaben führen (ebd. S. 58). Studien von ROSENFELD/BOOTH-KEWLEY/EDWARDS (1993) zeigen, dass computerge-stützte Befragungen auch als interessanter im Vergleich zu traditionellen Verfahren beurteilt werden. Es wird vermutet, dass dies zu einer Steigerung der Aufmerksamkeit führt und sich positiv auf die Validität auswirkt. Jedoch heben die gleichen Autoren hervor, dass Befragungen in elektronischen Netzwerken besonders anfällig für Fehler sind (ebd. S. 58). Auch im Bezug auf die Reliabilität und Objektivität von Online-Befragungen finden sich viele Studien (KANTOR (1991); BUCHANAN/SMITH (1999) DAVIS/COWELS (1989)), die eine äquivalente Reliabilität und Objektivität zu telefonischen, schriftlichen und mündlichen Befragungen herausstellen (vgl. KANTOR, S. 309ff, BUCHANAN/SMITH, S. 125ff, DAVIS/COWELS S. 311ff). Gerade in den letzten Jahren findet sich eine breite Diskussion zu grundlegenden Aspekten der Qualitätssicherung von Online-Befragungen, gerade in Hinblick auf mögliche Stichprobenfehler (z.B. coverage, sampling und nonresponse error) in der Fachliteratur wieder.[29] VAN EIMEREN und FREES weisen zudem darauf hin, dass sich die soziodemographische Zusammensetzung von Internetnutzern immer deutlich von den „Nicht-Nutzern" unterscheidet: sie sind eher männlich, jung und gebildet (VAN EIMEREN/FREES, 2007).

Ein großer Nachteil der Erhebung von Daten im Internet, den WELKER in seinem Beitrag zur Online-Forschung 2007 anbringt, ist das Fehlen von „leistungsfähigen, anerkannten Theorien mittlerer Reichweite" (GEISSLER/MATZAT/WELKER, 2007, S. 11), die der Online-Forschung zugeordnet werden können. Dennoch hat sich die Web-Befragung etabliert. TOURANGEAU führt diese Entwicklung hauptsächlich auf zwei Faktoren zurück, die im Vergleich zu den traditionellen Befragungen positiv hervorstechen; „marriage of low cost and high capabilities" (2004, S. 792).

Die folgende Tabelle bietet einen vergleichenden Überblick über Eigenschaften und damit einhergehende Vor- und Nachteilen von Online-, mündlichen, telefonischen und schriftlichen Befragungen. Diese werden im folgenden Abschnitt näher erläutert.

Befragungsarten im Vergleich				
Befragungsarten/ Eigenschaften	Online-Befragung	Mündliche Befragung	Telefonische Befragung	Schriftliche Befragung
Kosten	sehr gering	sehr hoch	Mittel	gering
Frequenz des Informations-austausches	hoch	unmittelbar	unmittelbar	gering
Soziale Anonymität	hoch	mittel	gering	mittel
Geographische Reichweite	sehr hoch	sehr niedrig	mittel	hoch
Multimedia-Fähigkeit	sehr hoch	gering	gering	hoch
Beeinflussung durch Interviewer	sehr gering	hoch	mittel	gering
Zeitaufwand	gering	hoch	hoch	mittel
Sende-geschwindigkeit	schnell	langsam	mittel	langsam

Tabelle 1   Befragungsarten im Vergleich[30]

Die Online-Befragung mit ihrem Geschwindigkeitsvorteil und der hohen Effektivität und Ökonomie scheint eine schnelle und günstige Alternative im Vergleich zu den eher arbeits- und kostenintensiven Interviews und den mit hohem Aufwand bezüglich

---

[29]   Vgl. hierzu u.a. MAUER/JANDURA (2009), TADDICKEN (2009), BAUR/FLORIAN (2009) und BANDIL-LA/KACZMIREK/BLOHM/NEUBARTH (2009).

[30]   In Anlehnung an THEOBALD S. 24 (Anm.: Von den Verfassern verändert)

der Verarbeitung verbundenen schriftlichen Befragungen zu sein. Der selbstadminist-rative Befragungsmodus ist ein großer Vorteil, da die Teilnehmer bereits bei der Be-antwortung des Fragebogens die Dateneingabe übernehmen. Dies ermöglicht wie-derum einen schnellen Vollzug der Untersuchung mit großen Stichproben (vgl. FUN-KE/REIPS, 2007, S. 52ff). Darüber hinaus haben in den letzten Jahren sowohl „die prak-tischen Erfahrungen" als auch „die Qualität wissenschaftlicher Studien zugenom-men", (TADDIKEN, S. 86). Beispielsweise ist mehr darüber bekannt, welche Zielgruppe mit einer Online-Befragung angesprochen werden kann (und welche nicht), oder wie ein Fragebogen erstellt werden sollte, um möglichst hochwertige Daten zu gene-rieren (vgl. ebd.).

Immer mehr freie Software und Online-Tools für das Erstellen von Befragungen im Web und deren Auswertungen ermöglichen es, auch von technisch nicht versierten Personen Daten im Netz zu erheben (vgl. FUNKE/REIPS, S. 52). Dabei wird leider häufig vergessen, dass sich Daten zwar leicht generieren lassen; sie müssen jedoch auch eine bestimmte Qualität besitzen, wenn aus ihnen valide Schlüsse gezogen werden sollen (TADDICKEN, S. 85ff).

Weitere Vorteile gegenüber anderen Befragungsmodi, von der auch die Hochschul-sportstudie profitiert hat, sind die Messung von Antwortzeiten, die direkte Kontrolle von Fehleingaben, komplexe Filterführung und die einfache Darstellung von multi-medialen Stimuli. Besonders die Filterführung ist hervorzuheben, denn diese ermög-licht den Forschern eine optimale Führung durch den Internetfragebogen. Darüber hinaus lesen die Teilnehmer nur die für sie relevanten Punkte.

Allerdings ergeben sich auch Nachteile bei der Online-Befragung, denn obwohl die internetbasierte Datenerhebung zwar in der Lage ist, einige Schwierigkeiten schriftli-cher Untersuchungen zu beheben (z. B. manuelle Dateneingabe), treten manche Probleme dennoch in beiden Erhebungsmodi auf (z. B. Effekte der grafischen Darstel-lung). Ferner „kommen online neue Herausforderungen hinzu" (ebd.) (zum Beispiel Browserkompatibilität, Mehrfachteilnahmen, Antworten durch automatische Skripte). Auftretende Kompatibilitätsprobleme können zudem einen starken Einfluss auf das Antwortverhalten besitzen (optische Gestaltung). Demnach ist eine Kontrolle der Darstellung des Fragebogens auf dem Bildschirm des Untersuchungsteilnehmers von großer Bedeutung[31].

Für einen Fragebogen, der in das Internet gestellt wird, ergeben sich folgende Aspek-te, die auch bei der vorliegenden Hochschulsportumfrage beachtet wurden. Kom-plexe Fragestellungen sind nur schwer über einen vor allem zeichenbasierten Frage-bogen zu realisieren. Hinzu kommt, dass die Befragungsdauer nicht mehr als zehn Minuten betragen sollte, da sonst die Gefahr besteht, dass die Teilnehmer das Ausfül-len des Fragebogens abbrechen, weil es ihnen zu lange dauert. Der Befragungsin-

---

[31]   Zu den Quellen für unbeabsichtigte Darstellungsunterschiede der Software, der Hardware im Allge-meinen und des Browsers im Speziellen vergleiche FUNKE/REIPS S. 56.

halt muss eindeutig und leicht verständlich sein. Dies wiederum setzt einen sorgfältig ausgearbeiteten Fragebogen voraus, da keine Rück- und Verständnisfragen möglich sind (vgl. TADDICKEN, S. 93). Jedoch ergibt sich durch die Abwesenheit der Forscher auch ein großer Vorteil im Vergleich zu anderen Befragungsformen. Einerseits erlebt ein Teilnehmer bei Online-Befragungen die präsentierte Form wie jeder andere, weil das Antwortverhalten nicht durch bestimmte Kommunikationseigenschaften des Interviewers verzerrt werden kann (nonverbales intersubjektives Verhalten ist immer abhängig vom Interviewer) (vgl. THEOBALD, S. 13ff). Andererseits bewirkt eine geringere soziale Präsenz in der Befragungssituation ein größeres Anonymitätsempfinden der Befragten (vgl. TADDICKEN, S. 95). Dies ermöglicht eine Minderung der Effekte der sozialen Erwünschtheit und verringert die Verzerrung der Qualität der Daten (vgl. MÜHLENFELD, 2004, S. 60). Dieser Effekt der „Enthemmung" durch ein Anonymitätsgefühl kann nicht nur zu einer erhöhten Offenheit, sondern auch zu mehr ehrlichen Antworten führen (vgl. TADDICKEN, S. 95). Jedoch sei hier anzumerken, dass sich dieser Methodeneffekt auch negativ auswirken kann, indem die Teilnehmer bewusst, oft auch unbeabsichtigt ein anderes „Ich" präsentieren als dies in Wirklichkeit der Fall ist (ebd.).

2.2.1   E-Mail-Befragung

Die Methode der computergestützten Befragung via E-Mail ist in der vorliegenden Studie genutzt worden. Diese Art der Befragung bietet sich an, da die „elektronische Post" den am häufigsten genutzten Dienst im Internet darstellt (vgl. HAUPTMANNS, 1999, S. 21ff). Es gibt drei Arten der E-Mail-Befragung:

- die Versendung eines Fragebogens in elektronischer Form,

- die Versendung einer Aufforderung zur Teilnahme per E-Mail und nach erfolgter Zustimmung die Versendung des Fragebogens,

- oder die Versendung einer Teilnahmeaufforderung in Verbindung mit einem Link auf einen Fragebogen im Internet (ebd. S. 25).

Die letztgenannte Variante wurde für die Hochschulsportstudie verwendet und wird daher im nächsten Abschnitt näher erläutert.

Einerseits kann mit dem Versand eines so genannten Hyperlinks zu einem Internetfragebogen glaubhafte Anonymität vermittelt werden (vgl. FRIES, S. 32ff). Bei Zusendung eines Fragebogens, den der Proband zurücksenden muss, ist dieses eher nicht der Fall. Andererseits ist die Handhabung sehr leicht, da der Teilnehmer einfach den Hyperlink oder den Button anklicken kann und somit sofort der Fragebogen erscheint. Daher kann man nicht, wie HAUPTMANNS argumentiert, von einer Hürde im Sinne eines besonderen Aktivwerdens sprechen (vgl. HAUPTMANNS, S. 23).

FRIES führt weiterhin zwei wichtige Vorteile dieser Methode auf: Zum einen die vielfältigen Gestaltungsmöglichkeiten, die das Ausfüllen erleichtern und Fehler aufgrund von Unübersichtlichkeit des Layouts verringern. Zum anderen kann die Auswertung automatisch erfolgen und Vorergebnisse können den Teilnehmern direkt nach dem Ausfüllen zugänglich gemacht werden. Hinzu kommt, dass Analysen zum Abbruchverhalten herangezogen werden können (ebd., S. 34). Dabei sind die richtigen Dimensionierungen der zur Verfügung gestellten Server-Kapazitäten zu beachten, so dass auch auftretende Lastspitzen durch das Zugreifen mehrerer Personen ohne merklichen Leistungsverlust verkraftet werden können (ebd.). Eine Möglichkeit, derartige Engpässe zu vermeiden, besteht in der zeitlich versetzten Versendung der E-Mails.

Die größte Herausforderung bei der Befragung via E-Mail liegt in der Auswahl der Teilnehmer und deren Kontaktierung. Da es kein öffentliches Verzeichnis aller E-Mail-Adressen gibt, muss die „Verfügbarkeit eines Pools von Adressen, eines so genannten Verteilers" zur Verfügung stehen. „Entweder es existiert ein Zugang zu einer entsprechenden Datenbank", oder es wird auf einen „Adressenbestand von externen Dienstleistungen oder Institutionen zurückgegriffen, die aufgrund ihrer Geschäftstätigkeit über einen solchen verfügen"(ebd.).

Die folgende Tabelle bietet einen Überblick über Vor- und Nachteile von E-Mail Befragungen mit Hyperlink im Vergleich zu schriftlichen Befragungen. Die meisten Punkte wurden im oberen Abschnitt bereits erläutert.

Vor- und Nachteile von E-Mail-Befragungen	
Vorteile	Nachteile
- geringe Kosten	- Repräsentativität für allgemeine Bevölkerungsumfragen nicht gewährleistet
- geringer Zeitaufwand	- fehlende oder schlecht gepflegte E-Mail-Verteiler
- geringer administrativer Aufwand	- systematische Verzerrungen: Männliche, junge, gebildete Personen sind überrepräsentiert
- Vielfältige Gestaltungsmöglichkeiten	- Qualität/Validität der Ergebnisse
- Ständige Kontrolle der Rückläufe	- oft geringe Rücklaufquoten
- Schnelle Datenauswertung, Automatisierung	- Problematik der Softwarenutzung
- Automatische Filterführung	
- Kein Interviewereinfluss	

Tabelle 2   Vor- und Nachteile von E-Mail-Befragungen mit Hilfe eines Hyperlinks im Vergleich zu schriftlichen Befragungen[32]

Die vorangegangenen Ausführungen zu den Merkmalen, Vor- und Nachteilen der E-Mail-Befragung via Hyperlink im Speziellen, als auch zur Online-Forschung im Allgemeinen, rechtfertigen nicht nur computergestützte Untersuchungen, sondern auch den Einsatz dieser Methode bei der Hochschulsportstudie. Besonders die hohe Ökonomie (geringer Zeit- und Kostenaufwand), die Fülle an Gestaltungsmöglichkeiten, der hohe Anonymitätsgrad der Teilnehmer und damit verbunden die Senkung von Verzerrungen als auch die leichte Handhabung auf Seiten der Teilnehmer und die schnelle Datenauswertung sprechen für den Einsatz der gewählten Methode.

---

[32]   BATINIC (2001) S. 17; THEOBALD/DREYER/STARSETZKI (2001) S.43; HAUPTMANNS (1999) S.23; DILLMANN (2000 S.356) in FRIES 2006 S. 37

(Foto: Mark Heinemann)

2.3   Konzeption und Durchführung

Eine erste landesweite Befragung zum Hochschulsport wurde bereits 2003 im Rahmen des „Jahres des Hochschulsports" durchgeführt. Die Studie belegte, dass der Hochschulsport bei Studierenden wie auch Bediensteten einen hohen Stellenwert besitzt, sie wies jedoch einige wesentliche Mängel hinsichtlich der Qualität der Stichprobe auf. Die Befragung erfolgte über die Schaltung eines Buttons auf der Homepage der teilnehmenden Hochschulen. Dieser war verlinkt mit einer zentralen Hochschulinternetseite, die auf das Online-Verfahren und ein Preisausschreiben aufmerksam machte. Eine E-Mail-Befragung kam zum damaligen Zeitpunkt noch nicht in Frage, da zu diesem Zeitpunkt noch keine umfassenden uni-internen E-Mail-Verteiler existierten. Die selbstrekrutierende Teilnahme der Befragten führte dazu, dass die im Jahr 2003 realisierte Stichprobe starke Verzerrungen aufwies. Neben allgemeinen Erkenntnissen zeigte diese Studie aufgrund der nicht repräsentativen Stichprobenzusammensetzung ein eher verzerrtes Bild über die Beteiligung am Hochschulsport und führte somit zu kaum verwertbaren Ergebnissen. Die Art und Weise mit der auf den Internetseiten auf die Befragung aufmerksam gemacht und wie der Zugang zu dieser ermöglicht wurde, variierte zudem von Hochschule zu Hochschule stark.

Schon in der damaligen Studie bestand die Absicht, die Befragung zukünftig regelmäßig und konzeptionell verbessert durchzuführen, um die Angebote des Hochschulsports zielgerichtet den sich ändernden Rahmenbedingungen anzupassen. Anfang 2008 wurde daher von der Landeskonferenz NRW für den Hochschulsport beschlossen, eine weitere Befragung durchzuführen, die vom zuständigen Innenministerium des Landes NRW finanziell unterstützt worden ist.

Ziele der erneuten Online-Befragung waren insbesondere:

- ein aktuelles und differenziertes Bild über das Sporttreiben der Studierenden und der Hochschulangehörigen über ihre Sicht und Beurteilung des Hochschulsports zu erhalten,

- eine detaillierte und standortspezifische Qualitätsanalyse an möglichst allen Hochschulsportinstituten in NRW durchzuführen.

Stellvertretend für die Landeskonferenz NRW für den Hochschulsport wurde die Befragung von Herrn Fahlenbock, den damaligen Vorsitzenden der Landeskonferenz koordiniert. Wissenschaftlich begleitet wurde die Studie von der Wuppertaler Forschungsstelle Kommunale Sportentwicklungsplanung (FoKoS), die von Herrn Prof. Dr. Hübner an der Bergischen Universität Wuppertal geleitet wird. Die konzeptionelle Ausarbeitung wurde insbesondere von den Mitarbeitern der Forschungsstelle (H. Hübner, T. Hense, O. Wulf) und von M. Fahlenbock in Absprache mit der Landeskonferenz entwickelt.

Im Frühjahr 2008 wurde mit ersten Vorplanungen in Hinblick auf die Organisation und Durchführung der Studie begonnen. Neben der Sichtung aktueller Literatur bzw. aktueller Studien zum Hochschulsport ging es in dieser Phase vor allem um die technischen Umsetzungsmöglichkeiten der Befragung und die Erstellung eines Zeitplanes.

Nachdem zunächst geplant war, die Studie im Sommer 2008 zu starten, entschloss sich die Arbeitsgruppe aufgrund der umfangreichen Vorarbeiten, die Online-Befragung erst im Wintersemester 2008/2009 durchzuführen. Nach Vorgesprächen mit der Landeskonferenz wurde festgelegt, dass an 13 Hochschulstandorten mit insgesamt 20 Hochschulen die Studie durchgeführt werden sollte:

Übersicht über die zu befragenden Hochschulstandorte	
Standort	Universitäten/Fachhochschulen
Aachen	Rheinisch-Westfälische TH Aachen
	FH Aachen
Bielefeld	Universität Bielefeld
	FH Bielefeld
Bochum	Ruhr-Universität Bochum
	FH Bochum
Bonn	Uni Bonn
Dortmund	TU Dortmund
	FH Dortmund
Duisburg/Essen	Universität Duisburg/Essen
Düsseldorf	Universität Düsseldorf
	FH Düsseldorf
Köln	Universität Köln
	Deutsche Sporthochschule Köln
Münster	Westfälische Wilhelms-Universität Münster
	FH Münster
Niederrhein	HS Niederrhein
Paderborn	Universität Paderborn
Siegen	Universität Siegen
Wuppertal	Bergische Universität Wuppertal

Tabelle 3   Übersicht über die zu befragenden Hochschulstandorte

Im Sommer 2008 begann die konkrete Konzeption des Fragebogens. Drei Ansatzpunkte für den Aufbau und Inhalt waren zunächst vorhanden:

1. Vergleichbarkeit mit der Studie von 2003,

2. differenzierte Beurteilung der Hochschulsportangebote in Anlehnung an das CHE-Ranking und

3. Vergleichbarkeit mit allgemeinen Umfragen zum Sportverhalten

Nach einem ersten Entwurf zeigte sich jedoch, dass eine Orientierung an allen drei Ansatzpunkten dazu führt, dass der Fragebogen insgesamt zu umfangreich werden würde. So entschied sich die Planungsgruppe, nur die Ansätze 2 und 3 weiter zu verfolgen. Eine Orientierung am Punkt 1 wäre zwar grundsätzlich sehr sinnvoll gewesen, doch sprachen letztendlich zwei Gründe gegen den Versuch, eine Vergleichbarkeit mit den Ergebnissen von 2003 herzustellen.

- Bei der Durchführung der Hochschulsportbefragung 2003 gab es methodische Mängel, die zu einem stark verzerrten Ergebnis geführt hatten. Die verzerrten und nicht repräsentativen Ergebnisse von 2003 könnten somit keine verlässliche Vergleichsgrundlage darstellen.

- In der Studie von 2003 stand sehr stark die Abfrage der Motivation und der Gründe des Sporttreibens allgemein sowie zur Nutzung der Hochschulsportangebote im Vordergrund der Befragung. Dies sollte in der aktuellen Umfrage nicht der Fall sein, da in der alten Studie kritisiert wurde, dass manche Nennungen oftmals zu unspezifisch und nicht trennscharf seien und zudem die Gründe, die Menschen zum Sport treiben veranlassen, durch mehrere aktuelle Studien inzwischen gut erfasst sind (vgl. für den Hochschulsport u.a. die aktuelle HIS-Studie oder SCHRÖDEL/GRÜNZFELDER (2008)).

Unter Berücksichtigung der oben genannten Überlegungen wurde die Ausformulierung und Strukturierung des Fragebogens vorgenommen und dieser im September 2008 der Landeskonferenz NRW für den Hochschulsport vorgelegt. Im Anschluss daran hatten die teilnehmenden Hochschulen die Möglichkeit spezifische Wünsche zu formulieren sowie ortsspezifische Korrekturen, Anmerkungen und Hinweise einzubringen und Ansprechpartner für die E-Mail-Anschreiben zu benennen. Die Anmerkungen, die von den Hochschulsportleitern hierbei vorgetragen wurden, konnten von der Arbeitsgruppe in den Fragebogen eingearbeitet und in einer Pilotstudie im Dezember 2008 getestet werden.

Diese Pilotstudie sollte insbesondere dazu dienen, Fehlerquellen (zum Beispiel: bei Verlinkungen, den Filterführungen oder den Fragestellungen) im Fragebogen zu entdecken und zu beseitigen. Die Mitarbeiter der Forschungsstelle Kommunale Sportentwicklungsplanung haben in vier Seminaren der Wirtschafts- und Sozialwissenschaft an der Universität Wuppertal auf den Link zum Online-Fragebogen aufmerksam gemacht und um eine Teilnahme an der Pilotstudie gebeten. Die Ergebnisse der Pilotstudie, an der etwas mehr als 100 Studierende teilnahmen, sind mit einer Abbruchrate von nur 10% als sehr positiv zu bewerten. Dementsprechend konnte der Fragebogen in dieser Form für die eigentliche Befragung übernommen werden. Als Befragungsinstrument wurde das Internet Befragungsprogramm „E.Questionnaire" gewählt.

In seiner Endfassung wies der Fragebogen folgende Struktur auf (vgl. Anhang):

a) Soziodemographische Fragen (Alter, Geschlecht, Statusgruppe)

b) Allgemeine Angaben zum Sporttreiben (Sportarten, Umfang Aktivität, Gründe Nichtaktivität, Organisation des Sporttreibens)

c) Beurteilung der Angebote des Hochschulsports durch die Teilnehmer und Befragung der Nicht-Teilnehmer nach ihren Gründen und Sichtweisen.

d) Neue Sportarten kennen lernen

e) Soziodemographische Fragen (Fach, Studiengang, Wohnort).

Während Abschnitt b) so konzipiert wurde, dass die gewonnen Daten mit den Ergebnissen der zahlreichen Sportverhaltensstudien der Forschungsgruppe Kommunale Sportentwicklungsplanung (FoKoS) verglichen werden können[33], stellt der Abschnitt c) den Hauptteil der Befragung dar. Anhand einer Filterfrage wurden zuvor die Befragten in aktuelle Hochschulsportteilnehmer und „Nicht- Teilnehmer" unterteilt.

Zum einen sollten in diesem Abschnitt die aktuellen Teilnehmer das von ihnen in Anspruch genommene Hochschulsportangebot differenziert anhand von 16 Einzelaspekten beurteilen, zum anderen sollten die „Nicht-Teilnehmer" konkret danach befragt werden, warum sie den Hochschulsport noch nicht genutzt haben bzw. momentan nicht mehr nutzen.

Parallel dazu wurde im zweiten Halbjahr 2008 mit den entsprechenden Ansprechpartnern in den Personalverwaltungen der zu befragenden Hochschulstandorte abgeklärt, wann und auf welche Weise die Befragung an den jeweiligen Hochschulen durchgeführt werden könnte. Im Laufe der Vorplanungen der Studie hatten sich vor allem folgende Aspekte als besonders wichtig für die Organisation der Befragung herauskristallisiert:

• Gibt es an allen Hochschulen in NRW eine Datenbank mit den E-Mail-Adressen der Studierenden und Bediensteten?

• Ist es möglich, über das Studierendensekretariat und die Personalverwaltung eine personalisierte E-Mail an diese Personengruppen zu verschicken?

• Wie kann die Anonymität der Teilnehmer im Sinne der datenschutzrechtlichen Bestimmungen effektiv gewährleistet werden?

Sehr schnell stellte sich heraus, dass die E-Mail-Verteiler sowohl der Studierenden als auch der Bediensteten von Standort zu Standort sehr unterschiedlich aufgebaut sind und gepflegt werden. So gibt es Hochschulen, wie z. B. die Bergische Universität Wuppertal, die jedem immatrikulierten Studierenden eine so genannte „Matrikel-E-

---

[33]   Vgl. u.a. BRAICKS/WULF (2004), HÜBNER/KIRSCHBAUM (2004), HÜBNER/WULF (2008b), (2008c), (2008d), (2009a) und (2009b).

Mail" zuweisen, über die alle wichtigen internen Formalitäten wie beispielsweise die Rückmeldung zum nächsten Semester abgewickelt werden. Die Zielgruppe ist hier also klar umfasst und zumindest im Zeitrahmen der Rückmeldefristen ist davon auszugehen, dass die entsprechenden E-Mail-Accounts regelmäßig genutzt werden. An einem solchen Standort wäre eine zufallsgesteuerte Auswahl von Befragten durchaus möglich gewesen. Auch für die wissenschaftlichen und nicht wissenschaftlichen Bediensteten an der BU Wuppertal besteht ein zentraler Verteiler, über den regelmäßig die „Hausmitteilungen" verschickt werden. An anderen Standorten sind jedoch solche zentralen Verteiler nicht vorhanden, da die E-Mail-Aadressen dezentral über die einzelnen Fachbereiche geführt werden oder überhaupt keine umfassenden Verteiler vorhanden sind.

Zudem stellte sich im Gespräch mit den Datenschutzbeauftragten der einzelnen Hochschulen heraus, dass keine E-Mail-Adressen nach außen gegeben werden dürfen und somit der Versand nicht zentral durch die Forschungsstelle erfolgen konnte, sondern über die jeweiligen Personalverwaltungen und Studierendensekretariate abgewickelt werden musste.

Ein zentraler Versand hätte den Vorteil gehabt, dass die Forschungsstelle eine bessere Übersicht über die Art und Qualität der E-Mail-Verteiler gehabt hätte, den Versand der E-Mails genauer steuern und den Rücklauf der Antworten besser hätte kontrollieren können. Da diese Steuerungsmöglichkeiten und ein zufallsgesteuerter Ansatz für die Stichprobenziehung nicht gegeben waren, entschied sich die Planungsgruppe für eine Vollerhebung mit Hilfe der bestehenden E-Mail-Verteiler.

Im weiteren Verlauf der Vorbereitungen wurde ein Anschreiben für jede teilnehmende Hochschule formuliert, in dem bei den Verantwortlichen um die Teilnahme an der Online-Befragung gebeten wurde. Danach wurde der Fragebogen für jede Hochschule entsprechend modifiziert, da die Fragen an die örtlichen Gegebenheiten angepasst werden sollten (Wohnort, Hochschulsportname, Name der Hochschule). Gleichzeitig wurde eine Informationsplattform (Homepage) entworfen und in das Internet gestellt (www.hspumfragenrw.de), auf der die Teilnehmer die Möglichkeit besaßen, sich über die Umfrage zu informieren.

Am 12.01.2009 wurde das Anschreiben mit dem jeweiligen Link zu den Online-Fragebögen an alle teilnehmenden Hochschulen weitergeleitet. Bereits am gleichen Tag wurde an einigen Instituten mit den Befragungen begonnen (siehe Tabelle). Nach etwa zwei Wochen Laufzeit, sollte ein Erinnerungsschreiben zur Erhöhung der Rücklaufquote folgen. Die Versendung dieses Schreibens an die Teilnehmer konnte jedoch nicht an allen Hochschulen realisiert werden. Die Studie hatte insgesamt eine Laufzeit von zwei Monaten und wurde am 08.03.2009 offiziell beendet.

Durchführung der Hochschulsportumfrage NRW 2009		
	Beginn der Befragung	Versand Erinnerungsschreiben
RWTH Aachen	13.01.	29.01.
FH Aachen	12.01.	/
Uni Bielefeld	21.01.	09.02.
FH Bielefeld	20.01.	/
Uni Bochum	13.01.	29.01.
HS Bochum	12.01.	29.01.
Uni Bonn	13.01.	7
Uni Dortmund	20.01.	/
FH Dortmund	zu späte Rückmeldung, keine Befragung mehr möglich	
Uni Düsseldorf	keine Kontaktaufnahme möglich, Befragung konnte nicht durchgeführt werden	
FH Düsseldorf		
Uni Duisburg-Essen	15.01.	/
Uni Köln	26.01.(Bed.) / 30.01. (Stud.)	/
DSHS Köln	16.01./22.01.	/
Uni Münster	13.01. (nur HSP-Nutzer) 23.01. (alle)	/
FH Münster	11.02.	/
HS Niederrhein	generelle Bereitschaft, aber letztlich doch keine Teilnahme	
Uni Paderborn	23.01.	/
Uni Siegen	kein Ansprechpartner	
Uni Wuppertal	12.01.(Bed.) / 19.01.(Stud.)	03.02. (Stud.) 06.02. (Bed.)

Tabelle 4   Durchführung der Hochschulsportumfrage NRW 2009

2.4 Qualität der Stichprobe

Insgesamt kann die Online-Befragung als Erfolg bezeichnet werden. Es haben sich 30.612 Studierende und 4.823 Bedienstete an der Befragung beteiligt. An 15 von 20 ursprünglich angeschriebenen Hochschulen konnte die Befragung durchgeführt werden. Aufgrund organisatorischer Probleme sind die Studierenden und Bediensteten an der FH Dortmund, der FH Düsseldorf, der Uni Düsseldorf, der HS Niederrhein und der Uni Siegen nicht befragt worden. Zudem gab es Probleme bei der Befragung der Bediensteten der FH Bielefeld.

Die Rücklaufquoten bzw. die Antwortraten sind zwischen den einzelnen Standorten sehr unterschiedlich. Wird einmal vorausgesetzt, dass die Zahl der eingeschriebenen Studierenden auch vollständig von ihren Hochschulen angeschrieben worden ist, so zeigt sich folgendes Ergebnis: Bei den Studierenden kann die RWTH Aachen mit knapp 19% die höchste Beteiligung aufweisen, gefolgt von der BU Wuppertal mit 18,4% und der Uni Bielefeld mit 18,1%. An der Uni Duisburg-Essen war die Teilnahme der Studierenden hingegen so gering (1,5%), dass auf eine eigene Standortanalyse verzichtet werden musste. Eine unterdurchschnittliche Beteiligung gab es auch an der Uni Köln (4,9%) sowie an der FH Aachen und der FH Münster mit jeweils 5,4%.

Rücklaufquoten der Hochschulsportumfrage NRW 2009					
Hochschule	Rücklauf insg.	Bedienstete	Studierende	Studierende WS 07/08	Studierende Rücklauf-quote
RWTH Aachen	6.051	301	5.750	30.044	19,1%
FH Aachen	554	108	446	8.222	5,4%
Uni Bielefeld	3.643	413	3.230	17.813	18,1%
FH Bielefeld	679	2	677	6.533	10,4%
Uni Bochum	5.363	1.290	4.073	30.476	13,4%
HS Bochum	717	82	635	4.360	14,6%
Uni Bonn	3.358	750	2.608	26.499	9,8%
Uni Dortmund	1.449	80	1.369	21.031	6,5%
Uni Duisburg-Essen	198	50	148	30.364	1,5%
Uni Duisburg-Essen	247	46	201		
Uni Köln	2.255	242	2.013	40.675	4,9%
DSHS Köln	560	146	414	4.569	9,1%
Uni Münster	5.108	652	4.456	36.535	12,2%
FH Münster	657	164	493	9.053	5,4%
Uni Paderborn	1.749	170	1.579	13.092	12,1%
Uni Wuppertal	2.847	327	2.520	13.721	18,4%
Gesamt	35.435	4.823	30.612	292.987	10,4%

Tabelle 5   Rücklaufquoten der Hochschulsportumfrage NRW 2009

Eine genaue Rücklaufquote der Bediensteten kann nicht ermittelt werden, da die Ausgangsstatistiken der einzelnen Hochschulstandorte oft zu unpräzise sind, um sie als Bemessungsgrundlage zu verwenden.

Als problematisch stellt sich insgesamt das Fehlen verlässlicher E-Mail-Verteiler für die Studierenden und für die Bediensteten an den Hochschulen heraus, als auch teilweise die hohen Datenschutzbestimmungen bei der Versendung der Erinnerungs-Mail. Dies führte an einigen Hochschulen zu sehr geringen Beteiligungen. In Bochum werden zum Beispiel die privaten E-Mail-Adressen der Studierenden und Hochschulangehörigen gespeichert wodurch ein Anschreiben aller problemlos möglich war. Die Folge sind hohe Rücklaufquoten an der Universität Bochum. Andererseits hat die Wuppertaler Arbeitsgruppe keinen Überblick und Einfluss auf die eigentliche Zahl der versendeten E-Mails, da die einzelnen Hochschulen die Versendung selbst regelten.

Die Qualität einer Stichprobe wird weiterhin von den verschiedensten Faktoren beeinflusst. RICHTER (1970) spricht in diesem Zusammenhang von der individuellen „Zentralität": „Eine Befragung ist umso zentraler, je folgenschwerer die Beantwortung für die Betroffenen oder deren Bezugsgruppe durch mögliche Reaktionen des Umfrageträgers ist". Die Überprüfung dieser Einflussfaktoren kann mit Hilfe von Populationsparametern, deren Verteilung für die Hochschulen in NRW bekannt ist, vorgenommen werden. Über Hochschulen in NRW liegen leider nur verlässliche Grunddaten zur Studienfach- und Geschlechtsstruktur der Studierenden vor. Da die Personalstatistiken unterschiedlich an den Hochschulen geführt werden und oftmals nicht nachprüfbar ist, wer alles zum Personal gezählt wird, kann hier leider kein Abgleich erfolgen.

Durch Multiplikation mit entsprechenden Gewichtungsfaktoren (GF) werden die durch die unterschiedliche Qualität unvermeidlichen Differenzen zwischen den Hochschulen wieder ausgeglichen. Die Gewichtung der Daten wird jedoch lediglich für Aussagen verwendet, die sich auf den Hochschulsport in NRW allgemein beziehen.

So erhalten z.B. die 8,3% in der Stichprobe vorhandenen Studierenden von der Bergischen Universität Wuppertal, da sie insgesamt nur 5,1% der angeschriebenen Studentenschaft darstellen, bei landesweiten Aussagen einen Gewichtungsfaktor von 0,62. Umgekehrt verhält es sich bei den Studierenden der Uni Köln. Da sie vergleichsweise schwächer in der Stichprobe als in der Gesamtstudentenschaft vertreten sind, werden sie bei Aussagen, die sich auf den Hochschulsport in NRW allgemein beziehen, mit einem Gewichtungsfaktor von 2,29 „aufgewertet".[34]

Bei der Betrachtung der Repräsentativität der Stichprobe nach Geschlecht war eigentlich zu erwarten, dass die männlichen Studierenden stärker in der Stichprobe repräsentiert sein würden, da sie - nach Ergebnissen einiger früherer Befragungen - noch stärker im Sport engagiert waren. Die Geschlechterverteilung in der Stichprobe ist im Vergleich zur offiziellen Studierendenstatistik (Stand: WS 2008/2009) hingegen zu Ungunsten der männlichen Studierenden verschoben. Landesweit liegt das Verhält-

---

[34]   Vgl. hierzu Gabler, S./Hoffmeyer-Zlotnik, J./Krebs, D. (Hrsg.) (1994) und Gabler, S. (2006)

nis bei 52,4% Studenten zu 47,6% Studentinnen. In der Stichprobe sind die Studentinnen hingegen mit 53,9% (+6,3) über- und die Studenten mit 46,1% (-6,3%) unterrepräsentiert. Da diese Abweichung Auswirkungen auf die Ausprägungen des Sportverhaltens haben, wurde sie durch einen entsprechenden Gewichtungsfaktor korrigiert.

Zusammenfassend ist für die Hochschulsportumfrage NRW 2009 festzuhalten, dass die Qualität der umfangreichen Stichprobe – auf der Basis einer Gewichtung der im Rücklauf bestehenden gewissen Verzerrungen zwischen den Hochschulen – auf landesweiter Ebene insgesamt als zufrieden stellend zu bezeichnen ist. Für neun Hochschulstandorte können sogar standortspezifische Auswertungen durchgeführt werden. Genauere Details zur Qualität der Stichproben an den einzelnen Standorten, können dem Kapitel 4 entnommen werden.

(Foto: Dr. Richard Jansen)

Torben Hense / Oliver Wulf

3 Der Hochschulsport in NRW – Allgemeine Ergebnisse der Onlinebefragung

In den folgenden Abschnitten werden die landesweiten Ergebnisse der Hochschulsportumfrage in NRW dargestellt. In Kapitel 3.1 finden sich die wichtigen Grunderkenntnisse in komprimierter Form, ehe einige ausgewählte Aspekte (vgl. 3.2) präsentiert werden. Das Kapitel 3.1 ist bewusst so konzipiert worden, dass es als Vergleichsgrundlage für die standortspezifischen Analysen (vgl. Kap. 4) genutzt werden kann.

3.1 Das Sporttreiben an den Hochschulen in NRW

Im Folgenden soll zunächst das allgemeine Sporttreiben der Studierenden und Bediensteten in Nordrhein-Westfalen näher betrachtet werden, bevor genauer darauf eingegangen wird, welche Rolle der Hochschulsport spielt und wie ihn seine Nutzer beurteilen.

Annähernd vier Fünftel der Studierenden und Bediensteten gaben an, dass sie sich grundsätzlich als sportlich aktiv bezeichnen (vgl. Abbildung 2). Die „sportliche Aktivität" umfasst dabei ein weites Spektrum, das sich explizit von bewegungsaktiver Erholung über den Gesundheitssport bis hin zu Leistungs- und Wettkampfsport erstreckt. Werden nur diejenigen betrachtet, die mindestens einmal pro Woche Sport treiben, so liegen die Werte deutlich niedriger. Ungefähr zwei Drittel (68,8%) der Studierenden und der Bediensteten sind mindestens einmal wöchentlich sportaktiv.

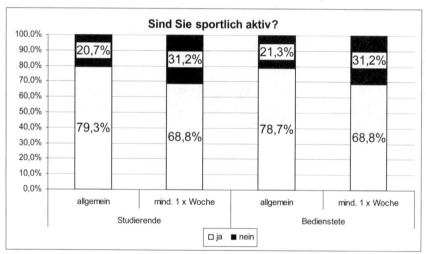

Abbildung 2   Sportliche Aktivität der Studierenden und Bediensteten

In den nächsten Abschnitten werden nun nur noch die sportlich aktiven Studierenden und Bediensten näher betrachtet.

Bei der Frage nach dem Ort des Sporttreibens unterscheiden sich die Studierenden nur in geringem Maße von den Bediensteten. Jeweils etwas mehr als die Hälfte der Befragten betreibt seinen Sport am Hochschulort, ein weiteres Fünftel am Hochschulort und außerhalb. Lediglich etwas mehr als ein Viertel betreibt ihre Aktivitäten außerhalb des Hochschulortes (vgl. Abbildung 3).

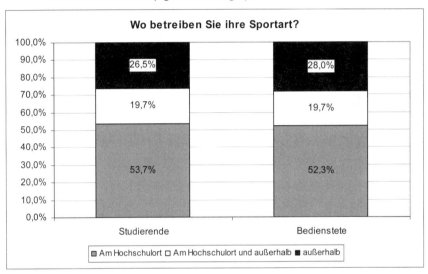

Abbildung 3   Wo betreiben Sie ihre Sportart?

Zu Beginn des Fragebogens sollten die Befragten grob einschätzen, ob Sie ihren Sport ausschließlich, teilweise oder gar nicht im Rahmen des Hochschulsportangebots betreiben. Jeder zehnte Studierende (10,1%) und jeder zwanzigste Bedienstete (5,1%) gaben an, ihre Aktivitäten ausschließlich im Hochschulsport auszuüben.

Am intensivsten nutzen die weiblichen Studierenden den Hochschulsport. Etwa 13% betreiben ihren Sport ausschließlich im Rahmen der Angebote des Hochschulsports und weitere 49% sowohl im Hochschulsport als auch außerhalb. Damit nutzen fast zwei Drittel der weiblichen Studierenden den Hochschulsport. Bei den männlichen Studierenden und den männlichen und weiblichen Bediensteten liegen die Werte für die alleinige Nutzung der Angebote des Hochschulsports bei 7,5% oder deutlich darunter (vgl. Abbildung 4).

Der Anteil derjenigen Studierenden, die sowohl im Hochschulsport als auch außerhalb Sport treiben, liegt bei 49% bzw. 43% und damit deutlich über dem Anteil der Bediensteten (34,1% bzw. 30,0%). Etwas über drei Fünftel der Bediensteten betreiben ihren Sport generell außerhalb des Hochschulsports.

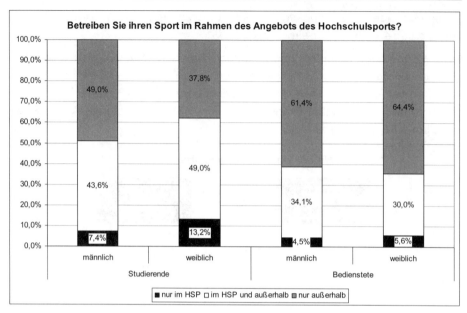

Abbildung 4　　　　Betreiben Sie ihren Sport im Rahmen des Angebots des Hochschulsports?

Im Verlauf der Befragung sollten die Studierenden und Bediensteten zudem jeder von ihnen betriebenen Sportart eine bzw. mehrere konkrete Organisationsformen zuordnen. Dadurch entsteht ein etwas differenzierteres Bild der Organisation des Sporttreibens und des Stellenwertes des Hochschulsports. Zu bedenken ist hierbei, dass auch eine Mehrfachnennung verschiedener Organisationsformen möglich war. Zudem steckt in dieser Verteilung noch keine Aussage über die Regelmäßigkeit und den zeitlichen Umfang der Teilnahme.

Abbildung 5　　　　Organisation des Sporttreibens der Studierenden

Fast 30% des gesamten Sporttreibens der <u>Studierenden</u> wird durch den Hochschulsport organisiert. Damit kann der Hochschulsport in dieser Gruppe einen deutlich höheren Stellenwert als der Sportverein (17,4% aller Aktivitäten) aufweisen. Deutliche Unterschiede sind allerdings zwischen den Geschlechtern feststellbar. Während bei den Studentinnen der Anteil des Hochschulsports sogar bei fast einem Drittel liegt (32,8%), ist der Stellenwert des Hochschulsports bei den männlichen Studierenden nur geringfügig höher als der des Sportvereins (24,0% zu 20,5%). Insgesamt organisieren die Studierenden jedoch den Großteil ihrer Aktivitäten auf privater Basis (43,0%). Die kommerziellen Anbieter (8,1%) spielen für das Sporttreiben dieser Gruppe nur eine untergeordnete Rolle.

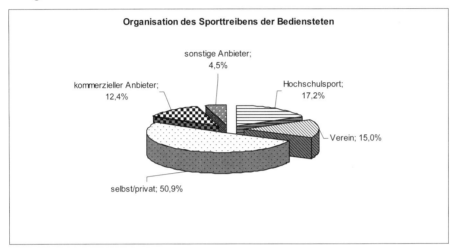

Organisation des Sporttreibens der Bediensteten

Abbildung 6   Organisation des Sporttreibens der Bediensteten

Bei den <u>Bediensteten</u> zeigt sich ein etwas anderes Bild. Hier hat der Hochschulsport (17,2%) einen ähnlichen Stellenwert wie der Sportverein, wobei die Anteile dieser Organisationsformen niedriger liegen als in der Gruppe der Studierenden. Dagegen ragt bei den Bediensteten noch deutlicher das selbst organisierte Sporttreiben (50,9%) heraus und auch die kommerziellen Anbieter haben einen deutlich höheren Stellenwert als bei den Studierenden. Dies liegt vor allem an den weiblichen Bediensteten, bei denen die gewerblichen Anbieter einen doppelt so großen Anteil (15,3%) besitzen wie bei den männlichen Bediensteten (8,8%).

Welche Sportarten von den sportlich Aktiven im Allgemeinen ausgeübt werden, unabhängig davon, ob diese im Rahmen des Hochschulsports erfolgen, ist in Tabelle 6 abzulesen. Die Befragten konnten bis zu drei verschiedene Aktivitäten angeben. Im Schnitt üben die Studierenden (1,86) und die Bediensteten (1,97) ungefähr zwei Sportarten aus. Während „Joggen, Laufen" und „Fitnesstraining" sowohl bei den Studierenden als auch bei den Bediensteten die beliebtesten Aktivitäten sind, ändern sich danach die Präferenzen zwischen den beiden Gruppen sehr deutlich. „Fußball" erreicht bei den Studierenden den 3. Rang, während es bei den Bediensteten hinter dem Radfahren, Schwimmen und Nordic Walking auf Platz sechs liegt.

Die Top-Sportarten der Studierenden und Bediensteten

Studierende		Gesamt	Bedienstete	
Platz	Anteil an den Aktiven (in %)	Anteil an den Aktiven (in %)	Anteil an den Aktiven (in %)	Platz
1	27,5%	Joggen, Laufen 27,9%	30,5%	1
2	20,6%	Fitnesstraining 20,5%	19,6%	2
4	12,2%	Schwimmen 12,4%	13,9%	4
3	13,3%	Fußball 12,2%	5,7%	6
6	7,0%	Radfahren 8,4%	17,7%	3
5	7,4%	Badminton 7,0%	4,2%	16
7	6,7%	Aerobic 6,6%	5,6%	7
8	5,6%	Tanzen 5,5%	4,7%	10
9	5,4%	Volleyball 5,1%	3,5%	18
10	5,0%	Krafttraining 5,0%	4,4%	14
11	3,9%	Tennis 3,9%	4,2%	17
12	3,9%	Basketball 3,6%	1,6%	26
13	2,9%	Reiten 2,9%	2,5%	22
18	2,4%	Yoga 2,8%	5,3%	9
17	2,5%	Spazierengehen 2,8%	4,6%	13
15	2,9%	Klettern 2,7%	1,7%	24
14	2,9%	Handball 2,7%	1,2%	32
16	2,5%	Bodybuilding 2,4%	1,5%	27
20	1,8%	Pilates 1,9%	2,9%	20
43	0,8%	Nordic Walking /Walking 1,8%	7,7%	5
22	1,7%	Inline-Skating 1,7%	1,6%	25
30	1,1%	Gymnastik 1,7%	5,4%	8
23	1,7%	Tischtennis 1,6%	1,4%	29

Tabelle 6　　　　　Die Top-Sportarten der Studierenden und Bediensteten

Bei den Studierenden besitzt Nordic Walking keinen großen Stellenwert und liegt nur auf Rang 43. Beliebte Aktivitäten sind in dieser Gruppe hingegen Schwimmen, Badminton, Radfahren und Aerobic auf den Plätzen vier bis sieben sowie Tanzen, Volleyball und Krafttraining auf den Rängen acht bis zehn. Bei den Bediensteten finden sich auf den Plätzen sieben bis zehn die Sportarten Aerobic, Gymnastik, Yoga und Tanzen.

Organisationsquote des Hochschulsports bei den beliebtesten Sportarten				
Rang	Top-10-Sportarten **Studierende**	Anteil des HSP (in %)	Top 10-Sportarten **Bedienstete**	Anteil des HSP (in %)
1.	Joggen, Laufen	6,3	Joggen, Laufen	4,6
2.	Fitnesstraining	40,7	Fitnesstraining	34,6
3.	Fußball	13,5	Radfahren	1,4
4.	Schwimmen	16,5	Schwimmen	11,7
5.	Badminton	46,7	Nordic Walking	5,0
6.	Radfahren	2,7	Fußball	18,4
7.	Aerobic	70,4	Aerobic	44,2
8.	Tanzen	47,3	Gymnastik	21,9
9.	Volleyball	44,6	Yoga	18,4
10.	Krafttraining	26,2	Tanzen	25,5

Tabelle 7   Organisationsquote des Hochschulsports bei den beliebtesten Sportarten

Die Bedeutung des Hochschulsports ist als Organisator der Sportarten sehr unterschiedlich (vgl. Tabelle 7). So wird die beliebteste Sportart Joggen, Laufen nur von 6,3% aller Studierenden und von 4,6% der Bediensteten im Rahmen des Hochschulsports betrieben. Hohe Organisationsquoten besitzt der Hochschulsport hingegen bei den Studierenden in den Sportarten Tae-Bo (78,2%), Pilates (70,5%) und Aerobic (70,4%). Bei den Bediensteten spielt der Hochschulsport vor allem in den Sportarten Tae-Bo (63,9%), Aerobic (44,2%) und Aqua-Jogging/-Fitness (37,8%) eine große Rolle.

Auch wenn die Organisationsquote des Hochschulsports bei den zehn meist genannten Sportarten manchmal gering ist, zeigt sich insgesamt trotzdem ein hoher Stellenwert des Hochschulsports für das Sporttreiben der Hochschulangehörigen. Von den über 140 betriebenen Sportarten werden allein 120 durch den Hochschulsport angeboten. Gerade bei den „kleineren" Sportarten (z.B. Unihockey, Frisbee, Capoeira) stellt der Hochschulsport oftmals die einzige Gelegenheit dar, diese Aktivitäten durchzuführen und fördert dadurch eine vielfältige Sportkultur an den Hochschulen.

Neben dem sehr umfangreichen, aktuell vorfindbaren Sportgeschehen äußern beide Statusgruppen auch ein großes Interesse, neue Sportarten kennen zu lernen. Im Rahmen eines „Schnupperkurses" würden gerne knapp drei Fünftel der Studierenden (58,2%) und fast die Hälfte der Bediensteten (44,9%) neue Sportarten ausprobieren. In diesem Kontext besteht bei den Studierenden ein sehr hohes Interesse an den Sportarten Bogenschießen (n=1.538 / 5,1% aller Befragten), Klettern (n=1.521 / 5,1%), Yoga (n=1.267 / 4,2%), Fallschirm/Paragliding (n=1.207 / 4,0%), Kampfsport (n=1172 / 3,9%) und Capoeira (n=1.154 / 3,8%). In der Gruppe der Bediensteten finden vor allem die Sportarten Aquajogging/-Fitness (n=255 / 5,3%), Bogenschießen (n=229 / 4,7%), Yoga (n=225 / 4,7%), Pilates (n=194 / 4,0%), Gesundheitsgymnastik (n=170 / 3,5%) und Tai-Chi/Chi-Gong (n=150 / 3,1%) eine starke Resonanz.

(Foto: Isabelle Thiel)

3.1.1 Das Sporttreiben im Hochschulsport

In diesem Abschnitt stehen die Rahmenbedingungen des Sporttreibens im Hochschulsport in NRW im Vordergrund der Betrachtungen. Neben den Erwartungen an den Hochschulsport und der Bewertung seiner Angebote durch die Nutzer werden auch die Gründe und Wünsche derjenigen betrachtet, die den Hochschulsport aktuell nicht in Anspruch nehmen.

3.1.1.1 Die Teilnehmer

Bei der Befragung gaben ca. 14.000 Personen an, dass sie den Hochschulsport zumindest zeitweise nutzen. Diese Personengruppe wurde im weiteren Verlauf befragt, wie <u>wichtig</u> ihnen ausgewählte Aspekte bei der Nutzung des Hochschulsports sind (Relevanz) und wie sie diese Aspekte auf der Basis ihrer Erfahrungen (Realität) mit dem Hochschulsport an ihrem Standort <u>beurteilen.</u> Die ausgewählten 16 Einzelaspekte konnten in den drei Hauptkategorien „Angebote", „Sportstätten" und „Preise und Zeiten" anhand einer 5er Skala (sehr unwichtig = 5 bis sehr wichtig = 1 bzw. sehr schlecht = 5 bis sehr gut = 1) zusammengefasst und bewertet werden. Durch diesen Abgleich zwischen der <u>Bedeutung</u> und der <u>Wirklichkeit</u> ist es möglich, Problembereiche genauer zu erkennen.

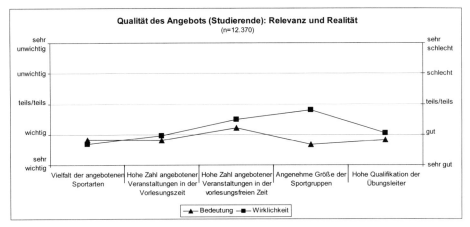

Abbildung 7   Qualität des Angebots (Studierende): Relevanz und Realität

Im Themengebiet „Qualität des Angebotes" sind fünf zentrale Aspekte abgefragt und von den aktuellen Nutzern der Hochschulsportangebote in Hinblick auf ihre Wünsche und Erfahrungen beurteilt worden. Auf den ersten Blick zeigt sich, dass bei den Studierenden die Beurteilung des real erlebten Angebotes in fast allen Aspekten etwas negativer ausfällt als die generelle Einschätzung der Wichtigkeit. Doch in der Regel sind diese Abweichungen marginal, nur bei dem Aspekt „Angenehme Größe der Sportgruppen" gibt es etwas deutlichere Abweichungen zwischen Wunsch (1,67) und Realität (2,80). Dieser Aspekt besitzt allerdings neben der schlechtesten Beurteilung auch die höchste Bedeutung für die Studierenden.

Bei den Bediensteten weichen die Beurteilungen der Wünsche und Erfahrungen lediglich bei den Aspekten „Vielfalt der angebotenen Sportarten" und „Hohe Anzahl angebotener Veranstaltungen in der Vorlesungszeit" von denen der Studierenden ab. Bei diesen beiden Aspekten fiel die Beurteilung etwas positiver aus als die Einschätzung der Wichtigkeit.

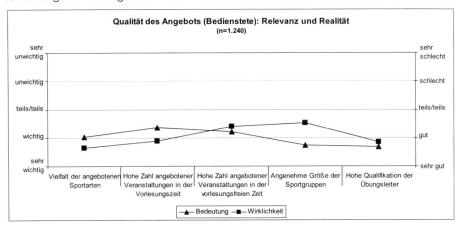

Abbildung 8   Qualität des Angebots (Bedienstete): Relevanz und Realität

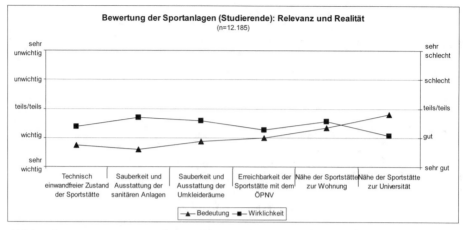

Abbildung 9   Bewertung der Sportanlagen (Studierende): Relevanz und Realität

Im Themenbereich „Sportstätten" wurden insgesamt sechs unterschiedliche Aspekte beurteilt. Im Gegensatz zum Themenfeld "Sportangebote" finden sich hier deutlichere Abweichungen zwischen der Relevanz und der Realität. So werden die Aspekte „Technisch einwandfreier Zustand", „Sauberkeit und Ausstattung der sanitären Anlagen" und „Sauberkeit und Ausstattung der Umkleideräume" von beiden Gruppen fast ausschließlich als „sehr wichtig" eingestuft. Die Aspekte „Erreichbarkeit der Sportstätten mit dem ÖPNV" und „Nähe der Sportstätten zur Wohnung" sind den Studierenden wichtiger als den Bediensteten; die Beurteilung der Wirklichkeit fällt in beiden Gruppen aber identisch aus und zeigt Werte, die durchgängig zwischen „gut" und „teils/teils" liegen.

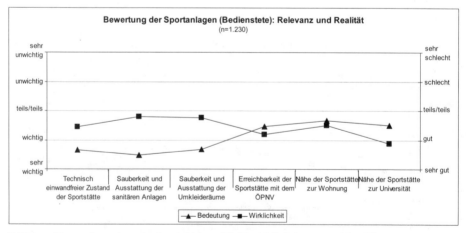

Abbildung 10   Bewertung der Sportanlagen (Bedienstete): Relevanz und Realität

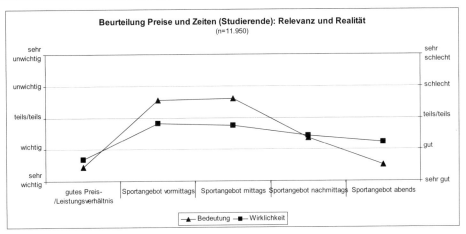

Abbildung 11   Beurteilung Preise und Zeiten (Studierende): Relevanz und Realität

Deutliche Abweichungen zwischen Wunsch und Realität finden sich im Themenfeld „Preise und Zeiten", insbesondere bei den Bediensteten. Hier wurde vor allem um eine Einschätzung der Angebotsstruktur im Hinblick auf die Tageszeiten gebeten. So zeigt sich, dass vor allem für die Gruppe der Bediensteten, aber leicht abgeschwächt auch für die Studierenden, Sportangebote im Vormittags- oder Mittagsbereich in der Regel eher „unwichtig" eingeschätzt werden. Eine hohe Bedeutung besitzen für diese Gruppe aber die abendlichen Sportangebote. Unabhängig von ihren Wünschen und der Tageszeit empfinden die Bediensteten die Struktur der Sportangebote als „gut" bis befriedigend (teils/teils). Ein ähnliches Beurteilungsschema findet sich bei den Studierenden wieder. Sehr hohe Bedeutung hat in beiden Gruppen der Aspekt „gutes Preis-/Leistungsverhältnis", welches in der Realität auch mit „gut" bewertet wird.

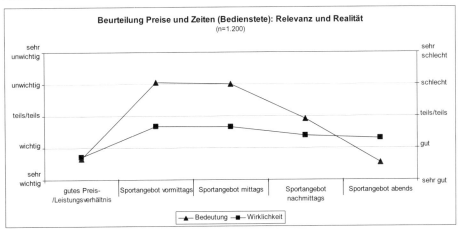

Abbildung 12   Beurteilung Preise und Zeiten (Bedienstete): Relevanz und Realität

3.1.1.2 Die Nichtteilnehmer

Diejenigen Universitätsangehörigen, die im Wintersemester 2008/09 nicht an Angeboten des Hochschulsports teilnahmen (15.235 der befragten Studierenden und 3.161
der befragten Bediensteten), wurden befragt, ob ihnen die Angebote des Hochschulsports überhaupt bekannt sind und warum sie diese bisher noch nicht genutzt
haben bzw. nicht mehr in Anspruch nehmen.

Jeweils etwa einem Viertel (25,2%/22,5%), der momentan nicht den Hochschulsport
nutzenden Studierenden und Bediensteten ist das Angebot des Hochschulsports
überhaupt nicht bekannt. Die überwiegende Mehrheit der nicht im Hochschulsport
aktiven Studierenden (51,9%) und etwa zwei Fünftel der Bediensteten (42,5%) kennt
zwar die Angebote des Hochschulsports, hat aber noch nicht an diesen teilgenommen. Ein Drittel der momentan nicht im Hochschulsport aktiven Bediensteten sowie
ein Viertel der Studierenden war früher schon einmal Teilnehmer an einem Hochschulsportangebot (vgl. Abbildung 13).

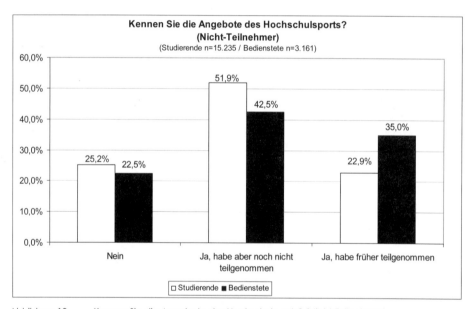

Abbildung 13   Kennen Sie die Angebote des Hochschulsports? (Nicht-Teilnehmer)

Zunächst soll die Gruppe, welche die <u>Angebote des Hochschulsports überhaupt
nicht kennt</u> (3.295 Studierende und 525 Bedienstete), näher betrachtet werden. Hier
zeigt sich, dass der Hochschulsport zwar generell bekannt ist, die Befragten aber
oftmals nicht wissen, wo sie sich über die Angebote informieren können (Studierende: 71,6% / Bedienstete: 55,8%). Von den Personen, die angaben, die Angebote des
Hochschulsports nicht zu kennen, äußerten nur ein Fünftel der Bediensteten bzw. ein
Siebtel der Studierenden, dass überhaupt kein Interesse am Hochschulsport besteht.

In beiden Gruppen gab zudem ungefähr ein Siebtel der Personen an, dass sie generell kein Interesse an sportlichen Aktivitäten haben.

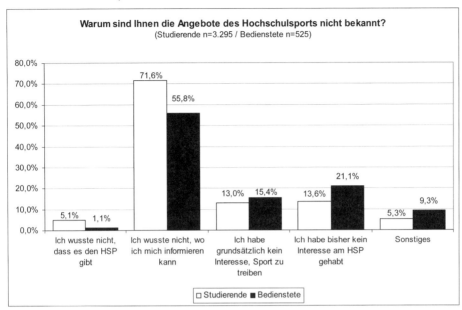

Abbildung 14   Warum sind Ihnen die Angebote des Hochschulsports nicht bekannt?

Ein Großteil der Personen, die die Angebote des Hochschulsports bisher nicht kennen, würden diese gerne kennen lernen. Lediglich ein Fünftel der Bediensteten und ein Sechstel der Studierenden interessieren sich explizit nicht für den Hochschulsport (vgl. Abbildung 15).

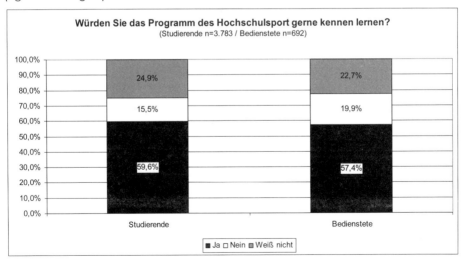

Abbildung 15   Würden Sie das Programm des Hochschulsports gerne kennen lernen?

Auch die Personengruppe, die angab, dass sie den <u>Hochschulsport zwar kennt, aber</u> <u>noch nicht genutzt hat</u> (7.728 Studierende und 1.288 Bedienstete), wurde nach ihren Gründen hierfür befragt (vgl. Abbildung 16). Der meistgenannte Aspekt der Studie-renden ist, dass generell „keine Zeit" für die Teilnahme vorhanden ist. Es folgt die Aus-sage „die angebotenen Zeiten sind zu ungünstig". Diese Reihenfolge ist bei den Be-diensteten umgekehrt. Es folgen sowohl bei den Studierenden als auch den Bediens-teten die Aussagen „Ich nutze andere Sportangebote", „Ich bin zur Zeit nicht aktiv" und „Die Sportanlagen liegen zu ungünstig".

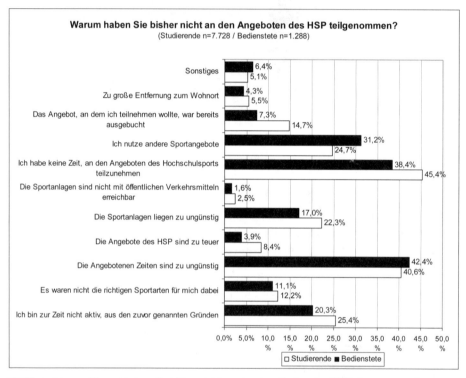

Abbildung 16   Warum haben Sie bisher nicht an den Angeboten des HSP teilgenommen?

Ähnlich sieht es bei denjenigen aus, die <u>früher an Angeboten des Hochschulsports</u> <u>teilgenommen haben, diese aber aktuell nicht mehr in Anspruch nehmen</u> (3.330 Stu-dierende und 1.067 Bedienstete). Hier liegt die Aussage „Die Angebote finden für mich zur falschen Zeit statt" bei den Bediensteten deutlich vor der Angabe „Ich ha-be keine Zeit mehr". Die Studierenden gaben diese beiden Aussagen etwa gleich oft als Grund dafür an, dass sie den Hochschulsport nicht mehr nutzen. Etwa jeder dritte Studierende nimmt nicht mehr an den Angeboten teil, weil die Gruppen zu voll wa-ren. Bei den Bediensteten ist es immer noch jeder Vierte. Ebenfalls jeder vierte Be-dienstete nutzt inzwischen andere Sportangebote (vgl. Abbildung 17).

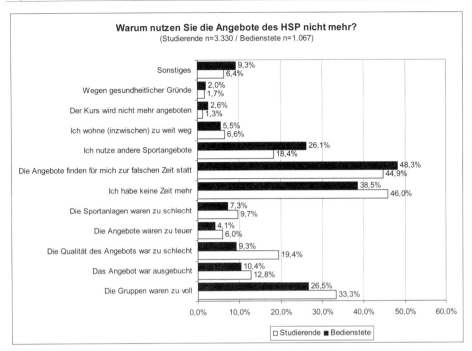

Abbildung 17   Warum nutzen Sie die Angebote des Hochschulsports nicht mehr?

Abschließend wurden diejenigen Personen befragt, die <u>aktuell nicht am Hochschul-sport teilnehmen,</u> sondern andere Organisationsformen nutzen, wie wichtig ihnen bestimmte Aspekte bei einer <u>potentiellen Teilnahme am Hochschulsport</u> wären.

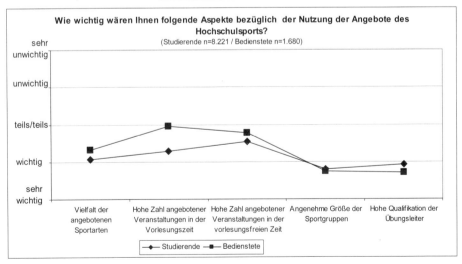

Abbildung 18   Wie wichtig wären Ihnen folgende Aspekte bezüglich der Angebote des Hochschul-sports

Bei den abgefragten Aspekten bezüglich der Angebote des Hochschulsports sind sich die Studierenden und die Bediensteten überwiegend einig, dass ihnen nahezu sämtliche Einzelaspekte „wichtig" bis „sehr wichtig" für ein mögliches Sporttreiben im Rahmen des Hochschulsports, wären. Lediglich bei der Frage nach der Relevanz einer hohen Anzahl von Veranstaltungen während der Vorlesungszeit ist ein deutlicher Unterschied zu erkennen (vgl. Abbildung 18).

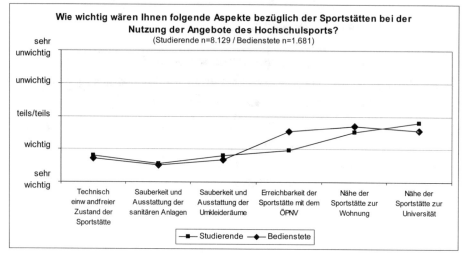

Abbildung 19   Wie wichtig wären Ihnen folgende Aspekte bezüglich der Sportstätten bei der Nutzung der Angebote des Hochschulsports

Auch bei den Fragen bezüglich der Sportstätten gehen die Meinungen der Studierenden und der Bediensteten nur geringfügig auseinander. Hier ist der größte Unterschied bei der Erreichbarkeit der Sportstätten mit dem öffentlichen Nahverkehr zu erkennen. Dieser Aspekt ist den Studierenden wichtiger als den Bediensteten (vgl. Abbildung 19).

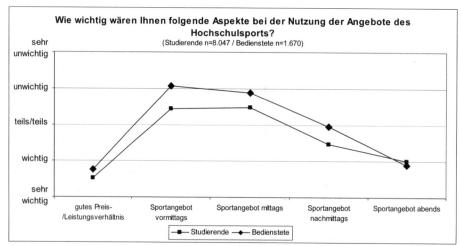

Abbildung 20   Wie wichtig wären Ihnen folgende Aspekte bei der Nutzung der Angebote des Hochschulsports

Torben Hense, Nora Markert, Oliver Wulf

3.2 Ausgewählte Ergebnisse der Hochschulsportbefragung NRW 2009

Neben der allgemeinen Auswertung der Hochschulsportumfrage NRW 2009 gibt es aufgrund der umfangreichen Stichprobe eine Vielzahl von Ansatzpunkten, an denen die Auswertungen noch weiter vertieft werden können. Im Rahmen dieser Arbeit sollen nur drei Aspekte kurz angedeutet werden: die geschlechtsspezifische Perspektive (vgl. Kap. 3.2.1), der Zusammenhang zwischen Wohnort, Studienort und Hochschulsportnutzung (vgl. Kap. 3.2.2) und welchen Einfluss die Studiendauer auf die Nutzung des Hochschulsport hat. (vgl. Kap. 3.2.3).

3.2.1 Hochschulsport in NRW aus geschlechtsspezifischer Perspektive

Der moderne Sport ist ein Ausdrucksmittel für persönliche Lebensstile und Lebensgefühle. Mit Sport lässt sich nicht nur die Gesundheit verbessern, sondern mit ihm werden auch Zeichen gesellschaftlicher Anerkennung gesetzt (vgl. LAMPRECHT/STAMM, 2002, S. 7ff). Freie Wahl und unbeschränkter Zugang zu allen Sportarten für beide Geschlechter ist in der heutigen modernen Gesellschaft normal. Dennoch stellt sich die Frage, ob es weiterhin noch Sportarten gibt, die typisch dem einen oder dem anderen Geschlecht zugeordnet werden können.

In den letzten fünfzig Jahren hat sich das Sportengagement besonders für die Frauen stark verändert. Die Zunahme des Frauensports, bis hin zu dem Punkt, an dem sich die Häufigkeit des Sporttreibens von Männern und Frauen kaum mehr unterscheidet, belegt einen großen Wandel im Sportsystem und in der Entwicklung des modernen Sports (vgl. ebd. S. 96ff). Heute haben sowohl Frauen als auch Männer Zugang zu allen Sportarten. Die Sportbeteiligung ist sehr ausgeglichen, was viele Studien in diesem Bereich zeigen (u.a. HÜBNER/WULF 2009a und 2009b und ECKL/GIEß-STÜBER/WETTERICH 2005).

Weitere Ergebnisse ausgewählter Studien zeigen, dass Männer eher den Wettkampfsport, wie zum Beispiel Fußball und Handball, vorziehen, „während Frauen breitensportliche Auslegungen häufiger bevorzugen" (BURRMANN, S. 182), wie beispielsweise Gymnastik und Gesundheitskurse (vgl. BAUR et. al. (2005); BAUR/BECK (1999); LAMPRECHT/STAMM; OTTESEN (2004)). Obwohl Männer eher aus „leistungs- und erfolgsthematischen Gründen" (BURRMANN, S. 183) Sport treiben und Frauen den Sport zur Körperformung nutzen, sind die häufigsten genannten Gründe beider Geschlechter zum Sporttreiben Spaß, Gesundheit und Fitness (vgl. BAUR/BECK; GABLER (2002); LAMPRECHT/STAMM). GABLER argumentiert, dass Männer eher an tradierten Sportarten interessiert sind, während Frauen sich offener gegenüber neuen Sportarten verhalten und eher das „sich Bewegen" im Vordergrund steht. Zu dieser Erkenntnis kommen auch HÜBNER/WULF (2007) in ihrem Artikel „Wie weiblich ist der Wuppertaler

Sport? – Einige Anmerkungen zum Sporttreiben der Wuppertaler Bevölkerung aus geschlechtsspezifischer Sicht", der sich auf Ergebnisse zum Sporttreiben in der Großstadt Wuppertal bezieht.

Eine zentrale Erkenntnis dieser Studie ist, „dass Frauen ein markant größeres Interesse an neuen Sportarten besitzen. [...] (D)aher ist zu konstatieren, dass starke innovative Impulse bei der Entwicklung der heutigen Sportnachfrage in Wuppertal von den Frauen und Mädchen ausgehen" (ebd. S. 32).

Basierend auf der historischen Betrachtung und den aktuellen empirischen Studien zum Frauen- und Männersport, werden im Folgenden die Ergebnisse der Studierenden im Rahmen der Hochschulsportumfrage NRW 2009 unter geschlechtsspezifischer Sichtweise beleuchtet.

3.2.1.1   Sind Studenten sportlich aktiver als Studentinnen?

Um diese Fragestellung zu überprüfen, wird im Folgenden die allgemeine Sportaktivität von Studentinnen und Studenten analysiert. Um einen detaillierten Einblick in das Sportverhalten zu erhalten, wird nun sowohl auf die Dauer der sportlichen Aktivität als auch auf den Ort des Sporttreibens eingegangen. Dabei erscheint es sinnvoll, nicht nur auf Gemeinsamkeiten und Unterschiede zwischen Studentinnen und Studenten einzugehen, sondern auch Auffälligkeiten innerhalb der Geschlechter näher zu beleuchten.

Bei einer geschlechtsspezifischen Betrachtung zeigt sich, dass der Umfang der sportliche Aktivität der weiblichen als auch der männlichen Studierenden eng bei einander liegt. Die Aktivenquote der Studentinnen liegt mit 78,3% nur geringfügig niedriger als die der Studenten (80,4%).

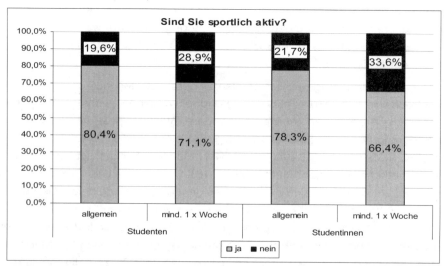

Abbildung 21   Sportaktivität von Studenten und Studentinnen im Vergleich

Ähnlich verhält es sich bei der geschlechtsspezifischen Betrachtung der empirischen Studie von KÖNEN (2005), auch hier weisen die Studenten eine geringfügig höhere sportliche Aktivität auf als die Studentinnen.

Wird ein strengerer Maßstab angesetzt, der nur diejenigen als sportlich aktiv einordnet, die mindestens einmal pro Woche Sport treiben, sinken die Werte um ca. 10%. Die Aktivenquote der männlichen Studierenden liegt in der landesweiten Hochschulsportstudie bei 71,1% und die der weiblichen bei 66,4%.

Auf der Basis dieser Daten kann der Behauptung, dass Studenten sportlich aktiver sind als Studentinnen, nur bedingt zugestimmt werden. Denn obwohl die Studenten eine etwas höhere Sportaktivenquote aufweisen, kann aufgrund des geringen Unterschieds dennoch gesagt werden, dass Studentinnen nicht seltener sportlich aktiv sind als ihre männlichen Kommilitonen.

Allerdings ist zu beachten, dass die oben aufgeführten Daten keinen Aufschluss über den Umfang des Sporttreibens geben.

Wird ein Blick auf diesen Aspekt geworfen so zeigt sich, dass Studenten im Monat durchschnittlich 1.188,9 Minuten Sport treiben, was einer Stundenanzahl von 19,8 Stunden im Monat entspricht. Studentinnen sind hingegen im Durchschnitt nur 878,8 Minuten sportlich aktiv sind. Dies entspricht 14,6 Stunden pro Monat.

Im zweiten Schritt soll nun überprüft werden, ob sich diese Tendenzen auch dann wieder finden, wenn nur die Aktivitäten im Hochschulsport betrachtet werden. Die Berechnung der Stundenumfänge für den Hochschulsport basiert auf den Antworten von Studentinnen und Studenten, die auf die Frage, „Wird der Sport im Hochschulsport betrieben?", mit „ja, nur im Hochschulsport" geantwortet haben[35]. So zeigt sich, dass die im Hochschulsport aktiven Studenten im Monat durchschnittlich 675,7 Minuten Sport treiben, was in etwa 11,3 Stunden pro Monat entspricht. Die Studentinnen beteiligen sich mit 8,1 Stunden im Monat über drei Stunden pro Woche weniger am Hochschulsport als ihre männlichen Kommilitonen (vgl. Tabelle 8).

Umfang des Sportreibens im Hochschulsport und außerhalb (Studenten und Studentinnen)						
	nur im HSP		im HSP und außerhalb		nur außerhalb	
Geschlecht	Umfang im Monat (in min)	Umfang im Monat (in h)	Umfang im Monat (in min)	Umfang im Monat (in h)	Umfang im Monat (in min)	Umfang im Monat (in h)
Studenten	675,7	11,3	1285,1	21,4	1175,9	19,6
Studentinnen	483,5	8,1	948,4	15,8	923,1	15,4

Tabelle 8   Umfang des Sportreibens im Hochschulsport und außerhalb (Studenten und Studentinnen)

Wie bereits bei der allgemeinen Umfangsberechnung zeigt sich auch hier, dass die Studenten in höherem Umfang sportlich aktiv sind (durchschnittlich über fünf Stunden aktiver im Monat) als ihre weiblichen Kommilitonen. Der Umfang der sportlichen Aktivität außerhalb des Hochschulsports zeigt einen Unterschied zwischen männlichen

---

[35]   Die Zeiten derjenigen, die sowohl im HSP wie auch außerhalb ihren Sport betreiben, können an dieser Stelle nicht näher betrachtet werden, da keine exakte Trennung möglich ist.

und weiblichen Studierenden von mehr als vier Stunden. Mit über fünf Stunden ist monatliche Umfang des Sporttreibens bei den Studierenden am größten, die ihren Sport sowohl im Hochschulsport also auch außerhalb organisieren.

Ein erster Erklärungsansatz fußt auf den Ergebnissen verschiedener Sportverhaltens-studien.[36] Diese zeigen, dass Männer stärker im Wettkampfsport beteiligt sind und die von ihnen besonders bevorzugten Ballsportarten (wie z. B. Fußball, Badminton oder Handball) oftmals mit einer Trainingsdauer von zwei Stunden durchgeführt werden, wohingegen Frauen eher fitnessorientierte Sportarten (wie z. B. Aerobic, Tae-Bo oder Pilates) favorisieren, die eher in einstündigen Kurssystemen organisiert werden.

Dieser Erklärungsansatz bestätigt sich bei näherer Betrachtung der durchschnittlichen Dauer einer Einheit (vgl. Tabelle 9) und der Häufigkeit des Sporttreibens (vgl. Tabelle 10).

Durchschnittliche Ausübungszeit für eine Sporteinheit						
	nur HSP		HSP und außerhalb		nicht HSP	
Geschlecht	Umfang pro Einheit (in min)	Umfang pro Einheit (in h)	Umfang pro Einheit (in min)	Umfang pro Einheit (in h)	Umfang pro Einheit (in min)	Umfang pro Einheit (in h)
Studenten	91,0	1,5	93,1	1,6	91,1	1,5
Studentinnen	74,5	1,2	74,2	1,2	74,0	1,2

Tabelle 9   Durchschnittliche Ausübungszeit für eine Sporteinheit

So zeigt sich, dass sportlich aktive Studentinnen mit einem Durchschnitt von 1,2 Stunden kürzere Sporteinheiten „im Hochschulsport und außerhalb" haben als Studenten, die auf einen Durchschnittwert von 1,6 Stunden pro Übungseinheit kommen. Diese allgemeinen Werte spiegeln sich auch bei der Untersuchung der Sporteinheiten im Hochschulsport wider. Rund 17 Minuten länger sind die Sporteinheiten der Studenten im Hochschulsport im Vergleich zu den Studentinnen. Eine ähnlich große Differenz bei der durchschnittlichen Dauer der Sporteinheiten ist auch außerhalb des Hochschulsports zu finden. Die Berechnungen verdeutlichen, dass die durchschnittliche Zeitdauer pro Sporteinheit den doch erheblichen Unterschied des Zeitumfangs der sportlich aktiven Studenten und Studentinnen maßgeblich beeinflusst.

Darüber hinaus zeigt eine nähere Betrachtung der Anzahl der monatlichen Einheiten, dass Studentinnen knapp siebenmal pro Monat sportlich aktiv sind, wohingegen die Studenten 7,5mal pro Monat ihren Sport ausüben (vgl. Tabelle 10). Dieser geringe Unterschied unterstützt die Vermutung, dass die weiblichen Studierenden im Vergleich zu den männlichen nicht seltener sportlich aktiv sind, jedoch kürzere zeitliche Umfänge in ihren Sporteinheiten aufweisen.

Durchschnittliche Häufigkeit der Sportausübung im Monat			
Geschlecht	nur HSP	HSP und außerhalb	nicht HSP
Studenten	6,0	7,1	8,1
Studentinnen	4,8	6,4	8,0

Tabelle 10   Durchschnittliche Häufigkeit der Sportausübung im Monat

---

[36]   Vgl. hierzu u. a. die diversen Publikationen HÜBNER/WULF

Für die Studierenden, die nur im Hochschulsport aktiv sind, ist hervorzuheben, dass die Anzahl der monatlichen Einheiten auf Seiten der Studenten mit 6,0 um über eine Einheit höher ist als bei den Studentinnen mit 4,8. Dieser Unterschied ist im Vergleich zu den anderen Organisationsformen der größte.

Zusammenfassend ist anzumerken, dass Studenten nicht grundsätzlich sportlich aktiver sind als Studentinnen. Allerdings zeigen sich Unterschiede im Bezug auf den zeitlichen Umfang des Sporttreibens. Demnach treiben die männlichen Studierenden im Monat durchschnittlich knapp fünf Stunden mehr Sport als die weiblichen Studierenden. Darüber hinaus zeigt sich, dass die jeweiligen Übungseinheiten der Studentinnen kürzer sind als die der Studenten, wohingegen die Gesamtzahl der monatlichen Einheiten im Durchschnitt nur eine geringe Differenz zu Gunsten der Studenten aufweist. Es liegt nahe, dass die sportlich aktiven Studentinnen eher Sportarten mit kürzeren Stundenumfängen betreiben, wie zum Beispiel Aerobic oder andere Fitnessangebote. Diese werden sowohl im Hochschulsport als auch außerhalb angeboten. Bei den Studenten kann vermutet werden, dass durch ihre hohe Präferenz für Mannschaftssportarten die Stundenumfänge der Sporteinheiten höher sind als die der Studentinnen.

3.2.1.2   Treiben Studenten einen anderen Sport als Studentinnen?

Nachdem bereits im Kapitel 3.1 eine allgemeine Auswertung der beliebtesten Sportarten vorgenommen wurde, wird sich der folgende Abschnitt mit den beliebtesten Sportarten der Studenten und Studentinnen im Speziellen befassen, um Aussagen darüber zu treffen, ob sich typische Sportartenpräferenzen, wie z. B. Fußball bei Männern und Aerobic bei Frauen, auch im universitären Bereich der Studierenden wieder finden. Auf die geschlechtsspezifische Darstellung aller 130 Sportarten soll an dieser Stelle aus Gründen der Übersichtlichkeit verzichtet werden. Im Folgenden wird mit den zehn beliebtesten Sportarten beider Geschlechter gearbeitet.

Hitliste der beliebtesten Sportarten nach Geschlecht		
Rang	Studentinnen	Studenten
1.	Joggen/Laufen 28,1%	Joggen/Laufen 27,0%
2.	Fitnesstraining 23,8%	Fußball 22,8%
3.	Schwimmen 14,7%	Fitnesstraining 17,9%
4.	Aerobic 13,8%	Schwimmen 9,9%
5.	Tanzen 7,9%	Badminton 8,8%
6.	Radfahren 7,3%	Krafttraining 7,6%
7.	Reiten 5,8%	Radfahren 6,6%
7.	Badminton 5,8%	
8	Volleyball 5,5%	Basketball 5,7%
9.	Yoga 4,5 %	Volleyball 5,3%
10.	Pilates 3,7%	Tennis 4,5%

Tabelle 11   Hitliste der beliebtesten Sportarten nach Geschlecht

Zunächst lässt sich feststellen, dass bei beiden Geschlechtern der erste Rang von der Sportart Joggen/Laufen mit ähnlichen prozentualen Anteilen belegt wird (vgl.

Tabelle 11). Insgesamt gibt es sechs Sportarten – Joggen/Laufen, Fitnesstraining, Rad-fahren, Badminton, Schwimmen und Volleyball – die sich sowohl bei den weiblichen als auch bei den männlichen Studierenden unter den zehn beliebtesten Sportarten befinden. Obwohl es diese Übereinstimmungen gibt, muss beachtet werden, dass alle Sportarten außer Joggen/Laufen unterschiedliche Wertigkeiten für beide Ge-schlechter besitzen. So zeigt sich, dass Badminton bei den Studenten beliebter ist als bei den Studentinnen. Umgekehrt nehmen die Sportarten Schwimmen, Radfahren, Volleyball und Fitnesstraining bei den Studentinnen einen höheren Rang ein.

Ballsportarten sind bei den Studenten viel beliebter als bei Studentinnen. Auf Seite der Studenten erfreuen sich Fußball, Badminton, Basketball, Volleyball und Tennis großer Beliebtheit, wohingegen Aerobic, Tanzen, Reiten, Yoga und Pilates von den Studentinnen stärker favorisiert werden. Darüber hinaus fällt auf, dass die Hälfte der zehn beliebtesten Sportarten bei den Studenten Ballsportarten sind. Demgegenüber findet sich bei den Studentinnen ist nur eine einzige Ballsportart: Volleyball belegt Platz acht.

Sieben der zehn beliebtesten Sportarten der weiblichen Studierenden können unter dem Begriff Gesundheits- und Fitnesstraining zusammen gefasst werden – Jog-gen/Laufen, Fitnesstraining, Schwimmen, Aerobic, Radfahren, Yoga und Pilates. Auf Seiten der männlichen Studierenden fallen lediglich vier Sportarten unter diesen Ü-berbegriff.

Ob es typische Frauen- und Männersportarten auch im universitären Bereich gibt, wird anhand eines geschlechtsspezifischen Profils der beliebtesten Sportarten im Fol-genden untersucht, iwobei die jeweiligen weiblichen und männlichen Anteile an den meistgenannten Sportarten dargestellt werden (vgl. Tabelle 12).

Pilates, Aerobic, Reiten und Yoga sind Sportarten, die von Studentinnen dominiert werden. Besonders auffällig sind die ersten drei Sportarten mit einem prozentualen Anteil von über 90%. Demgegenüber gibt es nur eine Sportart, bei der der Studen-tenanteil über 90% liegt. Fußball ist demnach immer noch die klassische Männer-sportart. Mit einem Anteil von mehr als zwei Dritteln dominieren die Studenten auch die Sportarten Basketball, Baseball und Krafttraining deutlich.

Darüber hinaus ist zu erkennen, dass es neben den typischen Frauen- und Männer-sportarten auch viele Sportarten gibt, die von beiden Geschlechtern gleichermaßen betrieben werden. Insbesondere Joggen/Laufen, Schwimmen, Fitnesstraining, Rad-fahren und Volleyball sind Sportarten, die sowohl von weiblichen als auch männli-chen Studierenden mit sehr ausgeglichenen Anteilen betrieben werden. Ein leicht höherer Anteil an Studentinnen ist im Schwimmsport mit 56,8% und im Tanzsport mit 66,2% zu verzeichnen. Auf der anderen Seite ist der Studentenanteil im Tennis mit 61,2% und im Badminton mit 63% höher als der der Studentinnen.

Geschlechtsspezifische Profile ausgesuchter Sportarten der Studentinnen und Studenten		
Sportart	Studentinnen	Studenten
Pilates	98,0%	2,0%
Aerobic	96,3%	3,7%
Reiten	94,0%	6,0%
Yoga	86,3%	13,7%
Tanzen	66,2%	33,8%
Schwimmen	56,8%	43,2%
Fitnesstraining	54,2%	45,8%
Radfahren	49,7%	50,3%
Volleyball	48,1%	51,9%
Laufen, Joggen	48,1%	51,9%
Tennis	38,8%	61,2%
Badminton	37,0%	63,0%
Baseball	24,7%	75,3%
Basketball	22,3%	77,7%
Krafttraining	20,2%	79,8%
Fußball	8,9%	91,1%

Tabelle 12   Geschlechtsspezifische Profile ausgesuchter Sportarten der Studentinnen und Studenten

Bei einem Vergleich von Tabelle 11 und Tabelle 12 fällt auf, dass die beliebtesten Sportarten in den meisten Fällen sehr ausgeglichene Anteile an Studenten und Studentinnen aufweisen. Werden nur die Sportarten von Rang eins bis fünf näher betrachtet, können insgesamt nur zwei Sportarten, Fußball bei den Studenten und Aerobic bei den Studentinnen, als Sportarten mit eindeutiger geschlechterspezifischer Präferenz herausgestellt werden.

Für den Hochschulsport erscheint es von besonderer Bedeutung die beliebtesten Sportarten im Hochschulsport für Studentinnen und Studenten zu untersuchen. Die folgende Tabelle bietet einen Überblick über die zehn beliebtesten Sportarten im Hochschulsport und stellt den prozentualen Anteil, den diese Sportarten am gesamten Sporttreiben im Hochschulsport besitzen, dar.

Beliebteste Sportarten im Hochschulsport				
Rang	Studentinnen		Studenten	
	Sportart	Anteil am Sporttreiben im HSP	Sportart	Anteil am Sporttreiben im HSP
1.	Fitnesstraining	18,2%	Fitnesstraining	12,7%
2.	Aerobic	15,0%	Badminton	9,0%
3.	Tanzen	5,8%	Fußball	6,7%
4.	Badminton	4,3%	Volleyball	5,8%
5.	Volleyball	3,9%	Basketball	5,2%
6.	Pilates	3,7%	Tanzen	4,3%
7.	Yoga	3,5%	Krafttraining	4,2%
8.	Schwimmen	3,2%	Schwimmen	4,0%
9.	Tae-Bo	3,0%	Joggen/Laufen	2,9%
10.	Joggen/Laufen	2,9%	Kampfsport	2,6%

Tabelle 13   Beliebteste Sportarten im Hochschulsport

Im Vergleich zu Tabelle 11 ist herauszustellen, dass auf Seiten der männlichen Studierenden die Ballsportarten Badminton, Volleyball und Basketball an Wertigkeit gewinnen, wohingegen Joggen/Laufen und Schwimmen an Wertigkeit verlieren. Sowohl
Joggen/Laufen, mit einem Rückgang um 8 bzw. 9 Plätze, als auch der komplette
Wegfall der Sportart Radfahren bei beiden Geschlechtern, zeigt dass, obwohl diese
Sportarten innerhalb der allgemeinen Betrachtung (vgl. Tabelle 11) eine große Wertigkeit besitzen, sie in Bezug auf den Hochschulsport undeutend sind. Ähnlich verhält
es sich mit Reiten bei den weiblichen Studierenden sowie mit Krafttraining und Tennis
bei den männlichen. Dagegen gewinnen Fitness- und Tanzkurse, wie z. B. Aerobic
und Tanzen, auf Seiten der Studentinnen und die bei den Studenten beliebten
Ballsportarten an Bedeutung. Darüber hinaus ist anzumerken, dass Tanzen mit Rang
sechs der beliebtesten Sportarten im Hochschulsport eine große Bedeutung auch bei
den Studenten besitzt.

Zusammenfassend ist festzustellen, dass es auch im universitären Bereich noch eine
Vielzahl klassischer Frauen- und Männersportarten gibt. Dazu gehören u. a. tänzeri-
sche Sportarten, Reiten und Yoga auf Seiten der weiblichen Studierenden sowie Fußball und Kraftsport bei den männlichen Studierenden. Jedoch muss festgehalten
werden, dass die Mehrzahl der beliebtesten und am häufigsten betriebenen Sportarten auch die Sportarten sind, die einen sehr ausgeglichenen Anteil an Studentinnen
und Studenten aufweisen. Hierunter fallen Joggen/Laufen, Fitnesstraining, Schwimmen, Radfahren und Volleyball.

3.2.2 Wohnsituation und Hochschulsportbeteiligung

Im folgenden Kapitel soll betrachtet werden, welchen Einfluss der Wohnort der Studierenden auf die Nutzung des Hochschulsports hat. Hierbei ist vor allem von Interesse, wie groß die Unterschiede zwischen den so genannten „Pendler-Universitäten" und den „Wohn-Universitäten" ausfallen.

Zunächst ist festzuhalten, dass drei Fünftel (59,8%) der befragten Studierenden an ihrem Hochschulort wohnen. Ein Viertel (26,8%) wohnt weiterhin außerhalb des Hochschulortes und 13,4% wohnen nur während der Vorlesungszeit an ihrem Studienort.

Deutliche Unterschiede im Hinblick auf den Wohnort fallen bei der Betrachtung der einzelnen Universitätsstandorte auf.

Anteil der Studierenden, die am Hochschulort wohnen nach Hochschulstandorten			
	Wohnen Sie am Hochschulort		
	Ja	Nur während Vorlesungszeit	Nein
RWTH Aachen	75,1%	14,4%	10,5%
FH Aachen	59,8%	11,2%	29,0%
Uni Bielefeld	60,3%	13,1%	26,6%
FH Bielefeld	46,2%	9,4%	44,4%
Uni Bochum	42,8%	8,0%	49,2%
HS Bochum	35,7%	11,2%	53,2%
Uni Bonn	66,7%	13,9%	19,4%
TU Dortmund	59,2%	10,5%	30,2%
Uni Köln	67,4%	8,1%	24,5%
DSHS Köln	62,8%	15,0%	22,2%
Uni Münster	70,9%	20,7%	8,4%
FH Münster	34,2%	14,0%	51,8%
Uni Paderborn	50,3%	26,5%	23,2%
Uni Wuppertal	42,3%	13,2%	44,5%
Gesamt	59,8%	13,4%	26,8%

Tabelle 14   Anteil der Studierenden, die am Hochschulort wohnen nach Hochschulstandorten

So erreichen gerade die RWTH Aachen (75,1% der Studierenden wohnen in Aachen) und die Uni Münster (70,9% der Studierenden wohnen am Hochschulort) eine hohe Bindung der Studierenden an den Studienort. Werden die Studierenden, die nur während der Vorlesungszeit vor Ort wohnen, noch hinzugezählt, so sind an beiden Standorten ca. 90% der Studierenden am Hochschulort wohnhaft. [37]

Eher als „Pendler-Universitäten" sind hingegen die Uni Bochum und die Bergische Universität Wuppertal zu bezeichnen. An beiden Standorten wohnen nur etwas mehr

---

37   Die Fachhochschulen werden bei dieser Betrachtung außen vorgelassen, obwohl einige Fachhochschule eine noch geringere Bindung der Studierenden an die Studienort aufweisen. Allerdings ist zu bedenken, dass viele Fachhochschulen auf mehrere Standorte verteilt sind, die oftmals außerhalb des eigentlichen Studienortes liegt (z.B. besitzt die FH Münster auch einen Standort in Steinfurt).

als zwei Fünftel der Studierenden am Hochschulort. In Bochum gab die Hälfte der Studierenden (49,2%) an, dass sie nicht – auch nicht während der Vorlesungszeit – am Hochschulort wohnen, sondern regelmäßig zu ihrem Studienort pendeln. Diese erhöhten Pendlerströme scheinen auch Einfluss auf die Nutzung und den Stellenwert des Hochschulsports an diesen Standorten zu haben, dies soll nun anhand der allgemeinen Zahlen für NRW verdeutlicht werden.

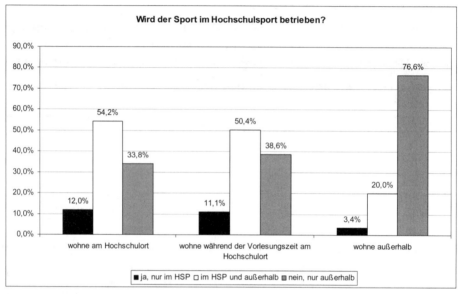

Abbildung 22   Zusammenhang zwischen Wohnort und Nutzung des Hochschulsports

Ungefähr jeder achte Studierende, der dauerhaft oder auch nur während der Vorlesungszeit am Hochschulort wohnt, nutzt ausschließlich den Hochschulsport für seine sportlichen Aktivitäten. Etwa die Hälfte dieser Gruppe nutzt den Hochschulsport zumindest punktuell. Hingegen gaben drei Viertel (76,6%) der Studierenden, die nicht am Hochschulort wohnen an, dass sie ihre sportlichen Aktivitäten generell außerhalb des Hochschulsports betreiben. Ein Fünftel nutzt teilweise die Angebote des Hochschulsports und nur 3,4% gaben an, dass der Hochschulsport ihr alleiniger Organisator des Sporttreibens ist.

Die Rolle des Hochschulsports wird noch deutlicher, wenn er in Relation zu den anderen Organisationsformen gesetzt wird. In Abbildung 23 ist ausgewiesen, welchen Anteil der Hochschulsport an der Organisation aller sportlichen Aktivitäten der Studierenden besitzt. Außerdem sind die Anteile des Sportvereins, des privat organisierten Sporttreibens und der kommerziellen Anbieter ausgewiesen. Die restlichen hier nicht ausgewiesenen Prozentpunkte entfallen auf sonstige Organisationsformen.

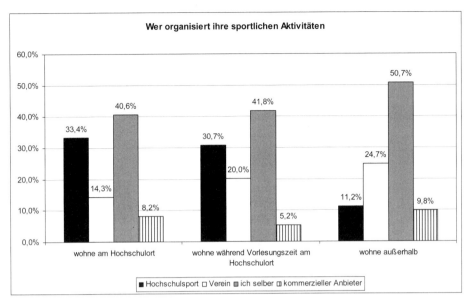

Abbildung 23   Zusammenhang zwischen Wohnort und Wahl der Organisationsform

Der zuvor beschriebene Trend, dass eine wohnliche Bindung an den Studienort auch zu einer erhöhten Teilnahmebereitschaft am Hochschulsport führt, wird auch bei dieser differenzierten Sichtweise deutlich.

Bei den Studierenden, die ganzjährig am Hochschulort wohnen, besitzt der Hochschulsport nach dem privat organisierten Sporttreiben den höchsten Stellenwert. Ein Drittel aller sportlichen Aktivitäten dieser Gruppe wird vom Hochschulsport organisiert. Der Sportverein organisiert hingegen nur jede siebte Aktivität. Ein ähnliches Muster findet sich bei den Studierenden, die nur während der Vorlesungszeit an ihrem Studienort wohnen. Allerdings liegt hier der Anteil des Sportvereins bei einem Fünftel, während der Anteil des Hochschulsports leicht auf 30,7% zurückgeht. Ein völlig anderes Bild zeigt sich, wenn die Gruppe der Studierenden betrachtet wird, die dauerhaft außerhalb des Studienortes wohnen. Hier wird nur jede neunte Aktivität durch den Hochschulsport organisiert, während der Anteil des Sportvereins bei einem Viertel und des privat organisierten Sporttreibens sogar bei etwas über 50% liegt.

Dass ein Wohnort außerhalb des Studienortes dazu führt, dass der Zugang zum Hochschulsport nur eingeschränkt ist, zeigt sich auch, wenn nur die Gruppe der Studierenden betrachtet wird, die momentan den Hochschulsport nicht bzw. nicht mehr nutzen.

Weniger als ein Fünftel der momentanen „Nicht-Teilnehmer", die dauerhaft oder während der Vorlesungszeit am Studienort wohnen, kennen die Angebote des Hochschulsports nicht. Bei den Studierenden, die nicht am Studienort wohnen, liegt dieser Anteil mit 34,6% deutlich höher. Auch der Anteil der Studierenden, die früher schon einmal die Angebote des Hochschulsports in Anspruch genommen haben, fällt deutlich höher aus, wenn die entsprechenden Personen zumindest teilweise am Hochschulort wohnen.

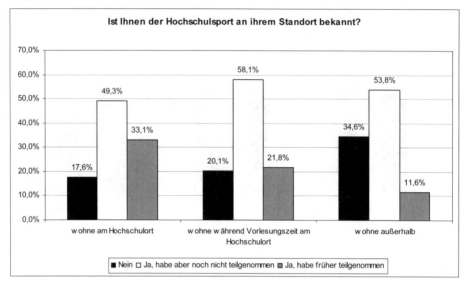

Abbildung 24   Zusammenhang zwischen Wohnort und Kenntnis über den Hochschulsport

Von den Studierenden, die außerhalb des Studienortes wohnen, werden überdurchschnittlich oft als Hauptgründe für die „Nichtteilnahme" am Hochschulsport die Entfernung zwischen Wohnort und Studienort und die generell fehlende Zeit genannt.

3.2.3 Hochschulsportnutzung und Studiendauer

Im folgenden Abschnitt soll der Frage nachgegangen werden, welchen Zusammenhang es zwischen der Studiendauer und der Nutzung des Hochschulsports gibt. Die Studierenden konnten im Fragebogen ihr aktuelles Fachsemester angeben. Auf der Basis dieser Frage wurde die neue Variable „Studienjahr" berechnet (1. und 2. Fachsemester = 1. Studienjahr etc.), welche die Grundlage für die kommenden Auswertungen bildet.

Übersicht Studienjahr			
Studienjahr	Häufigkeit	Gültige Prozente	Kumulierte Prozente
1.	5.966	23,2	23,2
2.	5.213	20,3	43,5
3.	4.556	17,7	61,2
4.	3.894	15,2	76,4
5.	2.702	10,5	86,9
6.	1.690	6,6	93,5
7.	763	3,0	96,4
8.	419	1,6	98,1
ab 9.	495	2,0	100,0

Tabelle 15   Übersicht Studienjahr

In Tabelle 15 ist die Verteilung bis zum 8. Studienjahr (15. und 16. Fachsemester) ablesbar. Drei Viertel der befragten Studierenden befinden sich in den ersten vier Studienjahren.

Wird der Sport im Hochschulsport betrieben nach Studienjahr			
Studienjahr	ja, nur im HSP	im HSP und außerhalb	nein, nur außerhalb
1.	8,8%	31,4%	59,8%
2.	10,3%	43,1%	46,6%
3.	10,5%	46,6%	42,8%
4.	10,0%	49,8%	40,2%
5.	9,5%	54,3%	36,2%
6.	9,1%	55,1%	35,8%
7.	10,8%	55,3%	33,9%
8.	11,9%	53,4%	34,7%
ab 9.	5,9%	53,8%	40,3%

Tabelle 16   Wird der Sport im Hochschulsport betrieben nach Studienjahr

Wird generell nach der Teilnahme am Hochschulsport gefragt, so zeigt sich, dass im Laufe ihres Studiums ein anwachsender Teil der Studierenden mit dem Hochschulsport in Kontakt kommt. Während im ersten Studienjahr noch fast 60% angeben, dass sie ihre sportlichen Aktivitäten generell nur außerhalb des Hochschulsports durchführen, sinkt dieser Wert bis zum 7. Studienjahr auf ein Drittel ab. Während der Anteil derjenigen, die ausschließlich den Hochschulsport nutzen, über den Verlauf des Studiums bei konstant 9% bis 11% liegt, steigt der Anteil derjenigen, die punktuell den Hochschulsport nutzen von 31,4% (1. Studienjahr) bis 53,3% (7. Studienjahr).

Die wachsende Rolle des Hochschulsports im Verlauf des Studiums zeigt sich auch dann, wenn er in Relation zu den Organisationsformen gesetzt wird.

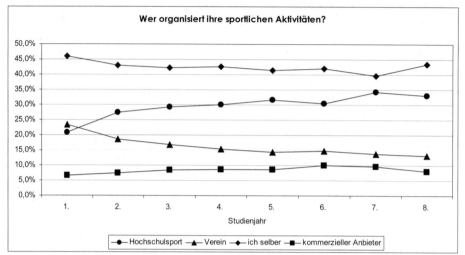

Abbildung 25   Anteil der verschiedenen Organisationsformen an den sportlichen Aktivitäten nach Studienjahr

Während der Anteil des Hochschulsports als Organisator des Sporttreibens der Studierenden im 1. Studienjahr bei etwas mehr als 20% liegt und damit unterhalb des Anteils des Sportvereins (23,4%), steigt sein Anteil mit fortlaufender Studiendauer auf über 30%. Der Anteil des Sportvereins ist in den höheren Studienjahren nur noch halb so groß wie der des Hochschulsports.

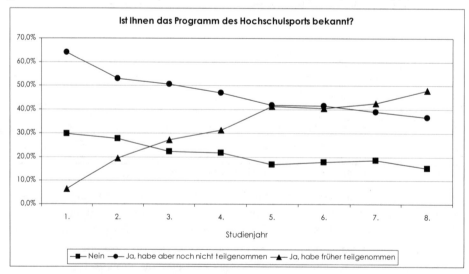

Abbildung 26   Ist Ihnen das Programm des Hochschulsports bekannt nach Studienjahr

Auch bei den aktuellen „Nicht-Teilnehmern" besitzt der Hochschulsport im Verlauf des Studiums einen sich stark ändernden Stellenwert. Zwar geben auch noch im siebten und achten Studienjahr fast 20% der Nicht-Teilnehmer an, dass ihnen der Hochschulsport überhaupt nicht bekannt sei. Der Anteil derjenigen, die den Hochschulsport früher aber schon mal ausprobiert haben, steigt von 6,3% (1. Studienjahr) auf fast 50% (8. Studienjahr) an.

(Foto: HSZ RWTH Aachen)

3.3   Zusammenfassung

Die landesweite Onlinebefragung zum Hochschulsport in NRW konnte eine Vielzahl interessanter und aufschlussreicher Ergebnisse hervorbringen. Neben Kenntnissen ü-ber das allgemeine Sporttreiben der Studierenden und Bediensteten – auch außer-halb des Hochschulsports – besitzt der Hochschulsport in NRW nun detailliertes Wissen über die Beurteilung seiner Angebote durch die Nutzer sowie über die Wünsche und Kritikpunkte der „Nicht-Teilnehmer". Auf dieser Grundlage kann der Hochschulsport in NRW seine Konzepte für die Zukunft überprüfen und weiterentwickeln. Zudem besteht die Möglichkeit, für neun Hochschulsportstandorte in NRW eine differenzierte Stand-ortanalyse zu erstellen (vgl. Kap. 4).

Folgendes Zwischenfazit kann am Ende dieser ersten allgemeinen Auswertung gezo-gen werden:

Rolle des Hochschulsports

- Jeder zehnte sportlich aktive Studierende betreibt seine Aktivitäten ausschließ-lich im Rahmen des Hochschulsports. Bei den sportaktiven Bediensteten ist es nur jeder zwanzigste. Fast die Hälfte der Studierenden nutzt den Hochschul-sport zumindest teilweise, betreibt aber auch in anderen Organisationsformen seinen Sport.

- Im Vergleich der verschiedenen Sportorganisationen besitzt der Hochschul-sport bei den Studierenden in NRW einen deutlich höheren Stellenwert als der Sportverein. Nur das selbst organisierte Sporttreiben ist noch stärker ausge-prägt. Bei den Bediensteten ragt dieser Organisationsrahmen noch deutlicher hervor. Der Hochschulsport besitzt hier einen ähnlichen Stellenwert wie der Sportverein und die kommerziellen Anbieter. Generell ist in beiden Statusgrup-pen festzustellen, dass der Hochschulsport bei den Frauen einen höheren Stel-lenwert inne hat als bei den Männern (vgl. hierzu auch Kap. 3.1.1).

- Bei den zehn beliebtesten Sportarten der Studierenden spielt der Hochschul-sport als Organisator eine unterschiedliche Rolle. So werden beim Aerobic 70% aller Aktivitäten durch den Hochschulsport organisiert. In den Sportarten Fit-nesstraining, Badminton, Tanzen und Volleyball kann der Hochschulsport zu-dem 40% bis 50% der Aktivitäten organisieren. Hingegen spielt der Hochschul-sport bei der beliebtesten Aktivität, dem Joggen/Laufen, nur eine unterge-ordnete Rolle.

- Von den über 140 betriebenen Sportarten werden allein 120 durch den Hoch-schulsport angeboten. Gerade bei den „kleineren" Sportarten (z.B. Unihockey, Frisbee, Capoeira) stellt der Hochschulsport oftmals die einzige Gelegenheit dar, diese Aktivitäten durchzuführen und fördert dadurch eine vielfältige Sportkultur an den Hochschulen.

- Hochschulangehörige zeigen sich sehr interessiert an neuen Sportarten. Knapp zwei Drittel der Studierenden und fast die Hälfte der Bediensteten würden gerne neue Sportarten ausprobieren. Während bei den Bediensteten eher meditative und gesundheitsorientierte Angebote im Vordergrund stehen (z.B. Pilates, Yoga, Tai Chi, Aqua-Fitness), findet sich bei den Studierenden eine breite Palette, die sich vom Bogenschießen über Klettern und Kampfsport bis hin zu Yoga erstreckt.

Beurteilung des Hochschulsports

- Grundsätzlich wird der Hochschulsport in NRW in Hinblick auf die drei großen Hauptkategorien „Qualität des Angebotes", „Sportstätten" und „Preis und Zeiten" sehr positiv bewertet. Im Gesamtschnitt wurde keiner der 16 abgefragten Einzelaspekte schlechter als „durchschnittlich" beurteilt.

- In der Hauptkategorie Qualität des Angebotes wurde vor allem die „Vielfalt der angebotenen Sportarten" als auch die die „hohe Qualifikation der Übungsleiter" überdurchschnittlich als „gut" oder sogar „sehr gut" beurteilt. Gerade dem zweiten Aspekt wird zudem von den Befragten – insbesondere den Bediensteten – eine große Bedeutung zugesprochen. Eine hohe Relevanz besitzt in diesem Feld außerdem der Aspekt „angenehme Größe der Sportgruppe". Dies wird aber im Landesschnitt nur durchschnittlich bewertet.

- Im Schnitt etwas schlechter fällt die Beurteilung der Sportstätten aus. Gerade die Sauberkeit der sanitären Anlagen und der Umkleiden wird etwas kritischer angesehen. Dies ist in sofern bedeutend, da diesen beiden Aspekten fast durchgehend eine „sehr hohe" Relevanz von Seiten der Befragten zugesprochen wird.

- In der Kategorie Preise und Zeiten sticht ein Einzelmerkmal deutlich hervor: Das Preis-/Leistungsverhältnis des Hochschulsports in NRW wird durchgehend als „gut" bis „sehr gut" bezeichnet. Schlechte Bewertungen bekommt der Hochschulsport für die Anzahl und Vielfalt der Sportangebote im Vormittags- und Mittagsbereich. Allerdings werden diese Aspekte von den Befragten selbst eher als „unwichtig" bei der Nutzung des Hochschulsports eingestuft.

Gründe für die „Nichtteilnahme" am Hochschulsport

- Knapp ein Viertel der „Nichtteilnehmer" kennt die Angebote des Hochschulsports nicht. Als Hauptgrund wird „ich wusste nicht, wo ich mich informieren kann" angeführt. Generell besteht aber auch in dieser Gruppe eine hohe Bereitschaft, die Angebote des Hochschulsports kennen zu lernen.

- Personen, die den Hochschulsport zwar kennen, seine Angebote aber <u>noch nicht</u> in Anspruch genommen haben, geben vor allem zeitliche Gründe dafür an. Vor allem Studierende sagen, dass sie generell keine Zeit mehr haben, den Hochschulsport zu nutzen. Darüber, dass die „angebotenen Zeiten zu ungünstig" sind, beklagen sich 40% der „Noch-Nichtteilnehmer". Neben persönlichen Gründen, wie „zur Zeit nicht sportlich aktiv" und „nutze andere Sportangebote", geben 22,5% der Studierenden, die noch nicht im Hochschulsport aktiv waren, an, dass sie sich von der ungünstigen Lage der Sportstätten abschrecken lassen. Allerdings gibt es hierbei eine große Schwankungsbreite zwischen den Standorten.

- Auch bei den Personen, die aktuell <u>nicht mehr</u> im Rahmen des Hochschulsports aktiv sind, stehen die zeitlichen Gründe im Vordergrund. Während für die Bediensteten die Angebote vor allem zur falschen Zeit stattfinden, liegt bei den Studierenden dieser Grund gleichauf mit der Aussage, dass generell „keine Zeit" mehr besteht, um den Hochschulsport zu nutzen. „Die Gruppen waren zu voll" wird als dritter Hauptgrund – vor allem von den Studierenden - angeführt.

- Für eine potentielle Teilnahme am Hochschulsport sind den momentanen Nichtteilnehmern vor allem folgende Aspekte „wichtig" bis „sehr wichtig": „Angenehme Größe der Sportgruppen", „Hohe Qualifikation der Übungsleiter", „Sauberkeit der sanitären Anlagen", „Sauberkeit der Umkleideräume" und das „Preis-/Leistungsverhältnis".

Geschlechtsspezifische Aspekte

- Studentinnen sind nicht seltener sportlich aktiv als ihre männlichen Kommilitonen. Unterschiede zeigen sich im Bezug auf den zeitlichen Umfang des Sporttreibens im Hochschulsport, der bei den Studenten mit drei Stunden deutlich höher ist als bei den Studentinnen. Nur geringe Differenzen sind im Bezug auf die Häufigkeit des Sporttreibens herauszustellen.

- Der Hochschulsport besitzt für die Studentinnen insgesamt einen deutlich höheren Stellenwert als für die Studenten. 13,2% der weiblichen Studierenden nutzen ausschließlich die Angebote des Hochschulsports für ihre sportlichen Aktivitäten, bei ihren männlichen Kommilitonen ist der Anteil hingegen fast nur halb so groß (7,4%).

- Auch im universitären Bereich gibt es Sportarten, die hauptsächlich von Studentinnen oder von Studenten ausgeübt werden. Für das Sporttreiben im Hochschulsport ist hervorzuheben, dass sich besonders Gymnastik- und Tanzkurse auf Seiten der weiblichen Studierenden großer Beliebtheit erfreuen. Bei den männlichen Studierenden besitzen im Hochschulsport Ballsportarten und kraftorientierte Fitnessangebote einen bedeutenden Stellenwert.

Weitere Aspekte des Hochschulsports

- Es besteht ein starker Zusammenhang zwischen dem Wohnort der Studierenden und der Nutzung des Hochschulsports. Studierende, die permanent oder zumindest während der Vorlesungszeit an ihrem Studienort wohnen, sind deutlich häufiger im Hochschulsport aktiv als ihre Kommilitonen, die außerhalb des Studienortes wohnen. Dieser Gruppe sind zudem oftmals die Angebote des Hochschulsports nicht bekannt.
- Die Nutzung des Hochschulsports durch die Studierenden steigt im Studienverlauf deutlich an. Während im ersten Studienjahr der Sportverein noch für viele Studierende einen größeren Stellenwert besitzt als der Hochschulsport, ändert sich dieses Verhältnis bis zum 4. Studienjahr deutlich. Nun ist der Anteil des Hochschulsports am Sporttreiben der Studierenden doppelt so hoch wie der des Sportvereins. Allerdings kennt ein Fünftel der „Nicht-Teilnehmer" auch im vierten Studienjahr noch nicht die Angebote des Hochschulsports.

Birger Hense / Torben Hense / Malte Kotzur / Oliver Wulf

4 Standortspezifische Analysen

Nachdem in Kapitel 3 die allgemeinen Ergebnisse und Trends für den Hochschulsport in Nordrhein-Westfalen dargestellt worden sind, sollen nun in den folgenden Abschnitten für neun Hochschulsportstandorte (Aachen, Bielefeld, Bochum, Bonn, Dortmund, Köln, Münster, Paderborn und Wuppertal) differenzierte Standortanalysen erfolgen, auf deren Grundlage die Qualität und die Entwicklungsperspektiven des Hochschulsports an den jeweiligen Standorten abgeschätzt werden können. Damit eine gute Vergleichbarkeit zu den Gesamtergebnissen in NRW gegeben ist, sind die neun Standortprofile bewusst so ausgewertet und verschriftlicht worden, wie dies bei den allgemeinen Ergebnissen in Kapitel 3.1 der Fall ist. Bevor die Detailanalysen vorgestellt werden, soll ein vergleichender Blick auf die Hochschulstandorte geworfen werden, um die unterschiedlichen Rahmenbedingungen des örtlichen Hochschulsports besser beurteilen zu können.

4.1 Allgemeiner Überblick über die Hochschulstandorte

Um die Ergebnisse der standortspezifischen Analysen besser einordnen zu können, ist es wichtig, die Ausgangssituation der einzelnen Standorte genauer zu betrachten. Wie viele Studierende waren im WS 2008/2009 an den jeweiligen Hochschulen immatrikuliert? Wie viele dieser Studierenden nahmen an den Veranstaltungen des Hochschulsports teil? Wie hoch war die Anzahl der angebotenen Kurse und der genutzten Sportstätten, etc.?

Um zu diesen und zu anderen Fragen aktuelle Informationen zu erhalten, wurden die Hochschulsportleiter der Hochschulen, die sich an der Hochschulsportbefragung beteiligt haben, mit einem speziellen Fragebogen angeschrieben. Von den entsprechenden Standorten schickten sechs Hochschulsporteinrichtungen vollständig ausgefüllte Fragebögen zurück. Von den Hochschulstandorten Bochum und Köln gab es keine Rückmeldung und die Universität Bielefeld konnte nur einige wenige Details angeben (siehe Tabelle 17).

Angaben zu Hochschulsportstandorten in Nordrhein-Westfalen

Anzahl im WS 2008/2009	Aachen	Bielefeld	Bochum[38]	Bonn	Dortmund	Köln[39]	Münster	Paderborn	Wuppertal
Teilnehmer am Hochschulsport	8.000	k. A.	k. A.	11.000	4.507	k. A.	9.338	5.236	2.363
… davon Studentinnen	2.296	ca. 65%	k. A.	5.500	2.242	k. A.	4.410	2.477	1.200
… davon Studenten	4.296	ca. 35%	k. A.	4.600	1.537	k. A.	3.844	1.611	847
… davon weibliche Bedienstete	296	k. A.	k. A.	300	88	k. A.	158	234	85
… davon männliche Bedienstete	344	150	k. A.	200	52	k. A.	154	226	49
… davon externe Teilnehmer	768	k. A.	k. A.	400	588	k. A.	732	688	182
Angebotene Sportarten	72	70	k. A.	102	69	k. A.	103	77	69
Angebotene Kurse	552	202	k. A.	450	152	k. A.	585	387	99
… davon ausgebuchten Kurse	280	k. A.	k. A.	317	k. A.	k. A.	503	296	49
Genutzte Sportstätten	30	k. A.	k. A.	37	16	k. A.	47	34	11
… davon eigene Sportstätten	24	15	k. A.	27	13	k. A.	21	14	5
… davon fremde Sportstätten	6	k. A.	k. A.	10	3	k. A.	26	20	6

Tabelle 17   Angaben zu den einzelnen Hochschulstandorten für das WS 08/09

---

[38]   Laut Angaben der Druckvorlage 14/0981 (Landtag Nordrhein-Westfalen 14. Wahlperiode) „Der Allgemeine Hochschulsport an den Hochschulen in der Trägerschaft Nordrhein-Westfalens verfügt die Hochschulsportstandort Bochum über „5 bedeckte Sportanlagen (Hallen), 1 Kraftraum, 6 Außenanlagen.

[39]   Laut Angaben der Druckvorlage 14/0981 (Landtag Nordrhein-Westfalen 14. Wahlperiode) „Der Allgemeine Hochschulsport an den Hochschulen in der Trägerschaft Nordrhein-Westfalens verfügt die Hochschulsportstandort Köln über „4 bedeckte Sportanlagen (Hallen), 4 Außenanlagen, 1 Uni-Bootshaus sowie mehrere Anmietungen plus Sportstättenangebot der Deutschen Sporthochschule außerhalb des Lehr- und Forschungsbetriebs". Auf der Internetpräsenz des campussport köln sind insgesamt 42 verschiedene Sportstätten verzeichnet. (http://isis.verw.uni-koeln.de/cgi/webpage.cgi?sportstaetten (letzter Zugriff am 23.03.2010).)

Studierendenzahlen im WS 2008/2009			
	männlich	weiblich	Gesamt
RWTH Aachen	21.122	10.300	31.422
FH Aachen	6.505	2.191	8.696
Uni Bielefeld	7.480	10.149	17.629
FH Bielefeld	4.020	2.622	6.642
Uni Bochum	16.207	14.556	30.763
FH Bochum	3.272	1.176	4.448
Uni Bonn	12.189	14.154	26.343
Uni Dortmund	11.417	10.237	21.654
Uni Köln	17.219	23.239	40.458
DSHS Köln	3.065	1.478	4.543
Uni Münster	16.853	19.069	35.922
FH Münster	5.531	3.547	9.078
Uni Paderborn	7.224	5.799	13.023
Uni Wuppertal	6.251	7.163	13.414

Tabelle 18   Studierendenzahlen WS 2008/2009

Anhand der Studierendenzahlen aus dem Wintersemester 2008/2009 können die neun Hochschulstandorte in drei unterschiedliche Kategorien eingeteilt werden. Als „Großstandorte" sind folgende Hochschulstandorte zu bezeichnen:

- Köln: 45.001 Studierende (Uni und Sporthochschule)

- Münster: 45.000 Studierende (Uni und FH)

- Aachen: 40.118 Studierende (RWTH und FH)

- Bochum: 35.211 Studierende (Uni und FH)

Die „mittleren Standorte" weisen Studierendenzahlen zwischen 21.000 und 27.000 auf:

- Bonn: 26.343 Studierende

- Bielefeld: 24.271 Studierende (Uni und FH)

- Dortmund: 21.654 Studierende (ohne FH)

Als „Kleinstandorte" können die Universitäten in Wuppertal (13.414 Studierende) und Paderborn (13.023 Studierende) bezeichnet werden.

Im Folgenden soll nun untersucht werden, wie hoch der Anteil der Studierenden an den unterschiedlichen Standorten ist, die den Hochschulsport tatsächlich nutzen. Aus Tabelle 19 kann geschlossen werden, dass in Bonn ein hoher Prozentsatz der immatrikulierten Studierende das Hochschulangebot nutzt. Von 26.343 Studierenden nehmen 10.100 Studierende am Hochschulsport teil. Dies entspricht einem Anteil von 38,3%. Im Vergleich dazu beteiligen sich in Münster nur 23,0% der Studierenden am Hochschulsport. Ein weiterer Befund zeigt, dass der Hochschulsport in Paderborn besser genutzt wird als es zunächst mit Blick auf die absoluten Teilnehmerzahlen erschien. Mit 4.088 Studierenden besuchen insgesamt 31,4% der immatrikulierten Studierenden die Kurse des Hochschulsports. Am geringsten ist der Prozentwert an der Bergischen Universität Wuppertal. Mit 2.047 Studierenden nutzen nur 15,3% der immatrikulierten Studierenden das Hochschulsportangebot.

Auffällig ist, dass an allen Standorten der Anteil der den Hochschulsport nutzenden Studentinnen höher ist als der jenige der Studenten. Besonders deutlich fällt dieser Trend am Hochschulsportstandort Paderborn aus.

Anteil der Hochschulsportteilnehmer nach Anzahl der immatrikulierten Studierenden			
Hochschulstandort	Hochschulsport-teilnehmer (männlich)	Hochschulsport-teilnehmer (weiblich)	Hochschulsport-teilnehmer (gesamt)
Bonn	37,7%	38,9%	38,3%
Paderborn	22,3%	42,7%	31,4%
Münster	17,2%	19,5%	23,0%
Aachen	15,6%	18,4%	21,0%
Dortmund	13,5%	21,9%	17,5%
Wuppertal	13,5%	16,8%	15,3%

Tabelle 19   Anteil der Hochschulsportteilnehmer nach Anzahl der immatrikulierten Studierenden (in %)[40]

Neben der Relation von immatrikulierten Studierenden und den Hochschulsport nutzenden Studierenden ist die Anzahl der insgesamt vom Hochschulsport nutzbaren Sportstätten ein weiterer wichtiger Aspekt, der bei einer vergleichenden Betrachtung der einzelnen Standorte mitbedacht werden muss.

Mit 47 Sportstätten verfügt der Hochschulsport am Standort Münster über die meisten nutzbaren Anlagen zum Sporttreiben. Aachen, Paderborn und Bonn bieten ihren Teilnehmern mit 30, 34 und 37 in etwa die gleiche Anzahl an Sportstätten. Wesentlich weniger Sportstätten gibt es an den Hochschulen in Dortmund und Wuppertal. Mit insgesamt 11 Sportstätten stehen dem Hochschulsport in Wuppertal die wenigsten Anlagen zur Verfügung.

Allerdings muss bei diesen Zahlen bedacht werden, dass nicht alle Sportstätten im universitären Besitz sind und dementsprechend nur punktuell genutzt werden können und unter Umständen sogar angemietet werden müssen.

---

[40]   Aufgrund fehlender Angaben konnten die entsprechenden Quoten für die Standorte Bielefeld, Bochum und Köln nicht ausgewiesen werden.

Noch interessanter ist in diesem Zusammenhang ein Blick auf die Sportstätten zu richten, die sich im Eigentum der Hochschulen befinden.

Übersicht über die hochschuleigenen Sportstätten							
	Aachen	Bielefeld	Bonn	Dort-mund	Münster	Pader-born	Wupper-tal
Großspielfeld	1	1	4	1	2	2	/
Kleinspielfeld	1	1	2	2	/	2	1
LA-Anlage	1	1	/	1	2	1	/
Hallenbad	1	1	/	/	2	/	/
Dreifach-Sporthalle	1	2	1	1	1	1	1
Zweifach-Sporthalle	/	/	/	/	2	/	/
Einfach-Sporthalle	1	1	1	1	/	/	/
Mehrzweckhalle	1	/	/	/	/	/	/
Gymnastikraum	4	2	6	2	2	1	1
Judoraum	/	/	/	/	1	/	/
Kraftraum	/	/	1	/	2	/	/
Fitnessstudio	1	1	1	/	/	1	1
Beachvolley-ballanlage	1	2	2	2	1	1	1
Tennisplätze	6	/	8	3	/	5	/
Wassersportanlage	1	/	/	/	/	/	/
Sonstige Anlagen	4	3	1	/	6	/	/
Gesamt	24	15	27	13	21	14	5

Tabelle 20   Übersicht über die hochschuleigenen Sportstätten

So zeigt sich, dass der Standort Münster zwar insgesamt die meisten Sportstätten (47) nutzen kann, sich aber nur 21 Sportstätten im Besitz der Hochschule befinden. Noch mehr eigene Sportstätten können Aachen (24) und Bonn (27) aufweisen. Während Bielefeld (15), Paderborn (14) und Dortmund (13) vergleichbare Zahlen aufweisen, ist Wuppertal mit nur fünf eigenen Sportstätten wiederum eindeutiges Schlusslicht.

Mit diesen Hintergrundinformationen können nun die Ergebnisse der neun Standortanalysen eingehend interpretiert werden.

4.2 Der Hochschulsport in Aachen

In den folgenden Abschnitten werden die Ergebnisse der landesweiten Hochschulsportbefragung für den Hochschulsport an der RWTH Aachen und der FH Aachen konkretisiert. In Tabelle 21 sind zunächst wichtige Kennzahlen des Hochschulstandortes Aachen aufgeführt. Im Vergleich zu den Zahlen an den anderen Hochschulstandorten (vgl. Kap. 4.1) fällt auf, dass Aachen überdurchschnittlich mit eigenen Sportstätten ausgestattet ist und nach dem Hochschulstandort Münster die meisten Kurse anbietet. Die Vielfalt der angebotenen Sportarten zeigt hingegen eher einen durchschnittlichen Wert und nur ungefähr die Hälfte der angebotenen Kurse sind vollständig ausgebucht.

Angaben zum Hochschulstandort Aachen	
Quelle: Hochschulsport Aachen	Anzahl im WS 2008/2009
Teilnehmer am Hochschulsport	8.000
… davon Studentinnen	2.256
… davon Studenten	4.296
… davon weibliche Bedienstete	296
… davon männliche Bedienstete	344
… davon externe Teilnehmer	768
Angebotene Sportarten	72
Angebotene Kurse	552
… davon ausgebuchten Kurse	280
Genutzte Sportstätten	30
… davon eigene Sportstätten	24
… davon fremde Sportstätten	6

Tabelle 21   Angaben zum Hochschulstandort Aachen

Die Online-Befragung zum Hochschulsport in Aachen startete am 13.01.2009 mit einem Anschreiben an alle Studierende und Bediensteten der RWTH Aachen und der FH Aachen von Seiten der Personalverwaltung der Universität. Nachdem etwa drei Wochen später an das Ausfüllen des Fragebogens erinnert wurde, befanden sich in der Datenbank ca. 6.800 Fragebögen. Nach dem Bereinigen der Datenbank, hierbei wurden leere oder nicht verwendbare Datensätze gelöscht, liegen noch 6.605 Datensätze vor. Diese beinhalten 6.196 Studierende und 409 Bedienstete. Somit liegt der Anteil an der Grundgesamtheit bei 15,4% bei den Studierenden bzw. 5,2% bei den Bediensteten (vgl. Tabelle 22). Deutliche Unterschiede beim Rücklauf zeigen sich bei einer getrennten Betrachtung der beiden Standorte RWTH Aachen und FH Aachen. So ist der Rücklauf bei den Studierenden an der RWTH Aachen dreimal so hoch wie an der FH Aachen. Bei den Bediensteten ist das Verhältnis zwischen RWTH und FH Aachen hingegen umgekehrt.

Da der Anteil der Studentinnen und der weiblichen Bediensteten im Vergleich zur Grundgesamtheit ein wenig erhöht ist, war es nötig eine Gewichtung vorzunehmen. Auch der Anteil der Nutzer des Hochschulsport-Angebots ist in dem Datensatz erhöht. Da überwiegend auf den Hochschulsport eingegangen werden soll und keine

Rückschlüsse auf die Grundgesamtheit stattfinden, wurde an dieser Stelle auf eine Datenmodifikation verzichtet.

Studierenden- und Bedienstetenzahlen am Hochschulstandort Aachen und im Datensatz im Vergleich				
		Absolut		Anteil
		RWTH Aachen	Datensatz	
Studierende (WS 08/09)	männlich	21.122	3.772	17,9%
	weiblich	10.300	1.963	19,1%
	gesamt	31.422	5.735	**18,3%**
Bedienstete (WS 08/09)	männlich	5.101	217	4,3%
	weiblich	2.057	84	4,1%
	gesamt	7.158	301	**4,2%**
		Absolut		Anteil
		FH Aachen	Datensatz	
Studierende (WS 08/09)	männlich	6.505	317	4,9%
	weiblich	2.191	128	5,8%
	gesamt	8.696	445	**5,1%**
Bedienstete (WS 08/09)	männlich	/	60	/
	weiblich	/	46	/
	gesamt	700	106	**15,1%**

Tabelle 22   Studierenden- und Bedienstetenzahlen am Hochschulstandort Aachen und im Datensatz im Vergleich

(Foto: HSZ RWTH Aachen)

4.2.1 Das Sporttreiben am Hochschulstandort Aachen

Im Folgenden soll zunächst das allgemeine Sporttreiben der Studierenden und Bediensteten am Hochschulstandort Aachen näher betrachtet werden, bevor näher darauf eingegangen wird, welche Rolle der Hochschulsport an diesem Universitätsstandort spielt und wie ihn seine Nutzer beurteilen.

Etwas mehr als vier Fünftel der Studierenden und der Bediensteten bezeichnen sich grundsätzlich als sportlich aktiv (vgl. Abbildung 1). Werden nur diejenigen betrachtet, die mindestens einmal pro Woche Sport treiben, so liegen die Werte deutlich niedriger. 72,1% der Studierenden und 72,9% der Bediensteten sind mindestens einmal wöchentlich sportaktiv.

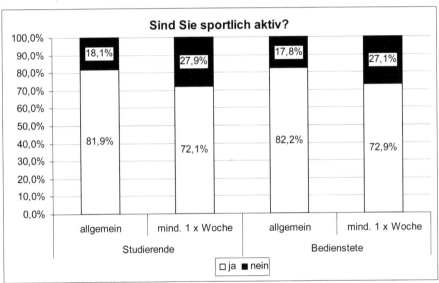

Abbildung 27   Sportliche Aktivität der Studierenden und Bediensteten

In den nächsten Abschnitten werden nun nur noch die sportlich aktiven Studierenden und Bediensteten näher betrachtet.

Auch bei der Frage nach dem Ort des Sporttreibens unterscheiden sich die Studierenden von den Bediensteten nur in geringem Maße. Jeweils gut 60% betreibt seinen Sport am Hochschulort, weitere 20,8% bei den Bediensteten und 23% bei den Studierenden am Hochschulort und außerhalb. Lediglich etwas weniger als ein Fünftel betreibt den Sport außerhalb des Hochschulortes. (vgl. Abbildung 28).

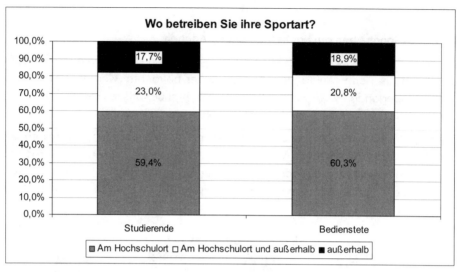

Abbildung 28   Wo betreiben Sie ihre Sportart?

Zu Beginn des Fragebogens sollten die Befragten grob einschätzen, ob Sie ihren Sport ausschließlich, teilweise oder gar nicht im Rahmen des Hochschulsportangebots betreiben. Jeder zehnte Studierende (10,8%) und jeder zwanzigste Bedienstete (5,4%) gaben an, ihre Aktivitäten ausschließlich im Hochschulsport auszuüben. Am intensivsten nutzen die weiblichen Studierenden den Hochschulsport. Knapp 16% betreiben ihren Sport ausschließlich im Rahmen der Angebote des Hochschulsports und weitere 56,3% sowohl im Hochschulsport als auch außerhalb. In allen anderen Gruppen liegen die Werte für die alleinige Nutzung der Angebote des Hochschulsports für das eigene Sporttreiben bei 8% oder deutlich darunter (vgl. Abbildung 29). Der Anteil derjenigen die sowohl im Hochschulsport wie auch außerhalb Sport treiben, liegt bei allen Gruppen zwischen 41% und 56%. Fast die Hälfte der Bediensteten betreibt ihren Sport generell außerhalb des Hochschulsports.

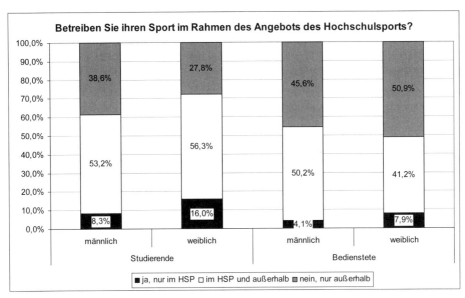

Abbildung 29   Betreiben Sie ihren Sport im Rahmen des Angebots des Hochschulsports?

Im Verlauf der Befragung sollten die Studierenden und Bediensteten zudem jeder von ihnen betriebenen Sportart eine bzw. mehrere konkrete Organisationsformen zuordnen. Dadurch entsteht ein etwas differenziertes Bild der Organisation des Sporttreibens und des Stellenwertes des Hochschulsports. Zu bedenken ist hierbei, dass auch eine Mehrfachfachnennung verschiedener Organisationsformen möglich war. Zudem steckt in dieser Verteilung noch keine Aussage über die Regelmäßigkeit und den zeitlichen Umfang der Teilnahme.

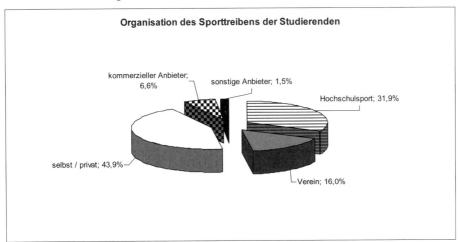

Abbildung 30   Organisation des Sporttreibens der Studierenden

Fast ein Drittel des Sporttreibens der Studierenden wird durch den Hochschulsport organisiert. Damit kann der Hochschulsport in dieser Gruppe einen fast doppelt so hohen Stellenwert wie der Sportverein (16,0% aller Aktivitäten) aufweisen. Deutliche Unterschiede sind allerdings zwischen den Geschlechtern feststellbar. Während bei den Studentinnen der Anteil des Hochschulsports sogar bei fast zwei Fünfteln liegt (38,8%), ist der Stellenwert des Hochschulsports bei den männlichen Studenten lediglich bei etwas mehr als einem Viertel (28,7%). Trotzdem organisieren die Studierenden ein Großteil ihres Sporttreibens auf privater Basis (43,9%). Die kommerziellen Anbieter (6,6%) spielen für das Sporttreiben dieser Gruppe nur eine untergeordnete Rolle.

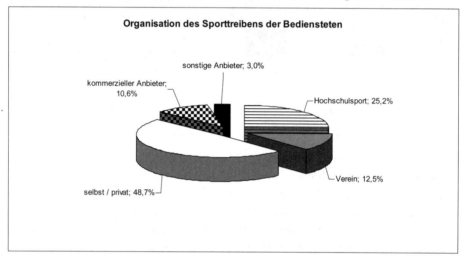

Organisation des Sporttreibens der Bediensteten

sonstige Anbieter; 3,0%

kommerzieller Anbieter; 10,6%

Hochschulsport; 25,2%

Verein; 12,5%

selbst / privat; 48,7%

Abbildung 31   Organisation des Sporttreibens der Bediensteten

Bei den Bediensteten zeigt sich ein ähnliches Bild. Auch hier hat der Hochschulsport einen doppelt so hohen Stellenwert als der Sportverein, wobei diese Organisationsformen etwas geringer ausgeprägt sind, als in der Gruppe der Studierenden. Dagegen ragt bei den Bediensteten noch deutlicher das selbst organisierte Sporttreiben (48,7%) heraus. Bei den weiblichen Bediensteten haben die gewerblichen Anbieter einen doppelt so hohen Stellenwert (16,2%), wie bei den männlichen Bediensteten (7,8%).

Welche Sportarten von den sportlich Aktiven im Allgemeinen ausgeübt werden, unabhängig davon, ob diese im Rahmen des Hochschulsports erfolgen, ist in Tabelle 23 abzulesen. Die Befragten konnten bis zu drei verschiedene Aktivitäten angeben. Im Schnitt üben die Studierenden (1,91) und die Bediensteten (1,95) ungefähr zwei Sportarten aus.

Die Top-Sportarten der Studierenden und Bediensteten

Studierende		Gesamt	Bedienstete	
Platz	Anteil an den Aktiven (in %)	Anteil an den Aktiven (in %)	Anteil an den Aktiven (in %)	Platz
1	30,3%	Joggen, Laufen 30,8%	38,4%	1
2	27,4%	Fitnesstraining 27,2%	23,8%	2
3	14,6%	Fußball 14,2%	9,5%	5
4	11,5%	Schwimmen 11,5%	12,2%	4
5	8,8%	Badminton 8,6%	5,7%	7
6	6,2%	Radfahren 6,7%	14,9%	3
7	5,5%	Tanzen 5,7%	8,0%	6
7	5,5%	Volleyball 5,3%	2,1%	20
9	4,7%	Krafttraining 4,6%	3,0%	15
9	4,7%	Tennis 4,6%	3,3%	13
12	4,1%	Aerobic 4,1%	4,5%	9
11	4,2%	Basketball 4,1%	2,1%	20
13	3,5%	Mountain Biking 3,4%	2,7%	17
14	2,7%	Klettern 2,7%	2,7%	17
14	2,7%	Handball 2,6%	1,5%	27
16	2,5%	Bodybuilding 2,4%	0,6%	34
17	2,3%	Reiten 2,2%	0,9%	31
20	1,8%	Yoga 2,0%	5,1%	8
18	2,0%	Leichtathletik 1,9%	0,9%	31
19	1,9%	Kampfsport 1,8%	0,6%	34
21	1,7%	Skifahren 1,8%	3,6%	11
21	1,7%	Spazierengehen 1,8%	3,3%	13
57	0,4%	Nordic Walking / Walking 0,5%	3,2%	14

Tabelle 23   Die Top-Sportarten der Studierenden und Bediensteten

Während „Joggen, Laufen" und „Fitnesstraining" sowohl bei den Studierenden als auch bei den Bediensteten die beliebtesten Aktivitäten sind, ändern sich danach die Präferenzen zwischen den beiden Gruppen sehr deutlich. „Radfahren" erreicht bei den Bediensteten den 3. Platz, während es bei den Studierenden hinter dem Fußball, Schwimmen und Badminton auf Platz sechs liegt. Bei den Studierenden folgt auf Platz sieben „Volleyball". Diese Sportart erreicht bei den Bediensteten nur noch den 19. Platz. Beliebte Aktivitäten sind in dieser Gruppe hingegen Schwimmen, Fußball, Tanzen und Badminton auf den Plätzen vier bis sieben sowie Yoga, Aerobic und Tischtennis auf den Rängen acht bis zehn. Bei den Studierenden finden sich auf den Plätzen acht bis zehn die Sportarten Tanzen, Krafttraining und Tennis.

Organisationsquote des Hochschulsports bei den beliebtesten Sportarten				
Rang	Top-10 - Sportarten **Studierende**	Anteil des HSP (in %)	Top-10 - Sportarten **Bedienstete**	Anteil des HSP (in %)
1.	Joggen, Laufen	7,2	Joggen, Laufen	8,1
2.	Fitnesstraining	61,4	Fitnesstraining	55,7
3.	Fußball	10,8	Radfahren	3,6
4.	Schwimmen	10,2	Schwimmen	4,3
5.	Badminton	47,9	Fußball	17,5
6.	Radfahren	5,1	Tanzen	46,9
7.	Tanzen	55,3	Badminton	5,3
7.	Volleyball	47,0	Yoga	22,7
9.	Krafttraining	24,2	Aerobic	70,6
9.	Tennis	29,5	Tischtennis	21,1

Tabelle 24   Organisationsquote des Hochschulsports bei den beliebtesten Sportarten

Die Bedeutung des Hochschulsports als Organisator der Sportarten ist sehr unterschiedlich (vgl. Tabelle 24). So wird die beliebteste Sportart Joggen, Laufen nur von 7,2% aller Studierenden und von 8,1% der Bediensteten im Rahmen des Hochschulsports betrieben. Jede 10. Aktivität im Schwimmen wird bei den Studierenden vom Hochschulsport organisiert. Hohe Organisationsquoten besitzt der Hochschulsport hingegen bei den Studierenden in den Sportarten Aerobic (78,3%), Fitnesstraining (61,4%), Tanzen (55,3%), Badminton (47,9%) und Volleyball (47,0%). Bei den Bediensteten spielt der Hochschulsport vor allem in den Sportarten Aerobic (70,6%), Fitnesstraining (55,7%) und Tanzen (46,9%) eine große Rolle.

Neben dem sehr umfangreichen, aktuell vorfindbaren Sportgeschehen äußern beide Statusgruppen auch ein großes Interesse, neue Sportarten kennen zu lernen. Im Rahmen eines „Schnupperkurses" würde gerne etwas mehr als die Hälfte der Studierenden (56,2%) und etwas mehr als zwei Fünftel der Bediensteten (43,8%) neue Sportarten ausprobieren. In diesem Kontext besteht bei den Studierenden ein sehr hohes Interesse an den Sportarten Bogenschießen (n=301 / 4,9% aller Befragten), Fallschirmspringen (n=293 / 4,7%), Klettern (n=287 / 4,6%) und Kampfsport (n=263 / 4,2%). In der Gruppe der Bediensteten finden vor allem die Sportarten Fallschirmspringen (n=15 / 3,7%), Klettern (n=13 / 3,2%), Tanzen (n=13 / 3,2%), Yoga (n=13 / 3,2%), und Aqua-Fitness (n=11 / 2,7%) eine starke Resonanz.

(Foto: HSZ RWTH Aachen)

4.2.2 Bewertung des Aachener Hochschulsports

In diesem Abschnitt stehen die Rahmenbedingungen des Sporttreibens am Hochschulsportstandort Aachen im Vordergrund der Betrachtungen. Neben den Erwartungen an den Hochschulsport und der Bewertung seiner Angebote durch die Nutzer werden auch die Ansichten derjenigen, die den Hochschulsport bisher noch nicht genutzt haben, betrachtet.

4.2.2.1 Die Teilnehmer am Aachener Hochschulsport

Bei der Befragung gaben ca. 3.600 Personen an, dass sie den Hochschulsport zumindest zeitweise nutzen. Diese Personengruppe sollte im weiteren Verlauf angeben, wie wichtig ihnen ausgewählte Aspekte bei der Nutzung des Hochschulsports sind (Relevanz) und wie sie diese Aspekte auf der Basis ihrer Erfahrungen (Realität) mit dem Hochschulsport an der RWTH und FH Aachen beurteilen. Die ausgewählten 16 Einzelaspekte wurden in den drei Hauptkategorien „Angebote", „Sportstätten" und „Preise und Zeiten" zusammengefasst und anhand einer 5er Skala (sehr unwichtig = 5 bis sehr wichtig = 1 bzw. sehr schlecht = 5 bis sehr gut = 1) bewertet. Durch diesen Abgleich zwischen der Bedeutung und der Wirklichkeit ist es möglich, Problembereiche genauer zu erkennen.

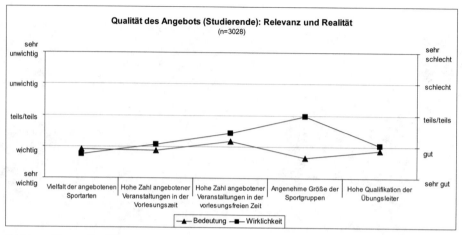

Abbildung 32   Qualität des Angebots (Studierende): Relevanz und Realität

Im Themengebiet „Qualität des Angebotes" wurden fünf zentrale Aspekte abgefragt und von den aktuellen Nutzern der Hochschulsportangebote in Hinblick auf ihre Wünsche und Erfahrungen beurteilt. Auf den ersten Blick zeigt sich, dass bei den Studierenden die Beurteilung des real erlebten Angebotes in fast allen Aspekten etwas negativer ausfällt, als die generelle Einschätzung der Wichtigkeit. Doch in der Regel sind diese Abweichungen marginal, nur bei dem Aspekt „Angenehme Größe der Sportgruppen" gibt es bei den Studierenden und Bediensteten eine deutlichere Abweichung zwischen Relevanz und Realität.

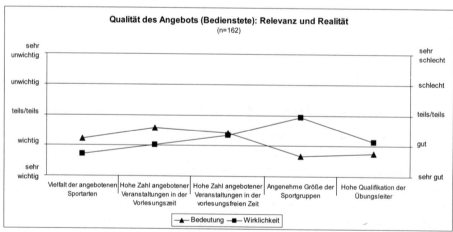

Abbildung 33   Qualität des Angebots (Bedienstete): Relevanz und Realität

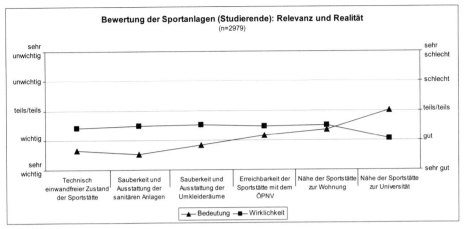

Abbildung 34:   Bewertung der Sportanlagen (Studierende): Relevanz und Realität

Im Themenbereich „Sportstätten" wurden insgesamt sechs unterschiedliche Aspekte beurteilt. Im Gegensatz zum Themenfeld "Sportangebote" finden sich hier deutlichere Abweichungen zwischen der Relevanz und der Realität. So werden die Aspekte „Sauberkeit und Ausstattung der sanitären Anlagen", „Sauberkeit und Ausstattung der Umkleideräume" und „technisch einwandfreier Zustand der Sportstätte" von beiden Gruppen fast ausschließlich als „sehr wichtig" eingestuft. Die Beurteilung der für das Sporttreiben genutzten Räume fällt in Aachen hingegen sehr durchschnittlich aus, auch wenn die Durchschnittswerte noch im „positiven" Bereich liegen. Als „gut" wird in beiden Gruppen die „Nähe der Sportstätte zur Universität" empfunden. Dieser Aspekt besitzt aber die geringste Relevanz.

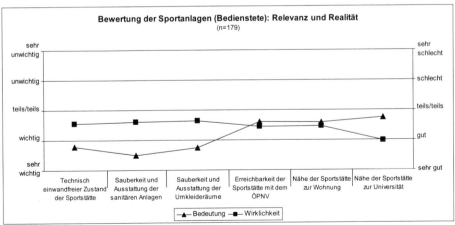

Abbildung 35   Bewertung der Sportanlagen (Bedienstete): Relevanz und Realität

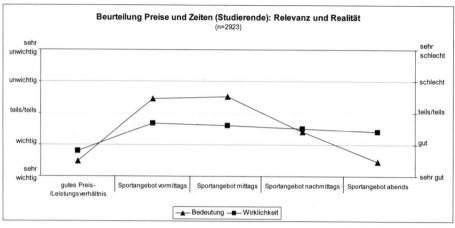

Abbildung 36   Beurteilung Preise und Zeiten (Studierende): Relevanz und Realität

Die deutlichsten Abweichungen zwischen Wunsch und Realität finden sich im The-menfeld „Preise und Zeiten". Hier wurde vor allem um eine Einschätzung der Ange-botsstruktur im Hinblick auf die Tageszeiten gebeten. So zeigt sich, dass für die Grup-pe der Bediensteten Sportangebote im Vormittags- oder Mittagsbereich in der Regel eher als „unwichtig" eingeschätzt werden. Eine hohe Bedeutung besitzen für diese Gruppe aber die abendlichen Sportangebote. Unabhängig von ihren Wünschen und der Tageszeit empfinden die Bediensteten die Struktur der Sportangebote als „gut" bis befriedigend („teils/teils"). Ein ähnliches Beurteilungsschema findet sich bei den Studierenden wieder. Sehr hohe Bedeutung hat in beiden Gruppen der Aspekt „gutes Preis-/Leistungsverhältnis". Dieses wird in Aachen als „gut" beurteilt.

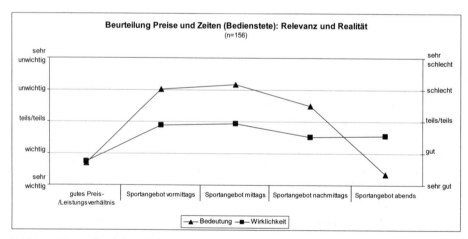

Abbildung 37   Beurteilung Preise und Zeiten (Bedienstete): Relevanz und Realität

4.2.2.2 Die Nichtteilnehmer am Aachener Hochschulsport

Diejenigen Universitätsangehörigen, die im Wintersemester 2008/09 nicht an Angeboten des Hochschulsports an dem Universitätsstandort Aachen teilnahmen (2.593 der
befragten Studierenden und 199 der befragten Bediensteten), wurden danach befragt, ob ihnen die Angebote des Hochschulsports überhaupt bekannt sind und warum sie diese bisher noch nicht genutzt haben bzw. nicht mehr in Anspruch nehmen.

Etwa einem Fünftel (19,4%), der momentan nicht den Hochschulsport nutzenden
Studierenden und 17,6% der nicht im Hochschulsport aktiven Bediensteten ist das
Angebot des Hochschulsports überhaupt nicht bekannt. Die Hälfte der Studierenden
kennt zwar die Angebote des Hochschulsports, hat aber noch nicht an diesen teilgenommen. Zwei Fünftel der momentan nicht im Hochschulsport aktiven Bediensteten war früher schon einmal Teilnehmer an einem Hochschulsportangebot (vgl.
Abbildung 38).

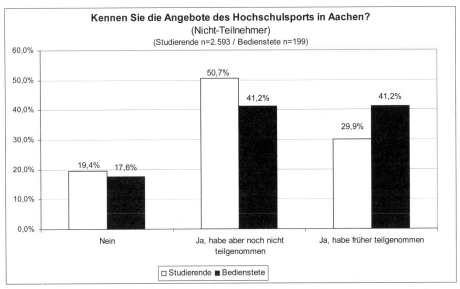

Abbildung 38   Kennen Sie die Angebote des Hochschulsports in Aachen? (Nicht-Teilnehmer)

Zunächst soll die Gruppe, welche die <u>Angebote des Hochschulsports überhaupt
nicht kennt</u> (447 Studierenden und 28 Bediensteten), näher betrachtet werden. Hier
zeigt sich, dass der Hochschulsport zwar generell bekannt ist, die Befragten aber
oftmals nicht wussten, wo sie sich über die Angebote informieren können (Studierende: 69,1% / Bedienstete: 50,0%). Von den Personen, die angaben die Angebote des
Hochschulsports nicht zu kennen, äußerten mehr als ein Viertel der Bediensteten aber
nur ein Sechstel der Studierenden, dass überhaupt keine Interesse am Hochschulsport besteht. In dieser Gruppe gab zudem ungefähr ein Achtel der Personen an,
dass sie generell kein Interesse an sportlichen Aktivitäten haben, bei den Bediensteten sind es mit ungefähr einem Sechstel der Personen ein paar mehr.

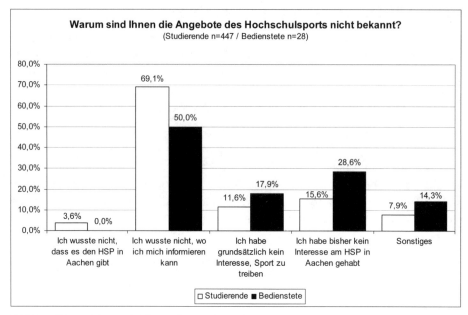

Abbildung 39   Warum sind Ihnen die Angebote des Hochschulsports nicht bekannt?

Bei diesen Zahlen ist jedoch zu beachten, dass die Stichprobe bei den Bediensteten mit lediglich 28 Nennungen für aussagekräftige Tendenzen zu klein ist.

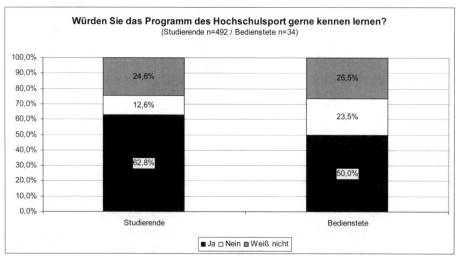

Abbildung 40   Würden Sie das Programm des Hochschulsports gerne kennen lernen?

Ein Großteil der Personen, die die Angebote des Hochschulsports bisher nicht kennen, würden diese gerne kennen lernen. Lediglich ein Viertel der Bediensteten und ein Achtel der Studierenden interessieren sich explizit nicht für den Hochschulsport (vgl. Abbildung 40).

Auch die Personengruppe, die angab, dass sie den <u>Hochschulsport zwar kennt, aber noch nicht genutzt hat</u> (1.280 Studierende und 78 Bedienstete), wurde nach ihren Gründen hierfür befragt (vgl. Abbildung 41). Der meistgenannte Aspekt der Studierenden ist, dass „keine Zeit" für die Teilnahme vorhanden ist. Es folgt die Aussage „die angebotenen Zeiten sind zu ungünstig". Diese Gründe sind bei den Bediensteten in ähnlicher Größenordnung ausgeprägt. Es folgen bei den Bediensteten die Aussagen „Die Sportanlagen liegen zu ungünstig" und „Ich bin zur Zeit nicht aktiv". Bei den Studierenden ist die Reihenfolge dieser Gründe umgekehrt.

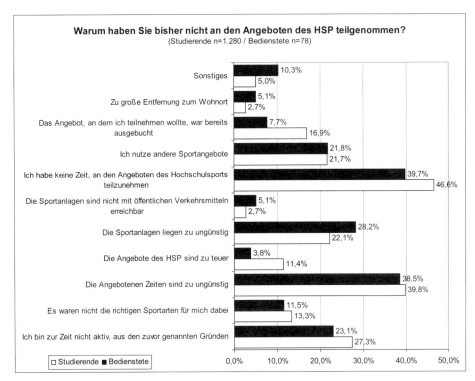

Abbildung 41   Warum haben Sie bisher nicht an den Angeboten des HSP teilgenommen?

Ähnlich sieht es bei denjenigen aus, die <u>früher an Angeboten des Hochschulsports teilgenommen haben, diese aber aktuell nicht mehr in Anspruch nehmen</u> (740 Studierende und 81 Bedienstete)(vgl. Abbildung 42). Hier liegt die Aussage „Ich habe keine Zeit mehr" bei beiden Gruppen vor der Angabe „Die Angebote finden für mich zur falschen Zeit statt". Etwa jeder dritte Studierende nimmt nicht mehr an den Angeboten teil, weil die Gruppen zu voll waren. Bei den Bediensteten sind es immerhin noch 30%. Etwas mehr als jeder vierte Bedienstete nutzt inzwischen andere Sportangebote.

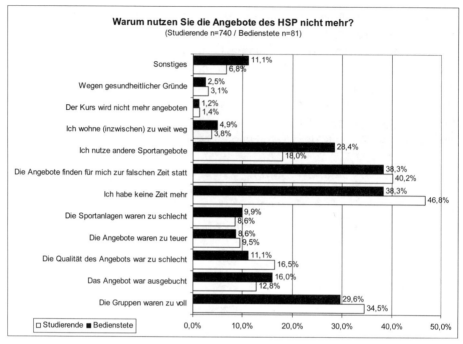

Abbildung 42   Warum nutzen Sie die Angebote des Hochschulsports nicht mehr?

Abschließend wurden diejenigen Personen befragt, die aktuell nicht am Hochschulsport teilnehmen, sondern andere Organisationsformen nutzen, wie wichtig ihnen bestimmte Aspekte bei einer potentiellen Teilnahme am Hochschulsport wären.

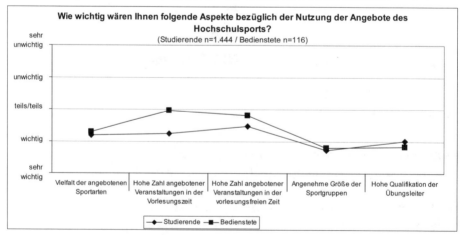

Abbildung 43   Wie wichtig wären Ihnen folgende Aspekte bezüglich der Angebote des Hochschulsports

Bei diesen Aspekten sind sich die Studierenden und die Bediensteten überwiegend einig, dass ihnen diese „wichtig" bis „sehr wichtig" für ein mögliches Sporttreiben im Rahmen des Hochschulsports, sind (vgl. Abbildung 43). Lediglich die „Hohe Zahl angebotener Veranstaltungen in der Vorlesungszeit" ist den Studierenden klar wichtiger als den Bediensteten.

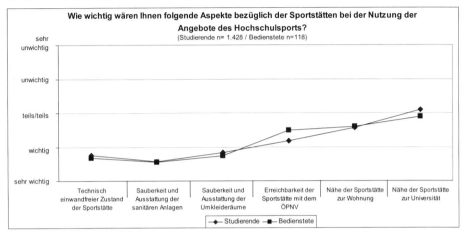

Abbildung 44   Wie wichtig wären Ihnen folgende Aspekte bezüglich der Sportstätten bei der Nutzung der Angebote des Hochschulsports

Auch bei den Fragen bezüglich der Sportstätten gehen die Meinungen der Studierenden und der Bediensteten nur geringfügig auseinander. Hier ist der größte Unterschied bei der Erreichbarkeit der Sportstätten mit dem öffentlichen Nahverkehr zu erkennen. Dieser Aspekt ist den Studierenden wichtiger als den Bediensteten (vgl. Abbildung 44).

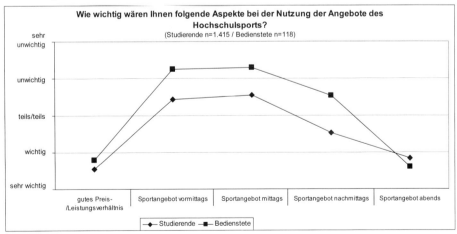

Abbildung 45   Wie wichtig wären Ihnen folgende Aspekte bei der Nutzung der Angebote des Hochschulsports

In Abbildung 45 ist zu erkennen, dass sowohl den Studierenden als auch den Bediensteten ein gutes Preis-/Leistungsverhältnis wichtig ist. Die Frage zu den Zeitpunkten, an denen Sportangebote stattfinden sollen, zeigt ein einheitliches Bild. Sportangebote am Vormittag halten beide Gruppen für eher unwichtig; tagsüber und vor allem zum Abend hin steigt die Bedeutung der Sportangebote kontinuierlich an.

4.2.3 Fazit für den Hochschulsport in Aachen

Die Onlinebefragung zum Hochschulsport in NRW ergab auch für den Standort Aachen eine Vielzahl interessanter und aufschlussreicher Ergebnisse. Neben Kenntnissen über das allgemeine Sporttreiben der Studierenden und Bediensteten – auch außerhalb des Hochschulsports – besitzt der Aachener Hochschulsport nun detailliertes Wissen über die Beurteilungen seiner Angebote durch die Nutzer sowie über die Wünsche und Kritikpunkte der „Nicht-Teilnehmer".

Die genaue Analyse und Umsetzung dieser Kenntnisse kann natürlich nur durch die handelnden Personen vor Ort geschehen. Um hierbei eine Hilfestellung zu leisten, sollen abschließend neben den allgemeinen Trends im Hochschulsport, die ausführlich in Kap. 3.3 geschildert werden, folgende Besonderheiten für den Hochschulsportstandort Aachen festgehalten werden:

- Sowohl die Studierenden als auch die Bediensteten weisen eine hohe „Sport-vor-Ort-Quote" bei ihren sportlichen Aktivitäten auf.

- Der Stellenwert des Hochschulsports im Vergleich zum Sportverein ist für die Bediensteten deutlich höher als im Landesdurchschnitt.

- Bei der Organisation des Fitnesstrainings weist der Hochschulsport eine viel höhere Quote auf, als an den anderen Standorten.

- Bedienstete, die Hochschulsportangebote nutzen, beurteilen die Größe der Sportgruppe etwas kritischer.

- Der Hochschulsport besitzt auch bei den „Nicht-Teilnehmern" einen hohen Bekanntheitsgrad.

- Bedienstete, die noch nicht den Hochschulsport genutzt haben, empfinden überdurchschnittlich oft die Lage der Sportstätten als ungünstig.

- Bedienstete, die nicht mehr den Hochschulsport nutzen, beschweren sich etwas häufiger über ausgebuchte Kurse und zu volle Gruppen als an den anderen Standorten.

4.3 Der Hochschulsport in Bielefeld

In den folgenden Abschnitten werden die Ergebnisse der landesweiten Hochschulsportbefragung für den Hochschulsport an der Universität Bielefeld und Fachhochschule Bielefeld konkretisiert. In Tabelle 25 sind zunächst wichtige Kennzahlen des Hochschulstandortes Bielefeld aufgeführt. Leider lagen zu einigen Kennziffern keine Angaben vor. Im Vergleich zu den Zahlen an den anderen Hochschulstandorten (vgl. Kap. 4.1) fällt somit nur auf, dass Bielefeld in Hinblick auf die Zahl der Sportarten, die Zahl der insgesamt angebotenen Kurse und die Anzahl der eigenen Sportstätten in etwa im Landesdurchschnitt liegt.

Angaben zum Hochschulstandort Bielefeld	
Quelle: Hochschulsport Bielefeld	Anzahl im WS 2008/2009
Teilnehmer am Hochschulsport	k.A.
... davon Studentinnen	ca. 65%
... davon Studenten	ca. 35%
... davon weibliche Bedienstete	k.A.
... davon männliche Bedienstete	150
... davon externe Teilnehmer	k.A.
Angebotene Sportarten	70
Angebotene Kurse	202
... davon ausgebuchten Kurse	k.A.
Genutzte Sportstätten	k.A.
... davon eigene Sportstätten	15
... davon fremde Sportstätten	k.A.

Tabelle 25   Angaben zum Hochschulstandort Bielefeld

Die Online-Befragung zum Hochschulsport in Bielefeld startete am 20.01.2009 mit einem Anschreiben an alle Studierenden und Bediensteten von Seiten der Personalverwaltung. Nachdem etwa drei Wochen später an das Ausfüllen des Fragebogens erinnert wurde, befanden sich in der Datenbank ca. 4.400 Fragebögen. Nach dem Bereinigen der Datenbank, hierbei wurden leere oder nicht verwendbare Datensätze gelöscht, liegen noch 4.322 Datensätze vor. Diese beinhalten 3.907 Studierende und 415 Bedienstete. Somit liegt der Anteil an der Grundgesamtheit bei hohen 16,1% bei den Studierenden bzw. 20,7% bei den Bediensteten. Leider sind fast ausschließlich nur Bedienstete der Universität Bielefeld befragt worden, so dass sich die Ausführungen zum Sporttreiben der Bediensteten nur auf diese Personengruppe bezieht. Deutliche Unterschiede beim Rücklauf zeigen sich bei einer getrennten Betrachtung der beiden Standorte Uni Bielefeld und FH Bielefeld auch bei den Studierenden (vgl. Tabelle 26).

Da der Anteil der Studentinnen im Vergleich zur Grundgesamtheit ein wenig erhöht ist, war es nötig eine Gewichtung vorzunehmen. Auch der Anteil der Nutzer des Hochschulsport-Angebots ist in dem Datensatz erhöht. Da überwiegend auf den

Hochschulsport eingegangen werden soll und keine Rückschlüsse auf die Grundgesamtheit stattfinden, wurde an dieser Stelle auf eine Datenmodifikation verzichtet.

Studierenden- und Bedienstetenzahlen am Hochschulstandort Bielefeld und im Datensatz im Vergleich				Anteil
		Absolut		Anteil
		Uni Bielefeld	Datensatz	
Studierende (WS 08/09)	männlich	7.480	1.123	15,0%
	weiblich	10.149	2.096	20,7%
	gesamt	17.629	3.219	**18,3%**
Bedienstete (WS 08/09)	männlich	/	161	/
	weiblich	/	250	/
	gesamt	1.579	411	**26,0%**
		Absolut		Anteil
		FH Bielefeld	Datensatz	
Studierende (WS 08/09)	männlich	4.020	392	9,8%
	weiblich	2.622	283	10,8%
	gesamt	6.642	675	**10,2%**
Bedienstete (WS 08/09)	männlich	/	2	/
	weiblich	/	0	/
	gesamt	429	2	**0,5%**

Tabelle 26 Studierenden- und Bedienstetenzahlen am Hochschulstandort Bielefeld und im Datensatz im Vergleich

(Foto: Hochschulsport Bielefeld)

4.3.1 Das Sporttreiben im Hochschulsport in Bielefeld

Im Folgenden soll zunächst das allgemeine Sporttreiben der Studierenden und Bediensteten am Hochschulstandort Bielefeld näher betrachtet werden, bevor näher darauf eingegangen wird, welche Rolle der Hochschulsport an diesem Universitätsstandort spielt und wie ihn seine Nutzer beurteilen.

Etwas mehr als drei Viertel der Studierenden und sogar vier Fünftel der Bediensteten bezeichnen sich grundsätzlich als sportlich aktiv (vgl. Abbildung 46). Werden nur diejenigen betrachtet, die mindestens einmal pro Woche Sport treiben, so liegen die Werte niedriger. 67,0% der Studierenden und 73,4% der Bediensteten sind mindestens einmal wöchentlich sportaktiv.

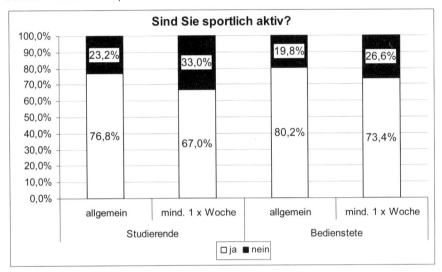

Abbildung 46   Sportliche Aktivität der Studierenden und Bediensteten

In den nächsten Abschnitten werden nun nur noch die sportlich aktiven Studierenden und Bediensten näher betrachtet.

Bei der Frage nach dem Ort des Sporttreibens unterscheiden sich die Studierenden von den Bediensteten. Betreiben von den Bediensteten etwa 58,8% ihrer Sportarten in Bielefeld, so sind es nur 53,4% der Studierenden. 22,3% der Bediensteten betreiben Sport am Hochschulsport und außerhalb, während es bei den Studierenden lediglich noch 17,5% sind. Lediglich 18,8% der Bediensteten betreiben ihre Aktivitäten nur außerhalb des Hochschulsports. Bei den Studierenden sind es sogar fast 30% (vgl. Abbildung 47).

Abbildung 47   Wo betreiben Sie ihre Sportart?

Zu Beginn des Fragebogens sollten die Befragten grob einschätzen, ob Sie ihren Sport ausschließlich, teilweise oder gar nicht im Rahmen des Hochschulsportangebots betreiben. Jeder zehnte Studierende (9,6%) und jeder fünfzehnte Bedienstete (6,5%) gaben an, ihre Aktivitäten ausschließlich im Hochschulsport auszuüben. Am intensivsten nutzen die weiblichen Studierenden sowie die männlichen Bediensteten den Hochschulsport. Mit knapp 12% betreiben die weiblichen Studierenden ihren Sport ausschließlich im Rahmen der Angebote des Hochschulsports und weitere 43% sowohl im Hochschulsport als auch außerhalb. Bei den männlichen Bediensteten sind es nur knapp 9% die ihren Sport ausschließlich im Rahmen des Hochschulsport betreiben, aber weitere 48% sowohl im Hochschulsport als auch außerhalb. In den anderen Gruppen liegen die Werte für die alleinige Nutzung der Angebote des Hochschulsports für das eigene Sporttreiben bei 7,5% bzw. 5,2% (vgl. Abbildung 48). Der Anteil derjenigen die sowohl im Hochschulsport wie auch außerhalb Sport treiben, liegt bei allen Gruppen zwischen 36% und 48%. Fast drei Fünftel der weiblichen Bediensteten betreiben ihren Sport generell außerhalb des Hochschulsports.

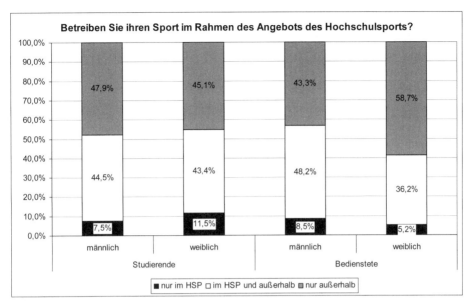

Abbildung 48   Betreiben Sie ihren Sport im Rahmen des Angebots des Hochschulsports?

Im Verlauf der Befragung sollten die Studierenden und Bediensteten zudem jeder von ihnen betriebenen Sportart eine bzw. mehrere konkrete Organisationsformen zuordnen. Dadurch entsteht ein etwas differenzierteres Bild der Organisation des Sporttreibens und des Stellenwertes des Hochschulsports. Zu bedenken ist hierbei, dass auch eine Mehrfachnennung verschiedener Organisationsformen möglich war. Zudem steckt in dieser Verteilung noch keine Aussage über die Regelmäßigkeit und den zeitlichen Umfang der Teilnahme.

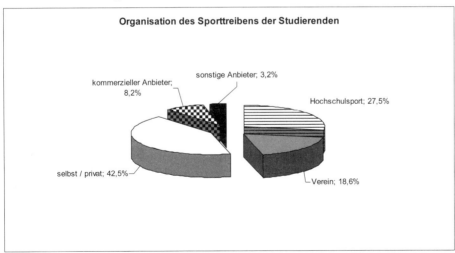

Abbildung 49   Organisation des Sporttreibens der Studierenden

Ein Viertel des Sporttreibens der <u>Studierenden</u> wird durch den Hochschulsport organisiert. Damit kann der Hochschulsport in dieser Gruppe einen höheren Stellenwert wie der Sportverein (18,6% aller Aktivitäten) aufweisen. Deutliche Unterschiede sind allerdings zwischen den Geschlechtern feststellbar. Während bei den Studentinnen der Anteil des Hochschulsports sogar bei fast einem Drittel liegt (30,2%), ist der Stellenwert des Hochschulsports bei den männlichen Studenten nur geringfügig höher als der des Sportvereins (24,9% zu 22,4%). Insgesamt organisieren die Studierenden über 40% ihres Sporttreibens auf privater Basis. Die kommerziellen Anbieter (8,2%) spielen für das Sporttreiben dieser Gruppe nur eine untergeordnete Rolle.

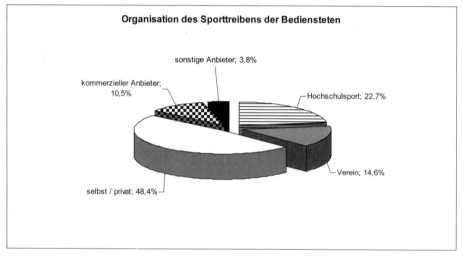

Abbildung 50   Organisation des Sporttreibens der Bediensteten

Bei den <u>Bediensteten</u> zeigt sich ein ähnliches Bild. Auch hier hat der Hochschulsport einen höheren Stellenwert wie der Sportverein, wobei diese Organisationsformen etwas niedriger liegen als in der Gruppe der Studierenden. Dagegen ragt bei den Bediensteten noch deutlicher das selbst organisierte Sporttreiben (48,4%) heraus.

Welche Sportarten von den sportlich Aktiven im Allgemeinen ausgeübt werden - unabhängig davon, ob diese im Rahmen des Hochschulsports erfolgen, ist in Tabelle 27 abzulesen. Die Befragten konnten bis zu drei verschiedene Aktivitäten angeben. Im Schnitt üben die Studierenden (1,84) und die Bediensteten (2,04) ungefähr zwei Sportarten aus. Während Joggen, Laufen, Fitnesstraining und Schwimmen sowohl bei den Studierenden als auch bei den Bediensteten mit ungefähr einem Sechstel bis einem Drittel der Nennungen die beliebtesten Aktivitäten sind, ändern sich danach die Präferenzen zwischen den beiden Gruppen sehr deutlich. Bei den Studierenden folgt auf Platz vier der Fußball. Dieser erreicht bei den Bediensteten auch immerhin den 7. Platz. Hingegen findet sich bei den Bediensteten Radfahren auf Rang fünf, welches bei den Studierenden auf Rang 6 auch noch eine wichtige Rolle spielt.

Die Top-Sportarten der Studierenden und Bediensteten				
Studierende		**Gesamt**	**Bedienstete**	
Platz	Anteil an den Aktiven (in %)	Anteil an den Aktiven (in %)	Anteil an den Aktiven (in %)	Platz
1	25,1%	Joggen, Laufen 25,5%	29,9%	1
2	23,5%	Fitnesstraining 23,7%	25,4%	2
3	15,0%	Schwimmen 15,6%	20,6%	3
4	14,7%	Fußball 13,8%	6,0%	7
5	9,1%	Badminton 8,6%	4,2%	12
6	7,3%	Radfahren 8,2%	16,4%	4
7	5,5%	Volleyball 5,3%	3,9%	16
8	4,3%	Krafttraining 4,5%	5,7%	8
8	4,3%	Handball 4,1%	1,8%	20
10	4,2%	Tanzen 4,0%	2,4%	19
11	4,0%	Aerobic 4,0%	4,2%	12
13	3,5%	Spazierengehen 3,7%	5,4%	9
12	3,6%	Reiten 3,7%	4,2%	12
14	3,4%	Tennis 3,4%	3,9%	16
18	2,2%	Yoga 2,7%	6,6%	6
15	2,8%	Basketball 2,7%	1,5%	25
17	2,5%	Gymnastik 2,6%	3,9%	18
16	2,6%	Kampfsport 2,4%	0,6%	38
22	1,7%	Nordic Walking / Walking 2,4%	8,7%	5
19	2,1%	Inline-Skating 2,1%	1,8%	20
20	2,0%	Tischtennis 1,9%	1,2%	29
20	2,0%	Bodybuilding 1,9%	1,5%	25
26	1,3%	Gymnastik 1,7%	5,1%	11

Tabelle 27   Die Top-Sportarten der Studierenden und Bediensteten

Während bei den Studierenden Badminton und Volleyball mit den Plätzen fünf und sieben einen hohen Stellenwert besitzen, erreichen bei den Bediensteten die Sportarten Nordic Walking / Walking, Yoga, Krafttraining und Spazierengehen vordere Ränge.

Organisationsquote des Hochschulsports bei den beliebtesten Sportarten			
Rang	Top-10 - Sportarten **Studierende**	Anteil des HSP (in %)	Top-10 - Sportarten **Bedienstete**	Anteil des HSP (in %)
1.	Joggen, Laufen	10,2	Joggen, Laufen	8,0
2.	Fitnesstraining	43,6	Fitnesstraining	52,0
3.	Schwimmen	35,4	Schwimmen	34,1
4.	Fußball	15,1	Radfahren	0,0
5.	Badminton	45,8	Nordic Walking / Walking	16,7
6.	Radfahren	0,0	Yoga	15,4
7.	Volleyball	40,6	Fußball	34,6
8.	Handball	25,6	Krafttraining	42,1
8.	Krafttraining	33,9	Spazierengehen	0,0
10.	Tanzen	29,6	Wandern	0,0

Tabelle 28   Organisationsquote des Hochschulsports bei den beliebtesten Sportarten

Die Bedeutung des Hochschulsports als Organisator der Sportarten ist sehr unterschiedlich (vgl. Tabelle 28). So wird die beliebteste Sportart Joggen, Laufen nur von 10,2% aller Studierenden und von 8,0% der Bediensteten im Rahmen des Hochschulsports betrieben. Jede 3. Aktivität im Schwimmen wird in beiden Gruppen vom Hochschulsport organisiert. Hohe Organisationsquoten besitzt der Hochschulsport außerdem bei den Studierenden in den Sportarten Badminton (45,8%), Fitnesstraining (43,6%) und Volleyball (40,6%). Außerdem betreiben noch 33,9% der Studierenden Krafttraining im Rahmen des Hochschulsports. Bei den Bediensteten spielt der Hochschulsport vor allem in den Sportarten Fitnesstraining (52,0%) und Krafttraining (32,1%) eine große Rolle. Fußball wird immerhin noch von 34,6% der Bediensteten im Hochschulsport betrieben.

Neben dem sehr umfangreichen, aktuell vorfindbaren Sportgeschehen äußern beide Statusgruppen auch ein großes Interesse, neue Sportarten kennen zu lernen. Im Rahmen eines „Schnupperkurses" würde gerne mehr als die Hälfte der Studierenden (57,2%) und mehr als zwei Fünftel der Bediensteten (44,3%) neue Sportarten ausprobieren. In diesem Kontext besteht bei den Studierenden ein sehr hohes Interesse an den Sportarten Bogenschießen (n=185 / 4,7% aller Befragten), Yoga (n=185 / 4,7%), Klettern (n=178 / 4,6%), Capoeira (n=166 / 4,3%), Aqua-Fitness (n=151 / 3,9%) und Kampfsport (n=151 / 3,9%). In der Gruppe der Bediensteten finden vor allem die Sportarten Aqua-Fitness (n=26 / 6,3%), Yoga (n=19 / 4,6%), Bogenschießen (n=18 / 4,3%), Pilates (n=16 / 3,9%), Gesundheitsgymnastik (n=15 / 3,6%) und Aerobic (n=11 / 2,7%) eine starke Resonanz.

(Foto: Hochschulsport Bielefeld)

4.3.2   Bewertung des Bielefelder Hochschulsports

In diesem Abschnitt stehen die Rahmenbedingungen des Sporttreibens im Hochschulsport des Universitätsstandortes Bielefeld im Vordergrund der Betrachtungen. Neben den Erwartungen an den Hochschulsport und der Bewertung seiner Angebote durch die Nutzer werden auch die Gründe und Wünsche derjenigen betrachtet, die den Hochschulsport aktuell nicht in Anspruch nehmen.

4.3.2.1   Die Teilnehmer am Bielefelder Hochschulsport

Bei der Befragung gaben ca. 1850 Personen an, dass sie den Hochschulsport zumindest zeitweise nutzen. Diese Personengruppe sollte im weiteren Verlauf angeben, wie <u>wichtig</u> ihnen ausgewählte Aspekte bei der Nutzung des Hochschulsports sind (Relevanz) und wie sie diese Aspekte auf der Basis ihrer Erfahrungen (Realität) mit dem Hochschulsport in Bielefeld <u>beurteilen.</u> Die ausgewählten 16 Einzelaspekte wurden in den drei Hauptkategorien „Angebote", „Sportstätten" und „Preise und Zeiten" zusammengefasst und anhand einer 5er Skala (sehr unwichtig = 5 bis sehr wichtig = 1 bzw. sehr schlecht = 5 bis sehr gut = 1) bewertet. Durch diesen Abgleich zwischen der <u>Bedeutung</u> und der <u>Wirklichkeit</u> ist es möglich, Problembereiche genauer zu erkennen.

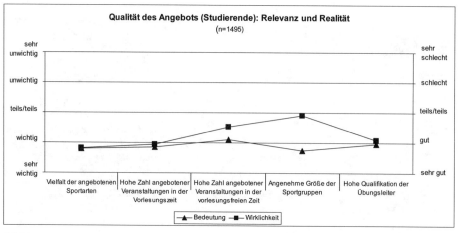

Abbildung 51   Qualität des Angebots (Studierende): Relevanz und Realität

Im Themengebiet „Qualität des Angebotes" wurden fünf zentrale Aspekte abgefragt und von den aktuellen Nutzern der Hochschulsportangebote in Hinblick auf ihre Wünsche und Erfahrungen beurteilt. Auf den ersten Blick zeigt sich, dass bei den Studierenden die Beurteilung des real erlebten Angebotes in allen Aspekten etwas geringer ausfällt, als die generelle Einschätzung der Wichtigkeit. Bei den Bediensteten hingegen fällt die Beurteilung bei zwei Aspekten besser aus als die Einschätzung der Wirklichkeit. In der Regel sind die Abweichungen zwischen Beurteilung und Wirklichkeit allerdings marginal, nur bei dem Aspekt „Angenehme Größe der Sportgruppen" gibt es bei den Studierenden eine etwas deutlichere Abweichung zwischen Wunsch (1,74) und Realität (2,90). Dieser Aspekt wird in beiden Statusgruppen auch am schlechtesten beurteilt. Gleichzeitig wird diesem Aspekt insgesamt auch die höchste Bedeutsamkeit in diesem Themenfeld beigemessen.

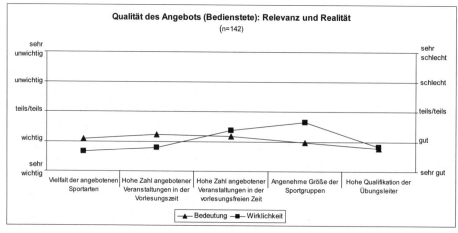

Abbildung 52   Qualität des Angebots (Bedienstete): Relevanz und Realität

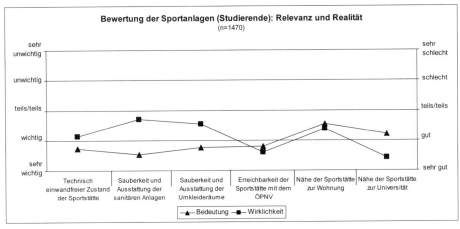

Abbildung 53   Bewertung der Sportanlagen (Studierende): Relevanz und Realität

Im Themenbereich „Sportstätten" wurden insgesamt sechs unterschiedliche Aspekte beurteilt. Im Gegensatz zum Themenfeld "Sportangebote" finden sich hier deutlichere Abweichungen zwischen der Relevanz und der Realität. So werden die Aspekte „Sauberkeit und Ausstattung der sanitären Anlagen" und „Sauberkeit und Ausstattung der Umkleideräume" von beiden Gruppen fast ausschließlich als „sehr wichtig" eingestuft. Die Beurteilung der Sauberkeit der für das Sporttreiben genutzten Räume fällt in Bielefeld hingegen sehr durchschnittlich aus, auch wenn die Durchschnittswerte noch nicht im „negativen" Bereich liegen. Der technische Zustand der Sportstätten in Bielefeld wird generell als „gut" eingestuft. Als „sehr gut" werden bei den Studierenden die „Nähe der Sportstätte zur Universität" und die Erreichbarkeit der Sportstätten mit dem ÖPNV empfunden. Die Bediensteten bewerten die Erreichbarkeit der Sportstätte mit dem ÖPNV hingegen nur mit „gut".

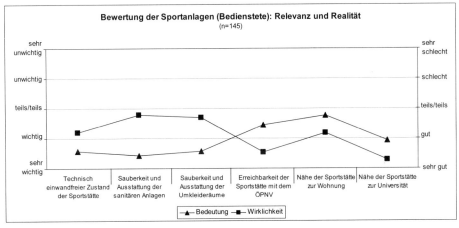

Abbildung 54   Bewertung der Sportanlagen (Bedienstete): Relevanz und Realität

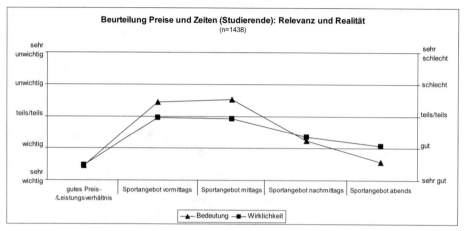

Abbildung 55   Beurteilung Preise und Zeiten (Studierende): Relevanz und Realität

Die deutlichsten Abweichungen zwischen Wunsch und Realität finden sich im Themenfeld „Preise und Zeiten". Hier wurde vor allem um eine Einschätzung der Ange-
botsstruktur im Hinblick auf die Tageszeiten gebeten. So zeigt sich, dass für die Gruppe der Bediensteten Sportangebote im Vormittags- oder Mittagsbereich in der Regel
eher als „unwichtig" eingeschätzt werden. Eine hohe Bedeutung besitzen für diese
Gruppe aber die abendlichen Sportangebote. Unabhängig von ihren Wünschen
und der Tageszeit empfinden die Bediensteten die Struktur der Sportangebote als
„gut" bis befriedigend („teils/teils"). Ein ähnliches Beurteilungsschema findet sich bei
den Studierenden wieder. Sehr hohe Bedeutung hat in beiden Gruppen der Aspekt
„gutes Preis-/Leistungsverhältnis". Dieses wird in Bielefeld als „sehr gut" beurteilt.

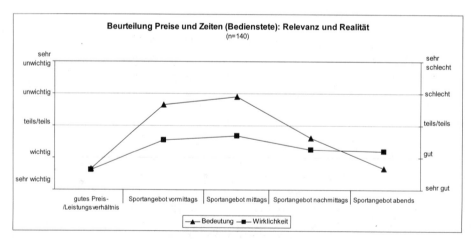

Abbildung 56   Beurteilung Preise und Zeiten (Bedienstete): Relevanz und Realität

4.3.2.2 Die Nichtteilnehmer am Bielefelder Hochschulsport

Diejenigen Universitätsangehörigen, die im Wintersemester 2008/09 nicht an Angeboten des Hochschulsports in Bielefeld teilnahmen (2.089 der befragten Studierenden und 237 der befragten Bediensteten), wurden danach befragt, ob ihnen die Angebote des Hochschulsports überhaupt bekannt sind und warum sie diese bisher nicht genutzt bzw. nicht mehr in Anspruch nehmen.

Fast einem Drittel (29,7%), der momentan nicht den Hochschulsport nutzenden Studierenden und 14% der nicht im Hochschulsport aktiven Bediensteten ist das Angebot des Hochschulsports überhaupt nicht bekannt. Die überwiegende Mehrheit, etwa 45% - 49%, kennt zwar die Angebote des Hochschulsports, hat aber noch nicht an diesen teilgenommen. Etwas mehr als einem Drittel der momentan nicht im Hochschulsport aktiven Bediensteten war früher schon einmal Teilnehmer an einem Hochschulsportangebot (vgl. Abbildung 57).

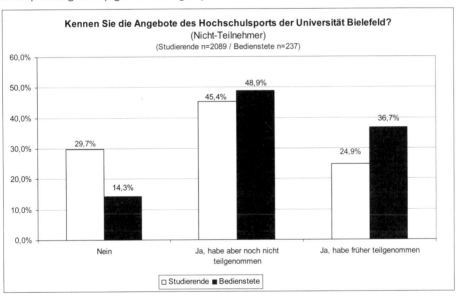

Abbildung 57　Kennen Sie die Angebote des Hochschulsports der Universität Bielefeld? (Nicht-Teilnehmer)

Zunächst soll die Gruppe, welche die <u>Angebote des Hochschulsports überhaupt nicht kennt</u> (542 Studierenden und 26 Bediensteten), näher betrachtet werden. Hier zeigt sich, dass der Hochschulsport zwar generell bekannt ist, die Befragten aber oftmals nicht wussten, wo sie sich über die Angebote informieren können (Studierende: 76,4% / Bedienstete: 46,2%). Von den Personen, die angaben die Angebote des Hochschulsports nicht zu kennen, äußerten ein Drittel der Bediensteten und nur ein Achtel der Studierenden, dass überhaupt keine Interesse am Hochschulsport besteht. Bei den Bediensteten gaben zudem ungefähr ein Siebtel und bei den Studierenden sogar nur ein Zwölftel an, dass sie generell kein Interesse an sportlichen Aktivitäten haben.

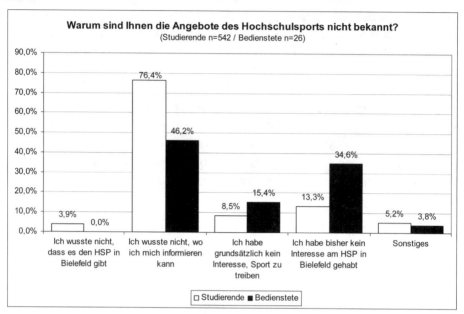

Abbildung 58   Warum sind Ihnen die Angebote des Hochschulsports nicht bekannt?

Ein Großteil der Personen, die die Angebote des Hochschulsports bisher nicht kennen, würden diese gerne kennen lernen. Lediglich ein Fünftel der Bediensteten und ein Achtel der Studierenden interessieren sich explizit nicht für den Hochschulsport (vgl. Abbildung 59).

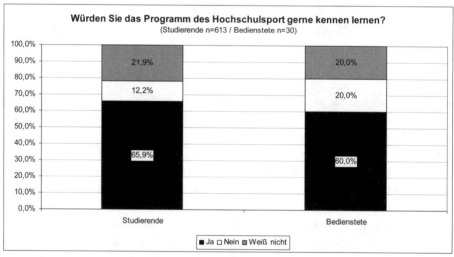

Abbildung 59   Würden Sie das Programm des Hochschulsports gerne kennen lernen?

Auch die Personengruppe, die angab, dass sie den <u>Hochschulsport zwar kennt, aber noch nicht genutzt hat</u> (923 Studierende und 116 Bedienstete), wurde nach ihren Gründen hierfür befragt (vgl. Abbildung 60). Der meistgenannte Aspekt der Studierenden ist, dass „keine Zeit" für die Teilnahme vorhanden ist. Es folgt die Aussage „die angebotenen Zeiten sind zu ungünstig". Diese Reihenfolge ist bei den Bediensteten umgekehrt. Es folgen sowohl bei den Studierenden wie auch den Bediensteten die Aussagen „Ich nutze andere Sportangebote" und „Ich bin zur Zeit nicht aktiv".

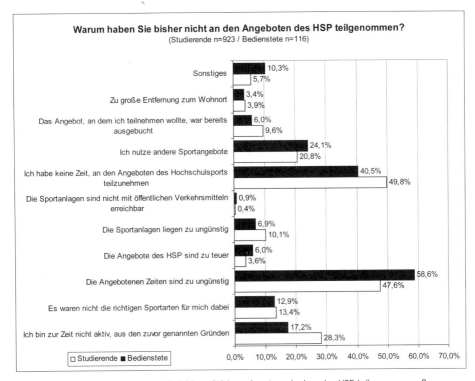

Abbildung 60   Warum haben Sie bisher nicht an den Angeboten des HSP teilgenommen?

Ähnlich sieht es bei denjenigen aus, die <u>früher an Angeboten des Hochschulsports teilgenommen haben, diese aber aktuell nicht mehr in Anspruch nehmen</u> (501 Studierende und 84 Bedienstete). Hier liegt die Aussage „Die Angebote finden für mich zur falschen Zeit statt" bei beiden Gruppen vor der Angabe „Ich habe keine Zeit mehr". Fast jeder zweite Studierende nimmt nicht mehr an den Angeboten teil, weil die Gruppen zu voll waren. Bei den Bediensteten ist es immer noch fast jeder Dritte. Außerdem nutzt jeder fünfte Bedienstete inzwischen andere Sportangebote.

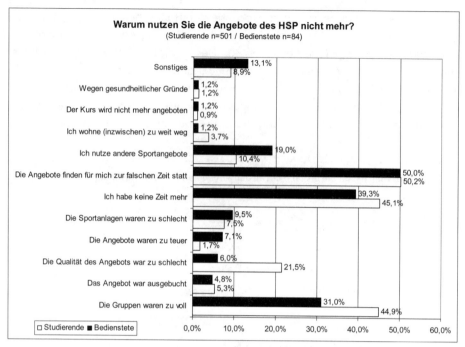

Abbildung 61   Warum nutzen Sie die Angebote des Hochschulsports nicht mehr?

Abschließend wurden diejenigen Personen befragt, aktuell nicht am Hochschulsport teilnehmen sondern andere Organisationsformen nutzen, wie wichtig ihnen bestimmte Aspekte bei einer potentiellen Teilnahme am Hochschulsport wären.

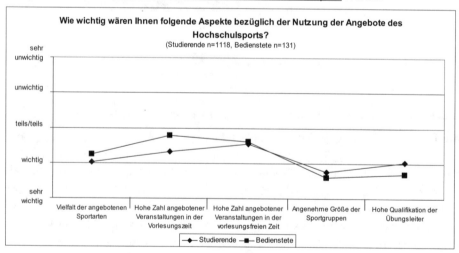

Abbildung 62   Wie wichtig wären Ihnen folgende Aspekte bezüglich der Angebote des Hochschulsports

Bei den Aspekten „Vielfalt der Angebotenen Sportarten", „Angenehme Größe der Sportgruppen" und „Hohe Qualifikation der Übungsleiter" sind sich die Studierenden und die Bediensteten überwiegend einig, dass ihnen diese „wichtig" bis „sehr wichtig" für ein mögliches Sporttreiben im Rahmen des Hochschulsports, sind. Am unwichtigsten sind beiden Gruppen eine hohe Zahl angebotener Veranstaltungen, sowohl in der Vorlesungszeit wie auch in der vorlesungsfreien Zeit(vgl. Abbildung 62).

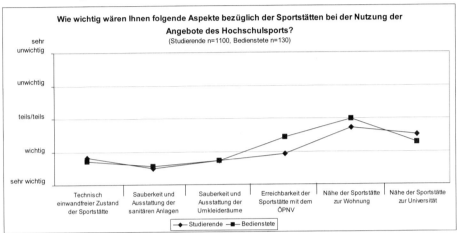

Abbildung 63   Wie wichtig wären Ihnen folgende Aspekte bezüglich der Sportstätten bei der Nutzung der Angebote des Hochschulsports

Auch bei den Fragen bezüglich der Sportstätten gehen die Meinungen der Studierenden und der Bediensteten nur geringfügig auseinander. Hier ist der größte Unterschied bei der Erreichbarkeit der Sportstätten mit dem öffentlichen Nahverkehr zu erkennen. Dieser Aspekt ist den Studierenden wichtiger als den Bediensteten.

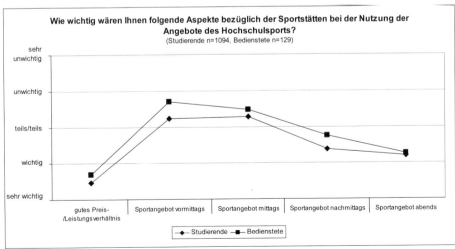

Abbildung 64   Wie wichtig wären Ihnen folgende Aspekte bei der Nutzung der Angebote des Hochschulsports

In Abbildung 64 ist zu erkennen, dass sowohl den Studierenden als auch den Bediensteten ein gutes Preis-/Leistungsverhältnis wichtig ist. Die Frage zu den Zeitpunkten, an denen Sportangebote stattfinden sollen, zeigt ein einheitliches Bild. Sportangebote am Vormittag halten beide Gruppen für eher unwichtig; tagsüber und vor allem zum Abend hin steigt die Bedeutung der Sportangebote kontinuierlich an.

4.3.3 Fazit für den Hochschulsport in Bielefeld

Die Onlinebefragung zum Hochschulsport in NRW ergab auch für den Standort Bielefeld eine Vielzahl interessanter und aufschlussreicher Ergebnisse. Neben Kenntnissen über das allgemeine Sporttreiben der Studierenden und Bediensteten – auch außerhalb des Hochschulsports – besitzt der Bielefelder Hochschulsport nun detailliertes Wissen über die Beurteilungen seiner Angebote durch die Nutzer sowie über die Wünsche und Kritikpunkte der „Nicht-Teilnehmer".

Die genaue Analyse und Umsetzung dieser Kenntnisse kann natürlich nur durch die handelnden Personen vor Ort geschehen. Um hierbei eine Hilfestellung zu leisten, sollen abschließend neben den allgemeinen Trends im Hochschulsport, die ausführlich in Kap. 3.3 geschildert werden, folgende Besonderheiten für den Hochschulsportstandort Bielefeld festgehalten werden:

- Beim allgemeinen Sporttreiben zeigt sich bei den Bediensteten eine höhere Ortbindung.

- Der Hochschulsport besitzt für die Bediensteten im Vergleich zu den anderen Hochschulsportstandorten eine deutlich höhere Bedeutung als der Sportverein und die kommerziellen Anbieter.

- Überdurchschnittlich hohe Organisationsquoten besitzt der Bielefelder Hochschulsport beim Schwimmen (Studierende und Bedienstete) und beim Fitnesstraining (Bedienstete). Unterdurchschnittlich ist hingegen seine Quote beim Tanzen (Studierende).

- Die Erreichbarkeit und Lage der Sportstätten wird von den Studierenden deutlich positiver eingeschätzt als dies im Landesdurchschnitt der Fall ist.

- Es gibt eine hohe Zufriedenheit über das Preis-/ Leistungsverhältnis des Hochschulsports in Bielefeld – vor allem von Seiten der Studierenden.

- Bei den „Nicht-Teilnehmern" ist der Anteil der Studierenden, die den Hochschulsport nicht kennen und auch nicht wissen, wo sie sich informieren können, etwas höher als im NRW-Schnitt.

- Die Befragten, die noch nie den Hochschulsport genutzt haben, finden überdurchschnittlich oft die angebotenen Zeiten ungünstig (vor allem die

Bediensteten). Die Lage der Sportstätten scheint hingegen kein besonderer Hindernisgrund zu sein.

- Personen, die den Hochschulsport nicht mehr nutzen, beklagten sich überdurchschnittlich oft über zu große Gruppen.

(Foto: Hochschulsport Bielefeld)

4.4 Der Hochschulsport in Bochum

In den folgenden Abschnitten werden die Ergebnisse der landesweiten Hochschul-sportbefragung für den Hochschulsport an der Ruhr-Universität Bochum und der Fachhochschule Bochum konkretisiert. Leider lagen über die wichtigen Kennzahlen (vgl. Tabelle 29) des Hochschulstandortes Bochums keine Angaben vor, so dass auch kein Vergleich zu den Zahlen an den anderen Hochschulstandorten (vgl. Kap. 4.1) gezogen werden kann.

Angaben zum Hochschulstandort Bochum	
	Anzahl im WS 2008/2009
Teilnehmer am Hochschulsport	k. A.
... davon Studentinnen	k. A.
... davon Studenten	k. A.
... davon weibliche Bedienstete	k. A.
... davon männliche Bedienstete	k. A.
... davon externe Teilnehmer	k. A.
Angebotene Sportarten	k. A.
Angebotene Kurse	k. A.
... davon ausgebuchten Kurse	k. A.
Genutzte Sportstätten	k. A.
... davon eigene Sportstätten	k. A.
... davon fremde Sportstätten	k. A.

Tabelle 29   Angaben zum Hochschulstandort Bochum

Die Online-Befragung zum Hochschulsport in Bochum startete am 12.01.2009 mit ei-nem Anschreiben an alle Studierende und Bediensteten von Seiten der Personalver-waltung. Nachdem etwa drei Wochen später an das Ausfüllen des Fragebogens er-innert wurde, befanden sich in der Datenbank ca. 6.300 Fragebögen. Nach dem Bereinigen der Datenbank, hierbei wurden leere oder nicht verwendbare Datensät-ze gelöscht, liegen noch 6.080 Datensätze vor. Diese beinhalten 4.708 Studierende und 1.372 Bedienstete. Somit liegt der Anteil an der Grundgesamtheit bei guten 13,3% bei den Studierenden bzw. 26,4% bei den Bediensteten (vgl. Tabelle 30).

Da der Anteil der Studentinnen im Vergleich zur Grundgesamtheit ein wenig erhöht ist, war es nötig eine Gewichtung vorzunehmen. Auch der Anteil der Nutzer des Hochschulsport-Angebots ist in dem Datensatz erhöht. Da überwiegend auf den Hochschulsport eingegangen werden soll und keine Rückschlüsse auf die Grundge-samtheit stattfinden, wurde an dieser Stelle auf eine Datenmodifikation verzichtet.

Studierenden- und Bedienstetenzahlen am Hochschulstandort Bochum und im Datensatz im Vergleich				
		Absolut		Anteil
		Uni Bochum	Datensatz	
Studierende (WS 08/09)	männlich	16.207	1.803	11,1%
	weiblich	14.556	2.255	15,5%
	gesamt	30.763	4.058	**13,2%**
Bedienstete (WS 08/09)	männlich	/	586	/
	weiblich	/	680	/
	gesamt	4.804	1.266	**26,4%**
		Absolut		Anteil
		FH Bochum	Datensatz	
Studierende (WS 08/09)	männlich	3.272	463	14,2%
	weiblich	1.176	170	14,5%
	gesamt	4.448	633	**14,2%**
Bedienstete (WS 08/09)	männlich	/	46	/
	weiblich	/	36	/
	gesamt	300	82	**27,3%**

Tabelle 30   Studierenden- und Bedienstetenzahlen am Hochschulstandort Bochum und im Datensatz im Vergleich

(Foto: Isabelle Thiel)

4.4.1 Das Sporttreiben am Hochschulstandort Bochum

Im Folgenden soll zunächst das allgemeine Sporttreiben der Studierenden und Bediensteten der FH Bochum und der Ruhr-Universität Bochum näher betrachtet werden, bevor näher darauf eingegangen wird, welche Rolle der Hochschulsport an
diesem Universitätsstandort spielt und wie ihn seine Nutzer beurteilen.

Etwas weniger als drei Viertel der Studierenden und fast genau drei Viertel der Bediensteten bezeichnen sich grundsätzlich als sportlich aktiv (vgl. Abbildung 65). Werden nur diejenigen betrachtet, die mindestens einmal pro Woche Sport treiben, so
liegen die Werte deutlich niedriger. 63,1% der Studierenden und 64,8% der Bediensteten sind mindestens einmal wöchentlich sportaktiv.

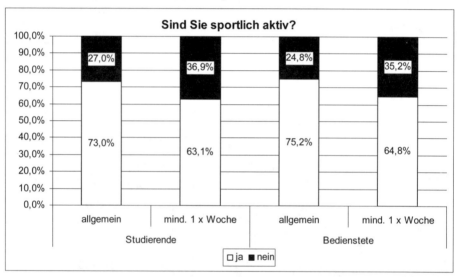

Abbildung 65   Sportliche Aktivität der Studierenden und Bediensteten

In den nächsten Abschnitten werden nun nur noch die sportlich aktiven Studierenden und Bediensteten näher betrachtet.

Bei der Frage nach dem Ort des Sporttreibens unterscheiden sich die Studierenden
von den Bediensteten in hohem Maße. Betreiben die Bediensteten noch etwa 44%
ihrer Sportarten in Bochum so sind dies bei den Studierenden lediglich noch ca. 36%,
weitere 20% bei den Bediensteten und 17% bei den Studierenden betreiben den
Sport am Hochschulort und außerhalb. Fast die Hälfte der Studierenden und auch
noch 36% der Bediensteten betreibt den Sport außerhalb Bochums (vgl. Abbildung
66).

Wo betreiben Sie ihre Sportart?

Studierende: außerhalb 46,5%, Am Hochschulort und außerhalb 16,9%, Am Hochschulort 36,6%

Bedienstete: außerhalb 36,0%, Am Hochschulort und außerhalb 20,2%, Am Hochschulort 43,8%

Legende: ▨ Am Hochschulort ☐ Am Hochschulort und außerhalb ■ außerhalb

Abbildung 66   Wo betreiben Sie ihre Sportart?

Zu Beginn des Fragebogens sollten die Befragten grob einschätzen, ob Sie ihren Sport ausschließlich, teilweise oder gar nicht im Rahmen des Hochschulsportangebots betreiben. Jeder zwanzigste Studierende (5,2%) und nur jeder fünfzigste Bedienstete (2,3%) gaben an, ihre Aktivitäten ausschließlich im Hochschulsport auszuüben. Am intensivsten nutzen die weiblichen Studierenden den Hochschulsport. Knapp 8% betreiben ihren Sport ausschließlich im Rahmen der Angebote des Hochschulsports und weitere 33% sowohl im Hochschulsport als auch außerhalb. In allen anderen Gruppen liegen die Werte für die alleinige Nutzung der Angebote des Hochschulsports für das eigene Sporttreiben unter 4% (vgl. Abbildung 67). Der Anteil derjenigen die sowohl im Hochschulsport wie auch außerhalb Sport treiben, liegt zwischen 16% der weiblichen Bediensteten bis hin zu 33% bei den Studentinnen. Mehr als drei Viertel der Bediensteten betreiben ihren Sport generell außerhalb des Hochschulsports.

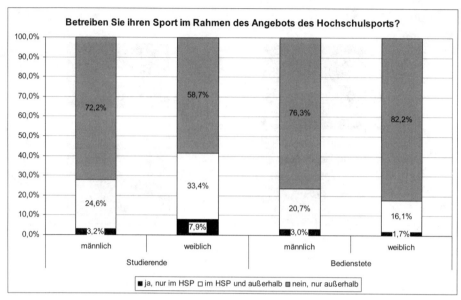

Abbildung 67   Betreiben Sie ihren Sport im Rahmen des Angebots des Hochschulsports?

Im Verlauf der Befragung sollten die Studierenden und Bediensteten zudem jeder von ihnen betriebenen Sportart eine bzw. mehrere konkrete Organisationsformen zuordnen. Dadurch entsteht ein etwas differenzierteres Bild der Organisation des Sporttreibens und des Stellenwertes des Hochschulsports. Zu bedenken ist hierbei, dass auch eine Mehrfachnennung verschiedener Organisationsformen möglich war. Zudem steckt in dieser Verteilung noch keine Aussage über die Regelmäßigkeit und den zeitlichen Umfang der Teilnahme.

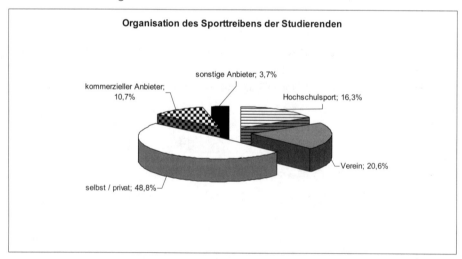

Abbildung 68   Organisation des Sporttreibens der Studierenden

Ein Sechstel des Sporttreibens der <u>Studierenden</u> wird durch den Hochschulsport organisiert. Damit weist der Hochschulsport einen etwas geringeren Stellenwert als die Vereine (20,6% aller Aktivitäten) auf. Deutliche Unterschiede sind allerdings zwischen den Geschlechtern feststellbar. Während bei den Studentinnen der Anteil des Hochschulsports bei ca. einem Fünftel liegt (21,1%), ist der Stellenwert des Hochschulsports bei den männlichen Studenten nur fast halb so hoch wie der des Sportvereins (12,8% zu 23,8%). Insgesamt organisieren die Studierenden fast die Hälfte ihres Sporttreibens auf privater Basis. Die kommerziellen Anbieter (10,7%) spielen für das Sporttreiben dieser Gruppe nur keine große Rolle.

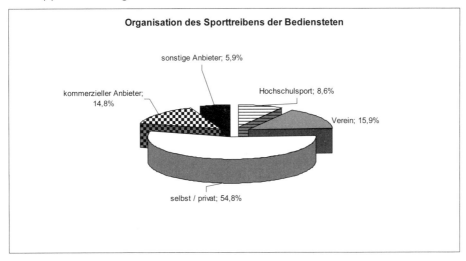

Abbildung 69   Organisation des Sporttreibens der Bediensteten

Bei den <u>Bediensteten</u> zeigt sich ein anderes Bild. Hier hat der Hochschulsport einen geringen Stellenwert von weniger als einem Zehntel. Der Sportverein, wie auch die kommerziellen Anbieter kommen auf etwa ein Sechstel der Organisationsformen. Dies liegt vor allem an den weiblichen Bediensteten, bei denen die gewerblichen Anbieter einen doppelt so hohen Stellenwert (18,9%) besitzen, wie bei den männlichen Bediensteten (10,1%). Dagegen ragt bei den Bediensteten noch deutlicher das selbst organisierte Sporttreiben (54,8%) heraus.

Welche Sportarten von den sportlich Aktiven im Allgemeinen ausgeübt werden - unabhängig davon, ob diese im Rahmen des Hochschulsports erfolgen, ist in Tabelle 31 abzulesen. Die Befragten konnten bis zu drei verschiedene Aktivitäten angeben. Im Schnitt üben die Studierenden (1,82) und die Bediensteten (1,96) ungefähr zwei Sportarten aus. Joggen, Laufen und Fitnesstraining sind sowohl bei den Studierenden als auch bei den Bediensteten mit ungefähr einem Fünftel bis knapp einem Drittel der Nennungen die beliebtesten Aktivitäten. Auch Fußball und Schwimmen liegen in beiden Gruppen auf den ersten fünf Plätzen. Radfahren belegt bei den Bediensteten den dritten Platz, bei den Studierenden liegt es noch auf dem siebten.

Die Top-Sportarten der Studierenden und Bediensteten				
Studierende		**Gesamt**	**Bedienstete**	
Platz	Anteil an den Aktiven (in %)	Anteil an den Aktiven (in %)	Anteil an den Aktiven (in %)	Platz
1	26,3%	Joggen, Laufen 27,3%	30,7%	1
2	21,6%	Fitnesstraining 21,0%	19,2%	2
3	14,6%	Fußball 12,9%	7,2%	6
4	12,6%	Schwimmen 12,9%	13,8%	4
7	6,4%	Radfahren 9,0%	18,0%	3
5	7,9%	Badminton 7,1%	4,4%	12
6	6,8%	Krafttraining 6,3%	4,7%	11
8	4,5%	Aerobic 4,6%	5,0%	10
13	3,5%	Spazierengehen 4,1%	6,0%	7
9	4,5%	Volleyball 4,1%	2,8%	18
11	3,9%	Tanzen 3,8%	3,3%	16
12	3,6%	Tennis 3,7%	4,3%	13
10	4,2%	Basketball 3,6%	1,6%	27
17	2,5%	Yoga 3,3%	5,7%	8
15	3,0%	Reiten 2,9%	2,8%	19
16	2,9%	Bodybuilding 2,7%	2,2%	20
14	3,2%	Handball 2,7%	0,9%	36
18	1,1%	Nordic Walking / Walking 2,6%	7,8%	5
35	2,5%	Klettern 2,4%	2,2%	21
19	0,9%	Gymnastik 2,0%	5,7%	9
27	1,9%	Inline-Skating 1,8%	1,6%	26
20	1,4%	Skifahren 1,7%	3,0%	17

Tabelle 31   Die Top-Sportarten der Studierenden und Bediensteten

Größere Differenzen entstehen erst im zweiten Teil der Tabelle. Während bei den Studierenden Badminton und Krafttraining auf den Plätzen fünf und sechs, sowie Aerobic, Volleyball und Basketball mit den Plätzen acht bis zehn einen gewissen Stellenwert besitzen, befinden sich bei den Bediensteten die Sportarten Spazierengehen, Yoga, Gymnastik, Aerobic und Krafttraining auf den Plätzen sechs bis zehn.

Rang	Top-10 - Sportarten **Studierende**	Anteil des HSP (in %)	Top-10 - Sportarten **Bedienstete**	Anteil des HSP (in %)
	Organisationsquote des Hochschulsports bei den beliebtesten Sportarten			
1.	Joggen, Laufen	3,7	Joggen, Laufen	2,9
2.	Fitnesstraining	24,0	Fitnesstraining	21,6
3.	Fußball	3,1	Radfahren	0,0
4.	Schwimmen	11,0	Schwimmen	5,3
5.	Badminton	45,3	Nordic Walking / Walking	6,0
6.	Krafttraining	16,8	Fußball	9,9
7.	Radfahren	0,9	Spazierengehen	0,0
8.	Aerobic	41,0	Yoga	9,7
9.	Volleyball	27,5	Gymnastik	9,7
10.	Basketball	26,6	Aerobic	11,9

Tabelle 32   Organisationsquote des Hochschulsports bei den beliebtesten Sportarten

Die Bedeutung des Hochschulsports als Organisator der Sportarten ist sehr unterschiedlich (vgl. Tabelle 32). So wird die beliebteste Sportart „Joggen, Laufen" nur von 3,7% aller Studierenden und von 2,9% der Bediensteten im Rahmen des Hochschulsports betrieben. Jede 10. Aktivität im Schwimmen wird bei den Studierenden vom Hochschulsport organisiert. Bei den Bediensteten ist es nur jede 20. Hohe Organisationsquoten besitzt der Hochschulsport hingegen bei den Studierenden in den Sportarten Aqua-Jogging/-Fitness (50,7%), Badminton (45,3%) und ein Teil der Asiatischen Kampfsportarten (Aikido, Judo, Karate und Taekwondo) (zwischen 35% und 60%). Bei den Bediensteten spielt der Hochschulsport vor allem in den Sportarten Badminton (32,7%), Fitnesstraining (21,6%) und Tauchen (32,0%) eine Rolle.

Neben dem sehr umfangreichen, aktuell vorfindbaren Sportgeschehen äußern beide Statusgruppen auch ein großes Interesse, neue Sportarten kennen zu lernen. Im Rahmen eines „Schnupperkurses" würde gerne etwas mehr als drei Fünftel der Studierenden (60,6%) und zwischen zwei Fünfteln und der Hälfte der Bediensteten (45,8%) neue Sportarten ausprobieren. In diesem Kontext besteht bei den Studierenden ein sehr hohes Interesse an den Sportarten Bogenschießen (n=287 / 6,1% aller Befragten), Klettern (n=271 / 5,8%), Kampfsport (n=241 / 5,1%), Yoga (n=238 / 5,0%), Capoeira (n=210 / 4,5%) und Fallschirmspringen (n=192 / 4,1%). In der Gruppe der Bediensteten finden vor allem die Sportarten Yoga (n=77 / 5,6%), Auqa-Jogging/-Fitness (n=76 / 5,5%), Bogenschießen (n=69 / 5,0%), Pilates (n=61 / 4,4%), Gesundheitsgymnastik (n=56 / 4,1%), Tai-Chi (n=52 / 3,8%) und Klettern (n=48 / 3,5%) eine starke Resonanz.

(Foto: HSZ RWTH Aachen)

4.4.2   Bewertung des Bochumer Hochschulsports

In diesem Abschnitt stehen die Rahmenbedingungen des Sporttreibens im Hochschulsport des Standorts Bochum im Vordergrund der Betrachtungen. Neben den Erwartungen an den Hochschulsport und der Bewertung seiner Angebote durch die Nutzer werden auch die Gründe und Wünsche derjenigen betrachtet, die den Hochschulsport aktuell nicht in Anspruch nehmen.

4.4.2.1   Die Teilnehmer am Bochumer Hochschulport

Bei der Befragung gaben ca. 1.420 Personen an, dass sie den Hochschulsport zumindest zeitweise nutzen. Diese Personengruppe sollte im weiteren Verlauf angeben, wie wichtig ihnen ausgewählte Aspekte bei der Nutzung des Hochschulsports sind (Relevanz) und wie sie diese Aspekte auf der Basis ihrer Erfahrungen (Realität) mit dem Hochschulsport in Bochum beurteilen. Die ausgewählten 16 Einzelaspekte wurden in den drei Hauptkategorien „Angebote", „Sportstätten" und „Preise und Zeiten" zusammengefasst und anhand einer 5er Skala (sehr unwichtig = 5 bis sehr wichtig = 1 bzw. sehr schlecht = 5 bis sehr gut = 1) bewertet. Durch diesen Abgleich zwischen der Bedeutung und der Wirklichkeit ist es möglich, Problembereiche genauer zu erkennen.

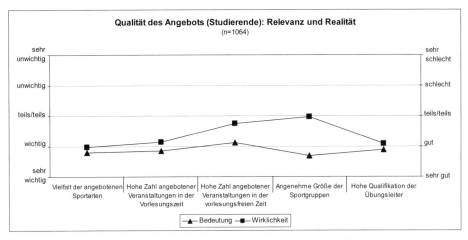

Abbildung 70   Qualität des Angebots (Studierende): Relevanz und Realität

Im Themengebiet „Qualität des Angebotes" wurden fünf zentrale Aspekte abgefragt und von den aktuellen Nutzern der Hochschulsportangebote in Hinblick auf ihre Wünsche und Erfahrungen beurteilt. Auf den ersten Blick zeigt sich, dass bei den Studierenden und den Bediensteten die Beurteilung des real erlebten Angebotes in allen Aspekten etwas negativer ausfällt, als die generelle Einschätzung der Wichtigkeit. Doch in der Regel sind diese Abweichungen marginal, nur bei dem Aspekt „Angenehme Größe der Sportgruppen" gibt es bei den Studierenden und bei den Bediensteten eine deutliche Abweichung zwischen Wunsch (1,69 / 1,82) und Realität (2,97 / 2,80). Der Aspekt besitzt die größte Relevanz und zugleich die schlechteste Bewertung. Eine leichte Abweichung zwischen Wunsch und Realität gibt es außerdem in beiden Statusgruppen unter dem Aspekt „Hohe Zahl angebotener Veranstaltungen in der vorlesungsfreien Zeit". Allerdings wird diesem Aspekt insgesamt auch die geringste Bedeutsamkeit in diesem Themenfeld beigemessen.

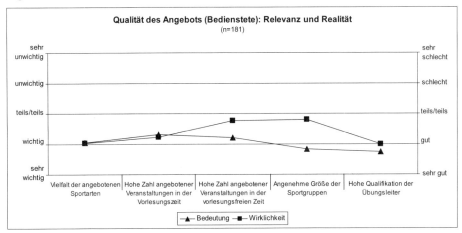

Abbildung 71   Qualität des Angebots (Bedienstete): Relevanz und Realität

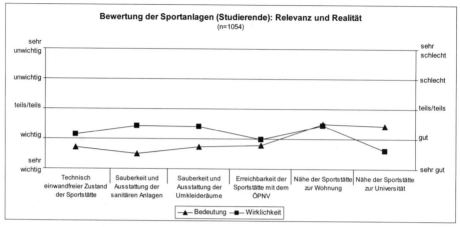

Abbildung 72   Bewertung der Sportanlagen (Studierende): Relevanz und Realität

Im Themenbereich „Sportstätten" wurden insgesamt sechs unterschiedliche Aspekte
beurteilt. Im Gegensatz zum Themenfeld "Sportangebote" finden sich hier mehr Abweichungen zwischen der Relevanz und der Realität. So werden die Aspekte „Sauberkeit und Ausstattung der sanitären Anlagen" und „Sauberkeit und Ausstattung
der Umkleideräume" von beiden Gruppen fast ausschließlich als „sehr wichtig" eingestuft. Die Beurteilung der für das Sporttreiben genutzten Räume fällt in Bochum
hingegen eher durchschnittlich aus, auch wenn die Durchschnittswerte noch im „positiven" Bereich liegen. Der technische Zustand der Sportstätten und die Erreichbarkeit der Sportstätten in Bochum mit dem ÖPNV werden generell als „gut" eingestuft.
Als „sehr gut" wird in beiden Gruppen die „Nähe der Sportstätte zur Universität" empfunden.

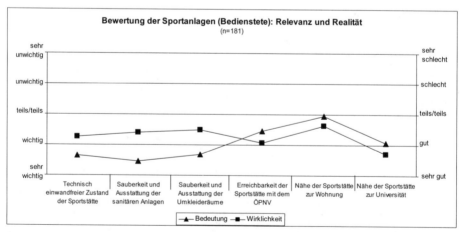

Abbildung 73   Bewertung der Sportanlagen (Bedienstete): Relevanz und Realität

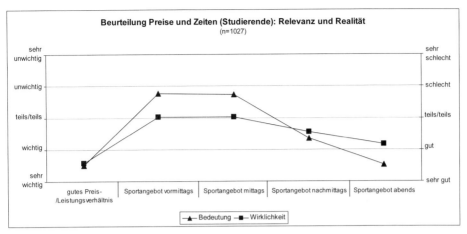

Abbildung 74   Beurteilung Preise und Zeiten (Studierende): Relevanz und Realität

Die deutlichsten Abweichungen zwischen Wunsch und Realität finden sich im Themenfeld „Preise und Zeiten". Hier wurde vor allem um eine Einschätzung der Ange-
botsstruktur im Hinblick auf die Tageszeiten gebeten. So zeigt sich, dass für die Gruppe der Bediensteten Sportangebote im Vormittags- oder Mittagsbereich in der Regel
eher „unwichtig" eingeschätzt werden. Eine hohe Bedeutung besitzen für diese
Gruppe aber die abendlichen Sportangebote. Unabhängig von ihren Wünschen
und der Tageszeit empfinden die Bediensteten die Struktur der Sportangebote als
„gut" bis befriedigend („teils/teils"). Ein ähnliches Beurteilungsschema findet sich bei
den Studierenden wieder. Sehr hohe Bedeutung hat in beiden Gruppen der Aspekt
„gutes Preis-/Leistungsverhältnis". Dieses wird in Bochum als „gut" bis „sehr gut" beurteilt.

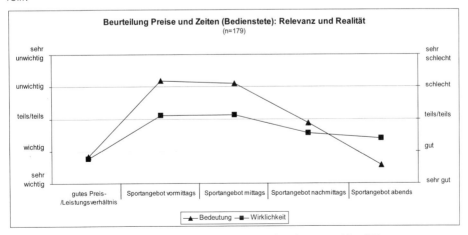

Abbildung 75   Beurteilung Preise und Zeiten (Bedienstete): Relevanz und Realität

4.4.2.2 Die Nichtteilnehmer am Bochumer Hochschulsport

Diejenigen Universitätsangehörigen, die im Wintersemester 2008/09 nicht an Angeboten des Hochschulsports am Standort Bochum teilnahmen (2.366 der befragten Studierenden und 856 der befragten Bediensteten), wurden danach befragt, ob ihnen
die Angebote des Hochschulsports überhaupt bekannt sind und warum sie diese bisher noch nicht genutzt haben bzw. nicht mehr in Anspruch nehmen.

Etwa einem zwei Fünfteln (39,7%), der momentan nicht den Hochschulsport nutzenden Studierenden und 29,2% der nicht im Hochschulsport aktiven Bediensteten ist
das Angebot des Hochschulsports überhaupt nicht bekannt. Knapp die Hälfte der
Studierenden (45,1%) und ein Drittel der Bediensteten (34,3%), kennt zwar die Angebote des Hochschulsports, hat aber noch nicht an diesen teilgenommen. Ein Sechstel der Studierenden (15,2%) und ein Drittel der Bediensteten (36,5%), welche momentan nicht im Hochschulsport aktiv sind, war früher schon einmal Teilnehmer an
einem Hochschulsportangebot (vgl. Abbildung 76).

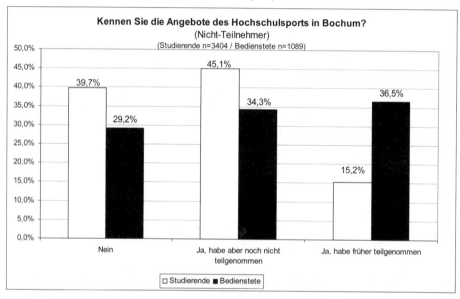

Abbildung 76   Kennen Sie die Angebote des Hochschulsports in Bochum? (Nicht-Teilnehmer)

Zunächst soll die Gruppe, welche die <u>Angebote des Hochschulsports überhaupt
nicht kennt</u> (1.143 Studierende und 250 Bedienstete), näher betrachtet werden. Hier
zeigt sich, dass der Hochschulsport zwar generell bekannt ist, die Befragten aber
oftmals nicht wussten, wo sie sich über die Angebote informieren können (Studierende: 74,5% / Bedienstete: 63,0%). Von den Personen, die angaben die Angebote des
Hochschulsports nicht zu kennen, äußerten nur ca. ein Sechstel der Bediensteten
bzw. ein Achtel der Studierenden, dass überhaupt keine Interesse am Hochschulsport

besteht. Etwas mehr Befragte gaben in beiden Gruppen zudem an, dass sie generell kein Interesse an sportlichen Aktivitäten haben.

Abbildung 77   Warum sind Ihnen die Angebote des Hochschulsports nicht bekannt?

Ein Großteil der Personen, die die Angebote des Hochschulsports bisher nicht kennen, würden diese gerne kennen lernen. Lediglich ein Fünftel der Bediensteten und ein Sechstel der Studierenden interessieren sich explizit nicht für den Hochschulsport (vgl. Abbildung 78).

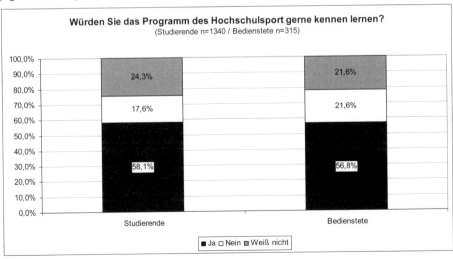

Abbildung 78   Würden Sie das Programm des Hochschulsports gerne kennen lernen?

Auch die Personengruppe, die angab, dass sie den Hochschulsport zwar kennt, aber noch nicht genutzt hat (1.501 Studierende und 355 Bedienstete), wurde nach ihren Gründen hierfür befragt (vgl. Abbildung 79). Der meistgenannte Aspekt der Studierenden ist, dass „keine Zeit" für die Teilnahme vorhanden ist. Es folgt die Aussage „Ich nutze andere Sportangebote" und anschließend „Die angebotenen Zeiten sind ungünstig". Diese Reihenfolge der Bediensteten ist anders. Der meistgenannte Grund ist ebenfalls „keine Zeit". Auf Rang zwei folgt „ungünstige Zeiten" und fast gleich viele Nennungen gibt es für „nicht aktiv" sowie die „Nutzung von anderen Sportangeboten" auf Rang drei.

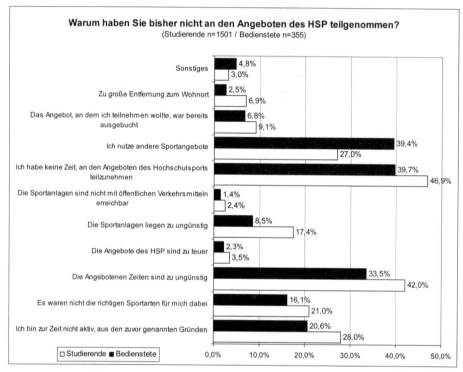

Abbildung 79   Warum haben Sie bisher nicht an den Angeboten des HSP teilgenommen?

Ähnlich sieht es bei denjenigen aus, die früher an Angeboten des Hochschulsports teilgenommen haben, diese aber aktuell nicht mehr in Anspruch nehmen (503 Studierende und 386 Bedienstete). Hier liegt die Aussage „Die Angebote finden für mich zur falschen Zeit statt" bei beiden Gruppen vor der Angabe „Ich habe keine Zeit mehr". Etwa jeder dritte Studierende und Bedienstete nimmt nicht mehr an den Angeboten teil, weil die Gruppen zu voll waren. Ebenfalls jeder dritte Studierende bzw. jeder fünfte Bedienstete nutzt inzwischen andere Sportangebote. Ein Fünftel der Bediensteten nimmt nicht mehr Teil, weil ihnen die Qualität des Angebots zu schlecht war.

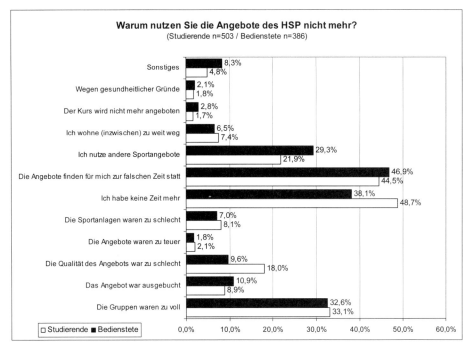

Abbildung 80   Warum nutzen Sie die Angebote des Hochschulsports nicht mehr?

Abschließend wurden diejenigen Personen befragt, die aktuell nicht am Hochschul-sport teilnehmen, sondern andere Organisationsformen nutzen, wie wichtig ihnen bestimmte Aspekte bei einer potentiellen Teilnahme am Hochschulsport wären.

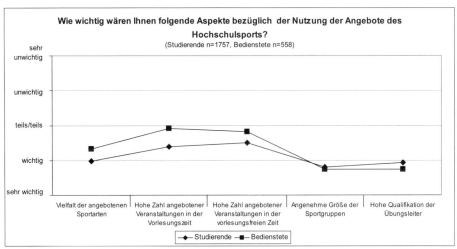

Abbildung 81   Wie wichtig wären Ihnen folgende Aspekte bezüglich der Angebote des Hochschul-sports

Bei den Aspekten „Vielfalt der angebotenen Sportarten", „Angenehme Größe der Sportgruppen" und „Hohe Qualifikation der Übungsleiter" sind sich die Studierenden und die Bediensteten überwiegend einig, dass ihnen diese „wichtig" bis „sehr wichtig" für ein mögliches Sporttreiben im Rahmen des Hochschulsports, sind. Am unwichtigsten sind beiden Gruppen eine hohe Zahl angebotener Veranstaltungen, sowohl in der Vorlesungszeit wie auch in der vorlesungsfreien Zeit, wobei die Studierenden auf diese Aspekte noch ein wenig mehr Wert legen (vgl. Abbildung 81).

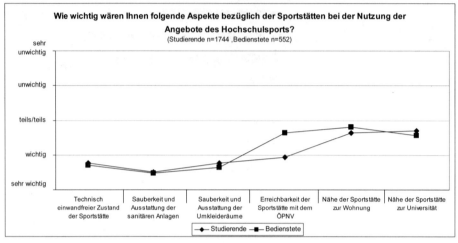

Abbildung 82   Wie wichtig wären Ihnen folgende Aspekte bezüglich der Sportstätten bei der Nutzung der Angebote des Hochschulsports

Auch bei den Fragen bezüglich der Sportstätten gehen die Meinungen der Studierenden und der Bediensteten nur geringfügig auseinander. Hier ist der größte Unterschied bei der Erreichbarkeit der Sportstätten mit dem öffentlichen Nahverkehr zu erkennen. Dieser Aspekt ist den Studierenden wichtiger als den Bediensteten (vgl. Abbildung 82).

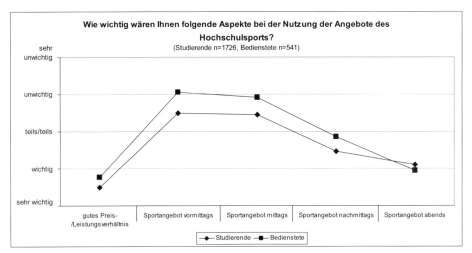

Abbildung 83   Wie wichtig wären Ihnen folgende Aspekte bei der Nutzung der Angebote des Hochschulsports

In Abbildung 83 ist zu erkennen, dass sowohl den Studierenden als auch den Bediensteten ein gutes Preis-/Leistungsverhältnis wichtig ist. Die Frage zu den Zeitpunkten, an denen Sportangebote stattfinden sollen, zeigt ein einheitliches Bild. Sportangebote am Vormittag halten beide Gruppen für eher unwichtig; tagsüber und vor allem zum Abend hin steigt die Bedeutung der Sportangebote kontinuierlich an.

4.4.3   Fazit für den Hochschulsport in Bochum

Die Onlinebefragung zum Hochschulsport in NRW ergab auch für den Standort Bochum eine Vielzahl interessanter und aufschlussreicher Ergebnisse. Neben Kenntnissen über das allgemeine Sporttreiben der Studierenden und Bediensteten – auch außerhalb des Hochschulsports – besitzt der Bochumer Hochschulsport nun detailliertes Wissen über die Beurteilungen seiner Angebote durch die Nutzer sowie über die Wünsche und Kritikpunkte der „Nicht-Teilnehmer".

Die genaue Analyse und Umsetzung dieser Kenntnisse kann natürlich nur durch die handelnden Personen vor Ort geschehen. Um hierbei eine Hilfestellung zu leisten, sollen abschließend neben den allgemeinen Trends im Hochschulsport, die ausführlich in Kap. 3.3 geschildert werden, folgende Besonderheiten für den Hochschulsportstandort Bochum festgehalten werden:

- Fast die Hälfte der Studierenden betreiben ihre sportlichen Aktivitäten nicht am Hochschulort, nur ein Drittel ist ausschließlich in Bochum aktiv.

- Die Bedeutung des Hochschulsports für die Studierenden und Bediensteten ist im Vergleich zu den anderen NRW-Standorten deutlich geringer. Entgegen dem sonstigen Trend hat der Sportverein bei den Studierenden einen höheren Stellenwert als der Hochschulsport. Bei den Bediensteten kommen neben dem Verein sogar die kommerziellen Anbieter hinzu.

- Die Organisationsquote des Hochschulsports liegt vor allem bei den Sportarten Fitnesstraining und Aerobic, aber auch beim Volleyball deutlich unter dem Landesdurchschnitt.

- Die Qualität des Angebotes wird in allen Punkten – bis auf die Qualifikation der Übungsleiter – von den Bediensteten kritischer gesehen als an den anderen Universitätsstandorten.

- Die Beurteilung der Sportstätten fällt in der Tendenz etwas positiver aus.

- Bei den Studierenden kennen zwei Fünftel der Nicht-Teilnehmer den Hochschulsport überhaupt nicht. Einer der Hauptgründe ist, dass die entsprechenden Personen nicht wissen, wo sie sich über den Hochschulsport informieren können.

- Die Befragten, die <u>noch nie</u> den Hochschulsport genutzt haben, gaben überdurchschnittlich oft an, dass nicht die richtigen Sportarten für sie im Angebot dabei sind. Die Lage der Sportstätten ist hingegen kein grundlegender Hindernisgrund.

- Bei den Personen, die <u>nicht mehr</u> im Hochschulsport aktiv sind, konnten keine Besonderheiten abweichend vom Landestrend festgestellt werden.

4.5 Der Hochschulsport in Bonn

In den folgenden Abschnitten werden die Ergebnisse der landesweiten Hochschulsportbefragung für den Hochschulsport an der Universität Bonn konkretisiert. In
Tabelle 33 sind zunächst wichtige Kennzahlen des Hochschulstandortes Bonn aufgeführt. Im Vergleich zu den Zahlen an den anderen Hochschulstandorten (vgl. Kap.
4.1) fällt auf, dass Bonn im WS 2008/2009 die höchste Teilnehmerzahl aller untersuchten Hochschulsportstandorte aufweisen konnte und neben Münster die größte Vielfalt bei der Anzahl der angebotenen Sportarten besitzt. Interessant ist zudem, dass
Bonn auf eine hohe Anzahl von eigenen Sportstätten zurückgreifen kann.

Angaben zum Hochschulstandort Bonn	
Quelle: Hochschulsport Bonn	Anzahl im WS 2008/2009
Teilnehmer am Hochschulsport	11.000
... davon Studentinnen	5.500
... davon Studenten	4.600
... davon weibliche Bedienstete	300
... davon männliche Bedienstete	200
... davon externe Teilnehmer	400
Angebotene Sportarten	102
Angebotene Kurse	450
... davon ausgebuchten Kurse	317
Genutzte Sportstätten	37
... davon eigene Sportstätten	27
... davon fremde Sportstätten	10

Tabelle 33   Angaben zum Hochschulstandort Bonn

Die Online-Befragung zum Hochschulsport in Bonn startete am 13.01.2009 mit einem
Anschreiben an alle Studierende und Bediensteten von Seiten der Personalverwaltung der Universität. Der Versand einer Erinnerungsemail war leider an diesem Standort nicht möglich. Nach Beendigung der Befragung befanden sich in der Datenbank
ca. 3.500 Fragebögen. Nach dem Bereinigen der Datenbank, hierbei wurden leere
oder nicht verwendbare Datensätze gelöscht, liegen noch 3.358 Datensätze vor.
Diese beinhalten 2.608 Studierende und 750 Bedienstete. Somit liegt der Anteil an der
Grundgesamtheit bei 9,9% bei den Studierenden bzw. 11,5% bei den Bediensteten
(vgl. Tabelle 34).

Da der Anteil der Studentinnen im Vergleich zur Grundgesamtheit ein wenig erhöht
ist, war es nötig eine Gewichtung vorzunehmen. Auch der Anteil der Nutzer des
Hochschulsport-Angebots ist in dem Datensatz erhöht. Da überwiegend auf den
Hochschulsport eingegangen werden soll und keine Rückschlüsse auf die Grundgesamtheit stattfinden, wurde an dieser Stelle auf eine Datenmodifikation verzichtet.

Studierenden- und Bedienstetenzahlen an der Uni Bonn und im Datensatz im Vergleich			
		Absolut	Anteil
		Uni Bonn	Datensatz	
Studierende (WS 08/09)	männlich	12.189	1.064	8,7%
	weiblich	14.154	1.538	10,9%
	gesamt	26.343	2.602	**9,9%**
Bedienstete (WS 08/09)	männlich	/	321	/
	weiblich	/	425	/
	gesamt	6.500	746	**11,5%**

Tabelle 34   Studierenden- und Bedienstetenzahlen an der Uni Bonn und im Datensatz im Vergleich

(Foto: Dr. Richard Jansen)

4.5.1   Das Sporttreiben an der Universität Bonn

Im Folgenden soll zunächst das allgemeine Sporttreiben der Studierenden und Bediensteten der Universität Bonn näher betrachtet werden, bevor näher darauf eingegangen wird, welche Rolle der Hochschulsport an diesem Universitätsstandort spielt und wie ihn seine Nutzer beurteilen.

Etwas mehr als vier Fünftel der Studierenden und Bediensteten bezeichnen sich grundsätzlich als sportlich aktiv (vgl. Abbildung 84). Werden nur diejenigen betrachtet, die mindestens einmal pro Woche Sport treiben, so liegen die Werte deutlich niedriger. Jeweils ca. 70% der Studierenden und Bediensteten sind mindestens einmal wöchentlich sportaktiv.

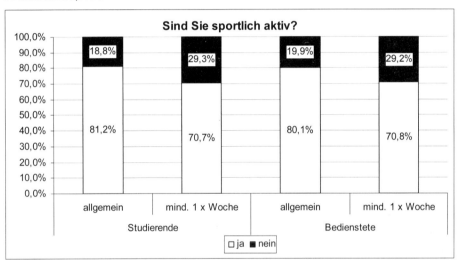

Abbildung 84   Sportliche Aktivität der Studierenden und Bediensteten

In den nächsten Abschnitten werden nun nur noch die sportlich aktiven Studierenden und Bediensteten näher betrachtet.

Bei der Frage nach dem Ort des Sporttreibens unterscheiden sich die Studierenden von den Bediensteten. Betreiben die Studierenden noch etwa 61,5% ihrer Sportarten in Bonn und weitere 19,6% in Bonn und außerhalb, so sind dies bei den Bediensteten lediglich noch 51,6% in Bonn und weitere 21,8% in Bonn und außerhalb. Lediglich 18,9% bei den Studierenden aber 26,6% bei den Bediensteten betreibt den Sport außerhalb des Hochschulortes (vgl. Abbildung 85).

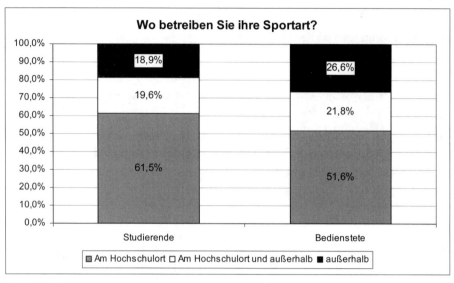

Abbildung 85   Wo betreiben Sie ihre Sportart?

Zu Beginn des Fragebogens sollten die Befragten grob einschätzen, ob Sie ihren Sport ausschließlich, teilweise oder gar nicht im Rahmen des Hochschulsportangebots betreiben. Jeder siebte Studierende (14,5%) und jeder zwanzigste Bedienstete (4,3%) gaben an, ihre Aktivitäten ausschließlich im Hochschulsport auszuüben. Am intensivsten nutzen die weiblichen Studierenden den Hochschulsport. Knapp 17% betreiben ihren Sport ausschließlich im Rahmen der Angebote des Hochschulsports und weitere 56% sowohl im Hochschulsport als auch außerhalb. Etwas niedriger sind die Werte bei den männlichen Studierenden. Hier treiben immer noch 11% ihren Sport ausschließlich im Rahmen des Hochschulsports, und weitere 50% sowohl im Hochschulsport als auch außerhalb. Bei den Bediensteten liegen die Werte für die alleinige Nutzung der Angebote des Hochschulsports für das eigene Sporttreiben bei 5% oder deutlich darunter (vgl. Abbildung 86). Der Anteil derjenigen die sowohl im Hochschulsport wie auch außerhalb Sport treiben, liegt bei den Bediensteten zwischen 31% und 35%. Fast zwei Drittel der Bediensteten betreiben ihren Sport generell außerhalb des Hochschulsports.

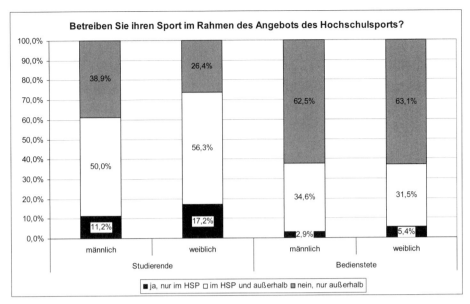

Abbildung 86   Betreiben Sie ihren Sport im Rahmen des Angebots des Hochschulsports?

Im Verlauf der Befragung sollten die Studierenden und Bediensteten zudem jeder von ihnen betriebenen Sportart eine bzw. mehrere konkrete Organisationsformen zuordnen. Dadurch entsteht ein etwas differenzierteres Bild der Organisation des Sporttreibens und des Stellenwertes des Hochschulsports. Zu bedenken ist hierbei, dass auch eine Mehrfachnennung verschiedener Organisationsformen möglich war. Zudem steckt in dieser Verteilung noch keine Aussage über die Regelmäßigkeit und den zeitlichen Umfang der Teilnahme.

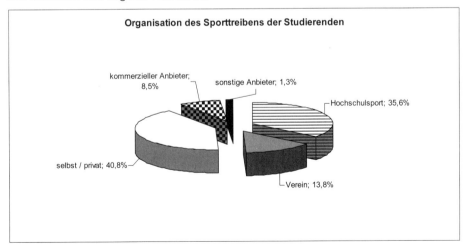

Abbildung 87   Organisation des Sporttreibens der Studierenden

Ein Drittel des Sporttreibens der <u>Studierenden</u> wird durch den Hochschulsport organisiert. Damit kann der Hochschulsport in dieser Gruppe einen deutlich höheren Stellenwert wie der Sportverein (13,8% aller Aktivitäten) aufweisen. Kleine Unterschiede sind allerdings zwischen den Geschlechtern feststellbar. Während bei den Studentinnen der Anteil des Hochschulsports mit zwei Fünfteln (40,4%) fast viermal so hoch ist wie beim Sportverein (11,3%), ist der Stellenwert des Hochschulsports bei den männlichen Studenten nur fast doppelt so hoch wie der des Sportvereins (30,1% zu 16,6%). Des Weiteren organisieren die Studierenden etwa 40% ihres Sporttreibens auf privater Basis. Die kommerziellen Anbieter (8,5%) spielen für das Sporttreiben dieser Gruppe nur eine untergeordnete Rolle.

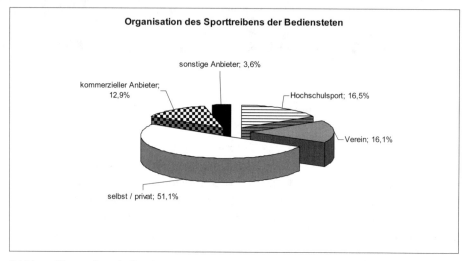

Abbildung 88   Organisation des Sporttreibens der Bediensteten

Bei den <u>Bediensteten</u> zeigt sich ein anderes Bild. Hier hat der Hochschulsport einen ähnlichen Stellenwert wie der Sportverein, wobei der Hochschulsport deutlich weniger genannt wurde und der Verein etwas mehr als in der Gruppe der Studierenden. Dagegen ragt bei den Bediensteten viel deutlicher das selbst organisierte Sporttreiben (51,1%) heraus und auch die kommerziellen Anbieter haben einen deutlich höheren Stellenwert als bei den Studierenden. Dies liegt vor allem an den weiblichen Bediensteten, bei denen die gewerblichen Anbieter einen doppelt so hohen Stellenwert (15,3%) besitzen, wie bei den männlichen Bediensteten (9,6%).

Welche Sportarten von den sportlich Aktiven im Allgemeinen ausgeübt werden - unabhängig davon, ob diese im Rahmen des Hochschulsports erfolgen - ist in Tabelle 35 abzulesen. Die Befragten konnten bis zu drei verschiedene Aktivitäten angeben. Im Schnitt üben die Studierenden (1,91) und die Bediensteten (2,01) ungefähr zwei Sportarten aus.

Die Top-Sportarten der Studierenden und Bediensteten				
Studierende		**Gesamt**	**Bedienstete**	
Platz	Anteil an den Aktiven (in %)	Anteil an den Aktiven (in %)	Anteil an den Aktiven (in %)	Platz
1	27,0%	Joggen, Laufen 27,5%	29,2%	1
3	13,8%	Fitnesstraining 14,8%	17,9%	3
2	16,4%	Aerobic 14,5%	7,8%	6
4	10,8%	Schwimmen 11,2%	12,4%	4
6	8,4%	Radfahren 11,1%	20,4%	2
5	9,3%	Fußball 7,9%	3,2%	17
7	8,3%	Badminton 7,5%	4,6%	12
8	7,0%	Tanzen 6,8%	6,3%	9
9	5,9%	Volleyball 5,4%	3,6%	16
11	5,2%	Krafttraining 5,2%	5,3%	11
10	5,5%	Klettern 4,9%	2,8%	18
13	4,4%	Tennis 4,4%	4,3%	13
12	4,6%	Basketball 3,9%	1,3%	25
14	3,3%	Spazierengehen 3,5%	4,3%	14
15	3,3%	Yoga 3,5%	4,3%	15
22	1,7%	Wandern 3,0%	7,8%	7
28	1,3%	Gesundheitsgymnastik 2,9%	8,3%	5
21	1,7%	Gymnastik 2,8%	6,3%	10
19	2,3%	Reiten 2,4%	2,8%	19
37	0,9%	Nordic Walking / Walking 2,4%	7,6%	8
16	2,6%	Tischtennis 2,1%	0,5%	45
17	2,5%	Rudern 2,1%	0,8%	32

Tabelle 35   Die Top-Sportarten der Studierenden und Bediensteten

Während Joggen, Laufen sowohl bei den Studierenden als auch bei den Bediensteten mit mehr als einem Viertel der Nennungen die beliebteste Aktivität ist, ändern
sich danach die Präferenzen zwischen den beiden Gruppen sehr deutlich. Erreichen
Fitnesstraining und Schwimmen mit den Plätzen 3 und 4 noch denselben Platz bei
Studierenden und Bediensteten liegt Platz 2 (Studierende Aerobic, Bedienstete Radfahren) in der jeweiligen anderen Personengruppe auf Platz 6. Bei den Studierenden
folgt auf Platz fünf der Fußball. Dieser erreicht bei den Bediensteten nur noch den 17.
Platz. Hingegen findet sich bei den Bediensteten Gesundheitsgymnastik auf Rang
fünf, während es bei den Studierenden auf Rang 28 fast keine Rolle spielt.

Beliebte Aktivitäten sind in dieser Gruppe hingegen Badminton, Tanzen, Volleyball
und Klettern auf den Plätzen sieben bis zehn. Bei den Bediensteten finden sich auf
den Plätzen sieben bis zehn die Sportarten Wandern, Nordic Walking / Walking, Tanzen und Gymnastik.

Organisationsquote des Hochschulsport bei den beliebtesten Sportarten

Rang	Top-10 - Sportarten **Studierende**	Anteil des HSP (in %)	Top-10 - Sportarten **Bedienstete**	Anteil des HSP (in %)
1.	Joggen, Laufen	6,8	Joggen, Laufen	4,7
2.	Aerobic	82,8	Radfahren	2,4
3.	Fitnesstraining	28,6	Fitnesstraining	22,0
4.	Schwimmen	15,7	Schwimmen	8,2
5.	Fußball	15,9	Gesundheitsgymnastik	40,7
6.	Radfahren	6,5	Aerobic	56,9
7.	Badminton	54,2	Wandern	0,0
8.	Tanzen	44,4	Nordic Walking /Walking	0,0
9.	Volleyball	52,5	Tanzen	22,0
10.	Klettern	49,8	Gymnastik	19,1

Tabelle 36   Organisationsquote des Hochschulsports bei den beliebtesten Sportarten

Die Bedeutung des Hochschulsports als Organisator der Sportarten ist sehr unterschiedlich. So wird die beliebteste Sportart Joggen, Laufen nur von 6,8% aller Studierenden und von 4,7% der Bediensteten im Rahmen des Hochschulsports betrieben.
Im Schwimmen wird jede 10. Aktivität bei den Bediensteten und etwa jede siebte bei
den Studierenden vom Hochschulsport organisiert. Hohe Organisationsquoten besitzt
der Hochschulsport hingegen bei den Studierenden in den Sportarten Aerobic
(82,2%), Badminton (54,2%) und Yoga (53,6%). Bei den Bediensteten spielt der Hochschulsport vor allem in den Sportarten Aerobic (56,9%) und Gesundheitsgymnastik
(40,7%) eine große Rolle.

Neben dem sehr umfangreichen, aktuell vorfindbaren Sportgeschehen äußern beide
Statusgruppen auch ein großes Interesse, neue Sportarten kennen zu lernen. Im
Rahmen eines „Schnupperkurses" würde gerne etwas mehr als die Hälfte der Studie-
renden (53,1%) und etwas mehr als zwei Fünftel der Bediensteten (42,5%) neue
Sportarten ausprobieren. In diesem Kontext besteht bei den Studierenden ein sehr
hohes Interesse an den Sportarten Bogenschießen (n=167 / 6,6% aller Befragten),

Klettern (n=133 / 5,2%), Yoga (n=122 / 4,8%), Fechten (n=102 / 4,0%), Aqua-Fitness (n=101 / 4,0%) und Kampfsport (n=98 / 3,8%). In der Gruppe der Bediensteten finden vor allem die Sportarten Aqua-Fitness (n=47 / 6,3%), Bogenschießen (n=37 / 4,9%), Pilates (n=34 / 4,5%), Yoga (n=31 / 4,1%), Gesundheitsgymnastik (n=29 / 3,9%) und Klettern (n=27 / 3,6%) eine starke Resonanz.

4.5.2   Bewertung des Bonner Hochschulsports

In diesem Abschnitt stehen die Rahmenbedingungen des Sporttreibens im Hochschulsport der Universität Bonn im Vordergrund der Betrachtungen. Neben den Erwartungen an den Hochschulsport und der Bewertung seiner Angebote durch die Nutzer werden auch die Gründe und Wünsche derjenigen betrachtet, die den Hochschulsport aktuell nicht in Anspruch nehmen.

4.5.2.1   Die Teilnehmer am Bonner Hochschulsport

Bei der Befragung gaben ca. 1700 Personen an, dass sie den Hochschulsport zumindest zeitweise nutzen. Diese Personengruppe sollte im weiteren Verlauf angeben, wie wichtig ihnen ausgewählte Aspekte bei der Nutzung des Hochschulsports sind (Relevanz) und wie sie diese Aspekte auf der Basis ihrer Erfahrungen (Realität) mit dem Hochschulsport an der Universität Bonn beurteilen. Die ausgewählten 16 Einzelaspekte wurden in den drei Hauptkategorien „Angebote", „Sportstätten" und „Preise und Zeiten" zusammengefasst und anhand einer 5er Skala (sehr unwichtig = 5 bis sehr wichtig = 1 bzw. sehr schlecht = 5 bis sehr gut = 1) bewertet. Durch diesen Abgleich zwischen der Bedeutung und der Wirklichkeit ist es möglich, Problembereiche genauer zu erkennen.

Im Themengebiet „Qualität des Angebotes" wurden fünf zentrale Aspekte abgefragt und von den aktuellen Nutzern der Hochschulsportangebote in Hinblick auf ihre Wünsche und Erfahrungen beurteilt. Man erkennt, dass von den Studierenden nur der Punkt „Vielfalt der angebotenen Sportarten" eine bessere Beurteilung des real erlebten Angebots bekommt, als die generelle Einschätzung der Wichtigkeit.

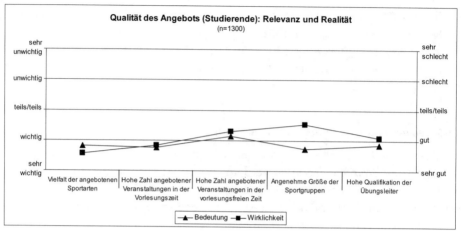

Abbildung 89   Qualität des Angebots (Studierende): Relevanz und Realität

Bei den Bediensteten sind es die zwei Aspekte „Vielfalt der angebotenen Sportarten" und „Hohe Zahl angebotener Veranstaltungen in der Vorlesungszeit" bei denen die Beurteilung des real erlebten Angebots positiver ausfällt als die Einschätzung der Wichtigkeit. In der Regel sind diese Abweichungen marginal, nur bei dem Aspekt „Angenehme Größe der Sportgruppen" gibt es bei den Studierenden eine etwas deutlichere Abweichung zwischen Wunsch (1,71) und Realität (2,54). Hier fällt auf das es sich hierbei um die schlechteste Bewertung der Studierenden handelt, sie diesem Aspekt aber gleichzeitig auch die höchste Bedeutsamkeit zurechnen. Bei den Bediensteten werden die Aspekte „Hohe Zahl angebotener Veranstaltungen in der vorlesungsfreien Zeit" und „Angenehme Größe der Sportgruppen" am schlechtesten beurteilt. Allerdings wird der angenehmen Größe der Sportgruppen insgesamt eine höhere Bedeutsamkeit beigemessen.

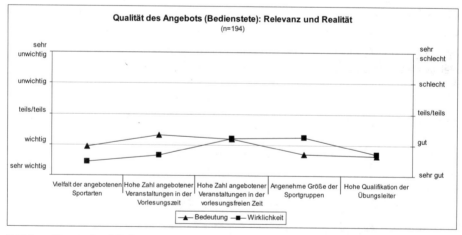

Abbildung 90   Qualität des Angebots (Bedienstete): Relevanz und Realität

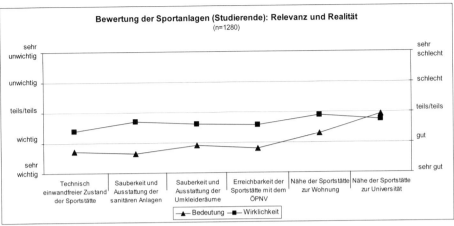

Abbildung 91   Bewertung der Sportanlagen (Studierende): Relevanz und Realität

Im Themenbereich „Sportstätten" wurden insgesamt sechs unterschiedliche Aspekte beurteilt. Im Gegensatz zum Themenfeld "Sportangebote" finden sich hier deutlichere Abweichungen zwischen der Relevanz und der Realität. So werden die Aspekte „Sauberkeit und Ausstattung der sanitären Anlagen" und „Sauberkeit und Ausstattung der Umkleideräume" von beiden Gruppen fast ausschließlich als „sehr wichtig" bis „wichtig" eingestuft. Die Beurteilung der für das Sporttreiben genutzten Räume fällt in Bonn hingegen sehr durchschnittlich aus, auch wenn die Durchschnittswerte noch knapp im „positiven" Bereich liegen. Auch der technische Zustand der Sportstätten, die Erreichbarkeit der Sportstätten in Bonn mit dem ÖPNV und die Nähe der Sportstätte zu Wohnung und Universität werden generell nur im Durchschnitts-Bereich eingestuft. Wobei der Nähe der Sportstätte zu Wohnung und Universität weitaus niedrigere Bedeutungen gegeben werden, als dem technisch einwandfreiem Zustand, oder der Erreichbarkeit mit dem ÖPNV.

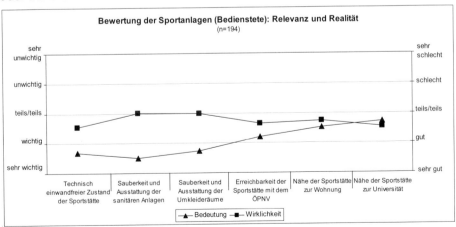

Abbildung 92   Bewertung der Sportanlagen (Bedienstete): Relevanz und Realität

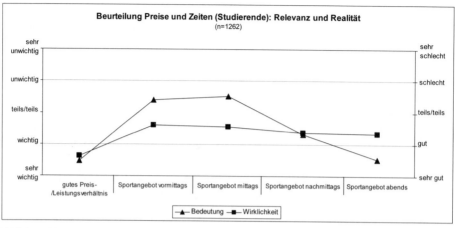

Abbildung 93   Beurteilung Preise und Zeiten (Studierende): Relevanz und Realität

Die deutlichsten Abweichungen zwischen Wunsch und Realität finden sich im Themenfeld „Preise und Zeiten". Hier wurde vor allem um eine Einschätzung der Ange-
botsstruktur im Hinblick auf die Tageszeiten gebeten. So zeigt sich, dass für die Gruppe der Bediensteten Sportangebote im Vormittags- oder Mittagsbereich in der Regel
eher als „unwichtig" eingeschätzt werden. Eine hohe Bedeutung besitzen für diese
Gruppe aber die abendlichen Sportangebote. Unabhängig von ihren Wünschen
und der Tageszeit empfinden die Bediensteten die Struktur der Sportangebote als
„gut" bis befriedigend („teils/teils"). Ein ähnliches Beurteilungsschema findet sich bei
den Studierenden wieder. Sehr hohe Bedeutung hat in beiden Gruppen der Aspekt
„gutes Preis-/Leistungsverhältnis". Dieses wird in Bonn als „sehr gut" bis „gut" beurteilt.

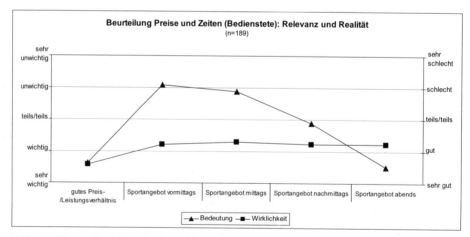

Abbildung 94   Beurteilung Preise und Zeiten (Bedienstete): Relevanz und Realität

4.5.2.2 Die Nichtteilnehmer am Bonner Hochschulsport

Diejenigen Universitätsangehörigen, die im Wintersemester 2008/09 nicht an Angeboten des Hochschulsports an der Universität Bonn teilnahmen (1.000 der befragten Studierenden und 449 der befragten Bediensteten), wurden danach befragt, ob ihnen die Angebote des Hochschulsports überhaupt bekannt sind und warum sie diese bisher noch nicht genutzt haben bzw. nicht mehr in Anspruch nehmen.

Etwa einem Fünftel (20,6%), der momentan nicht den Hochschulsport nutzenden Bediensteten und 17,5% der nicht im Hochschulsport aktiven Studierenden ist das Angebot des Hochschulsports überhaupt nicht bekannt. Die überwiegende Mehrheit, 52,6% der Studierenden und 43,9% der Bediensteten, kennt zwar die Angebote des Hochschulsports, hat aber noch nicht an diesen teilgenommen. Ein Drittel der momentan nicht im Hochschulsport aktiven Bediensteten war früher schon einmal Teilnehmer an einem Hochschulsportangebot (vgl. Abbildung 95).

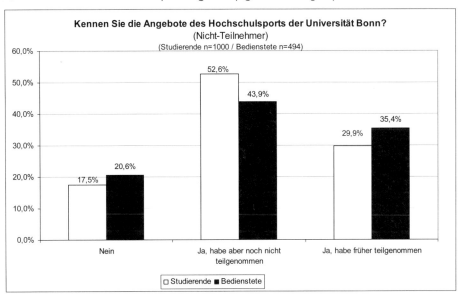

Abbildung 95   Kennen Sie die Angebote des Hochschulsport der Universität Bonn? (Nicht-Teilnehmer)

Zunächst soll die Gruppe, welche die Angebote des Hochschulsports überhaupt nicht kennt (161 Studierende und 79 Bedienstete), näher betrachtet werden. Hier zeigt sich, dass der Hochschulsport zwar generell bekannt ist, die Befragten aber oftmals nicht wussten, wo sie sich über die Angebote informieren können (Studierende: 68,4% / Bedienstete: 54,4%). Von den Personen, die angaben die Angebote des Hochschulsport nicht zu kennen, äußerten nur ein Fünftel der Bediensteten bzw. knapp ein Sechstel der Studierenden, dass überhaupt kein Interesse am Hochschulsport besteht. In beiden Gruppen gab zudem ungefähr ein Sechstel der Personen an, dass sie generell kein Interesse an sportlichen Aktivitäten haben.

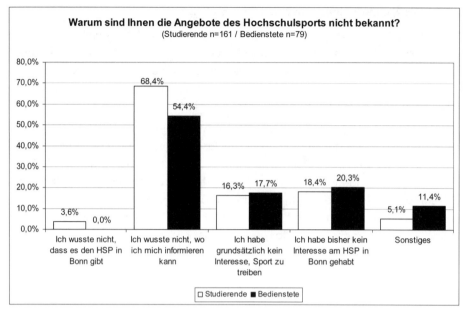

Abbildung 96   Warum sind Ihnen die Angebote des Hochschulsports nicht bekannt?

Ein Großteil der Personen, die die Angebote des Hochschulsports bisher nicht kennen, würden diese gerne kennen lernen. Lediglich ungefähr ein Fünftel der Bediensteten und der Studierenden interessieren sich explizit nicht für den Hochschulsport (vgl. Abbildung 97).

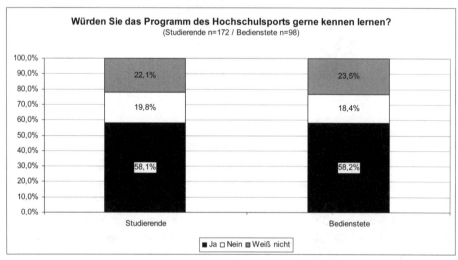

Abbildung 97   Würden Sie das Programm des Hochschulsports gerne kennen lernen?

Auch die Personengruppe, die angab, dass sie den <u>Hochschulsport zwar kennt, aber</u> <u>noch nicht genutzt hat</u> (511 Studierende und 209 Bedienstete), wurde nach ihren Gründen hierfür befragt (vgl. Abbildung 98). Der meistgenannte Aspekt der Studierenden ist, dass generell „keine Zeit" für die Teilnahme vorhanden ist. Es folgt knapp dahinter die Aussage „die angebotenen Zeiten sind zu ungünstig", welcher von den Bediensteten klar am meisten genannt wird. In dieser Personengruppe folgt danach die Aussage „Die Sportanlagen liegen zu ungünstig", welcher bei den Studierenden auch auf Rang drei liegt, vor dem Grund, dass „keine Zeit" für eine Teilnahme vorhanden ist. Weiter folgen sowohl bei den Studierenden wie auch den Bediensteten die Aussagen „Ich nutze andere Sportangebote", „Ich bin zur Zeit nicht aktiv" und auch „Das Angebot war ausgebucht".

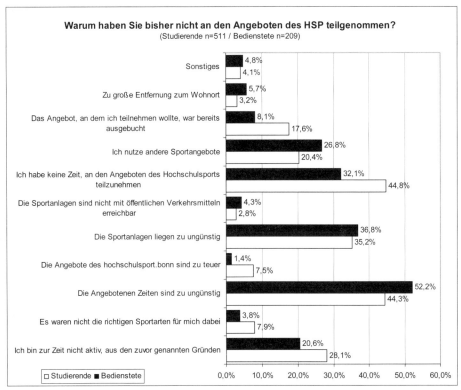

Abbildung 98   Warum haben Sie bisher nicht an den Angeboten des Hochschulsports teilgenommen?

Ähnlich sieht es bei denjenigen aus, die <u>früher an Angeboten des Hochschulsports</u> <u>teilgenommen haben, diese aber aktuell nicht mehr in Anspruch nehmen</u> (283 Studierende und 167 Bedienstete). Hier liegt die Aussage „Die Angebote finden für mich zur falschen Zeit statt" bei beiden Gruppen vor der Angabe „Ich habe keine Zeit mehr". Etwas mehr als jeder Fünfte Studierende nimmt nicht mehr an den Angeboten teil, weil die Gruppen zu voll waren. Bei den Bediensteten ist es immer noch etwas weniger als jeder Fünfte. Jeder Vierte Bedienstete nutzt inzwischen andere Sportangebote.

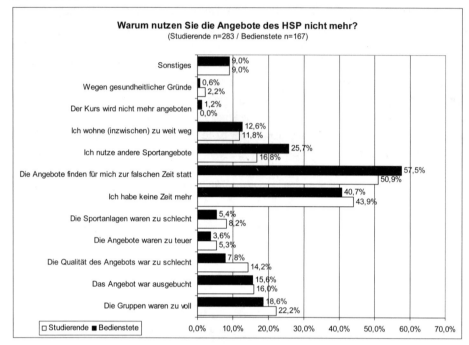

Abbildung 99   Warum nutzen Sie die Angebote des Hochschulsports nicht mehr?

Abschließend wurden diejenigen Personen befragt, die aktuell nicht am Hochschul-sport teilnehmen, sondern andere Organisationsformen nutzen, wie wichtig ihnen bestimmte Aspekte bei einer potentiellen Teilnahme am Hochschulsport wären.

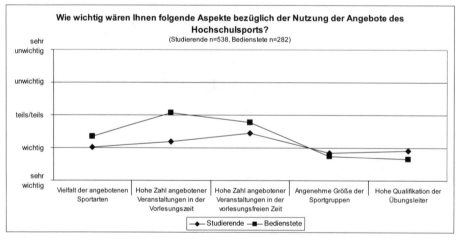

Abbildung 100   Wie wichtig wären Ihnen folgende Aspekte bezüglich der Angebote des Hochschul-sports

Bei den Aspekten „Vielfalt der angebotenen Sportarten", „Angenehme Größe der Sportgruppen" und „Hohe Qualifikation der Übungsleiter" sind sich die Studierenden und Bediensteten überwiegend einig, dass ihnen diese „wichtig" für ein mögliches Sporttreiben im Rahmen des Hochschulsports, sind. Am unwichtigsten sind beiden Gruppen eine hohe Zahl angebotener Veranstaltungen, sowohl in der Vorlesungszeit wie auch in der vorlesungsfreien Zeit, wobei die Bediensteten den Aspekt „Hohe Zahl angebotener Veranstaltungen in der Vorlesungszeit nur teilweise als wichtig einstufen (vgl. Abbildung 100).

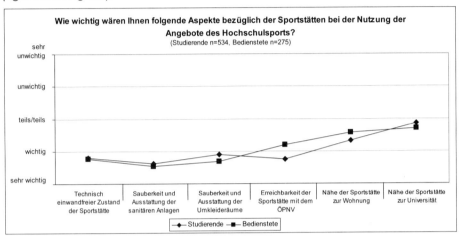

Abbildung 101   Wie wichtig wären Ihnen folgende Aspekte bezüglich der Sportstätten bei der Nutzung der Angebote des Hochschulsports

Auch bei den Fragen bezüglich der Sportstätten gehen die Meinungen der Studierenden und der Bediensteten nur geringfügig auseinander. Hier ist der größte Unterschied bei der Erreichbarkeit der Sportstätten mit dem öffentlichen Nahverkehr zu erkennen. Dieser Aspekt ist den Studierenden wichtiger als den Bediensteten (vgl. Abbildung 101).

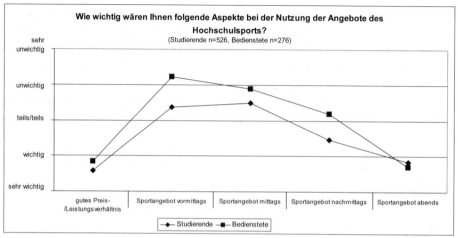

Abbildung 102   Wie wichtig wären Ihnen folgende Aspekte bei der Nutzung der Angebote des Hochschulsports

In Abbildung 102 ist zu erkennen, dass sowohl den Studierenden als auch den Bediensteten ein gutes Preis-/Leistungsverhältnis wichtig ist. Die Frage zu den Zeitpunkten, an denen Sportangebote stattfinden sollen, zeigt ein einheitliches Bild. Sportangebote am Vormittag halten beide Gruppen für eher unwichtig; tagsüber und vor allem zum Abend hin steigt die Bedeutung der Sportangebote kontinuierlich an.

4.5.3 Fazit für den Hochschulsport in Bonn

Die Onlinebefragung zum Hochschulsport in NRW ergab auch für den Standort Bonn eine Vielzahl interessanter und aufschlussreicher Ergebnisse. Neben Kenntnissen über das allgemeine Sporttreiben der Studierenden und Bediensteten – auch außerhalb des Hochschulsports – besitzt der Bonner Hochschulsport nun detailliertes Wissen über die Beurteilungen seiner Angebote durch die Nutzer sowie über die Wünsche und Kritikpunkte der „Nicht-Teilnehmer".

Die genaue Analyse und Umsetzung dieser Kenntnisse kann natürlich nur durch die handelnden Personen vor Ort geschehen. Um hierbei eine Hilfestellung zu leisten, sollen abschließend neben den allgemeinen Trends im Hochschulsport, die ausführlich in Kap. 3.3 geschildert werden, folgende Besonderheiten für den Hochschulsportstandort Bonn festgehalten werden:

- Die Studierenden weisen eine hohe „Sport-vor-Ort-Quote" bei ihren sportlichen Aktivitäten auf.

- Die Bedeutung des Hochschulsports bei der Organisation des Sporttreibens der Studierenden ist in Bonn deutlich höher als im NRW-Schnitt.

- Die Vielfalt der Angebote, die Anzahl der Kurse und die Größe der Sport-gruppe werden in Bonn positiver bewertet als an den meisten Vergleichs-standorten.

- Hingegen wird die Lage der Sportstätten (Erreichbarkeit mit dem ÖPNV, Nä-he zum Wohnort/Uni) deutlich kritischer gesehen.

- Die Beurteilung der Anzahl der Sportangebote am Vormittag bzw. Mittag fällt durch die Bediensteten deutlich positiver aus.

- Auch bei den Nicht-Teilnehmern besitzt der Hochschulsport in Bonn einen hohen Bekanntheitsgrad.

- Befragte, die noch nie den Hochschulsport genutzt haben, beschweren sich vor allem über die Lage der Sportstätten. Für die Bediensteten sind zudem die für sie ungünstigen Zeiten des Angebotes ein noch gewichtigerer Grund.

- Auch Personen, die nicht mehr den Hochschulsport nutzen, beklagen sich überdurchschnittlich über die ungünstigen Übungszeiten. Der Grund „zu vol-le Sportgruppe" spielt in Bonn hingegen nur eine untergeordnete Rolle.

(Foto: Dr. Richard Jansen)

4.6   Der Hochschulsport in Dortmund

In den folgenden Abschnitten werden die Ergebnisse der landesweiten Hochschulsportbefragung für den Hochschulsport an der Technischen Universität Dortmund
konkretisiert. In Tabelle 37 sind zunächst wichtige Kennzahlen des Hochschulstandortes Dortmund aufgeführt. Im Vergleich zu den Zahlen an den anderen Hochschulstandorten (vgl. Kap. 4.1) fällt auf, dass Dortmund unterdurchschnittlich mit Sportstätten ausgestattet ist und auch die Anzahl der insgesamt angebotenen Kurse deutlich
geringer ausfällt, als dies an anderen Standorten der Fall ist.

Angaben zum Hochschulstandort Dortmund	
Quelle: Hochschulsport Dortmund	Anzahl im WS 2008/2009
Teilnehmer am Hochschulsport	4.507
... davon Studentinnen	2.242
... davon Studenten	1.537
... davon weibliche Bedienstete	88
... davon männliche Bedienstete	52
... davon externe Teilnehmer	588
Angebotene Sportarten	69
Angebotene Kurse	152
... davon ausgebuchten Kurse	k. A.
Genutzte Sportstätten	16
... davon eigene Sportstätten	13
... davon fremde Sportstätten	3

Tabelle 37   Angaben zum Hochschulstandort Dortmund

Die Online-Befragung zum Hochschulsport in Dortmund startete am 20.01.2009 mit
einem Anschreiben an alle Studierende und Bediensteten von Seiten der Personalverwaltung der Universität. Um den Versand einer Erinnerungsemail wurde gebeten,
ob dieser tatsächlich erfolgte, konnte leider nicht ermittelt werden. Die Fachhochschule Dortmund, deren Angehörigen auch die Angebote des Hochschulsport-
standortes nutzen, beteiligte sich leider nicht an der Online-Befragung. Nach Beendigung der Befragung befanden sich in der Datenbank ca. 1.500 Fragebögen. Nach
dem Bereinigen der Datenbank, hierbei wurden leere oder nicht verwendbare Datensätze gelöscht, liegen noch 1.449 Datensätze vor. Diese beinhalten 1.369 Studierende und 80 Bedienstete. Somit liegt der Anteil an der Grundgesamtheit bei geringen 6,3% bei den Studierenden bzw. sehr geringen 2,4% bei den Bediensteten (vgl.
Tabelle 38). Aufgrund der geringen Fallzahlen bei den Bediensteten erfolgt keine detaillierte Auswertung zu dieser Gruppe.

Da der Anteil der Studentinnen im Vergleich zur Grundgesamtheit ein wenig erhöht
ist, war es nötig eine Gewichtung vorzunehmen. Auch der Anteil der Nutzer des
Hochschulsport-Angebots ist in dem Datensatz erhöht. Da überwiegend auf den
Hochschulsport eingegangen werden soll und keine Rückschlüsse auf die Grundgesamtheit stattfinden, wurde an dieser Stelle auf eine Datenmodifikation verzichtet.

Studierenden- und Bedienstetenzahlen an der TU Dortmund und im Datensatz im Vergleich				
		Absolut		Anteil
		Tu Dortmund	Datensatz	
Studierende (WS 08/09)	männlich	11.417	587	5,1%
	weiblich	10.237	776	7,6%
	gesamt	21.654	1.363	**6,3%**
Bedienstete (WS 08/09)	männlich	1.903	27	1,4%
	weiblich	1.443	52	3,6%
	gesamt	3.346	79	**2,4%**

Tabelle 38   Studierenden- und Bedienstetenzahlen an der TU Dortmund und im Datensatz im Vergleich

(Foto: Moritz Schäfer)

4.6.1   Das Sporttreiben an der Universität Dortmund

Im Folgenden soll zunächst das allgemeine Sporttreiben der Studierenden an der Technischen Universität Dortmund näher betrachtet werden, bevor näher darauf eingegangen wird, welche Rolle der Hochschulsport an diesem Universitätsstandort spielt und wie ihn seine Nutzer beurteilen.

Fast vier Fünftel der Studierenden bezeichnen sich grundsätzlich als sportlich aktiv (vgl. Abbildung 103). Werden nur diejenigen betrachtet, die mindestens einmal pro Woche Sport treiben, so liegen die Werte deutlich niedriger. 68,0% der Studierenden sind mindestens einmal wöchentlich sportaktiv.

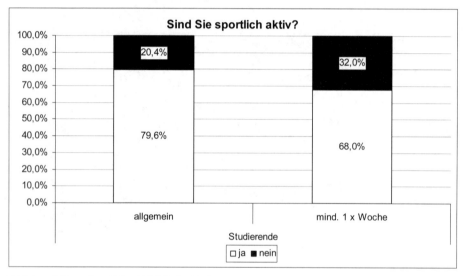

Abbildung 103   Sportliche Aktivität der Studierenden

In den nächsten Abschnitten werden nun nur noch die sportlich aktiven Studierenden näher betrachtet.

Von den Studierenden betreiben etwas mehr als die Hälfte (53,3%) ihre Sportarten ausschließlich in Dortmund. Etwas mehr als ein Viertel (27,2%) betreiben den Sport ausschließlich außerhalb Dortmunds, während etwa ein Fünftel (19,2%) der Studierenden sowohl am Hochschulort als auch außerhalb ihre Sportarten betreiben.

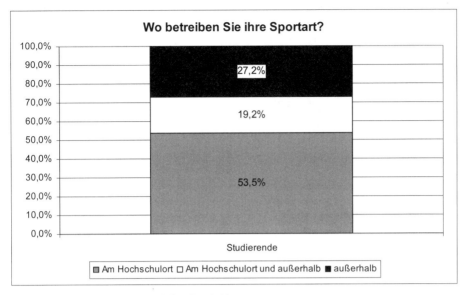

Wo betreiben Sie ihre Sportart?

27,2%

19,2%

53,5%

Studierende

☐ Am Hochschulort ☐ Am Hochschulort und außerhalb ■ außerhalb

Abbildung 104   Wo betreiben Sie ihre Sportart?

Zu Beginn des Fragebogens sollten die Befragten grob einschätzen, ob Sie ihren Sport ausschließlich, teilweise oder gar nicht im Rahmen des Hochschulsportangebots betreiben. 15% der Studierenden nutzten ausschließlich den Hochschulsport zum Sporttreiben. Die weiblichen Studierenden nutzen den Hochschulsport häufiger als die männlichen. Fast ein Fünftel (19,2%) betreiben ihren Sport ausschließlich im Rahmen der Angebote des Hochschulsports und weitere 52,8% sowohl im Hochschulsport als auch außerhalb. Bei den männlichen Studierenden sieht dies anders aus. Hier nutzen etwa 11% ausschließlich den Hochschulsport, während jeweils 44% angaben sowohl im Hochschulsport als auch außerhalb aktiv zu sein, bzw. ihre Aktivitäten nur außerhalb des Hochschulsports zu bestreiten. (vgl. Abbildung 105).

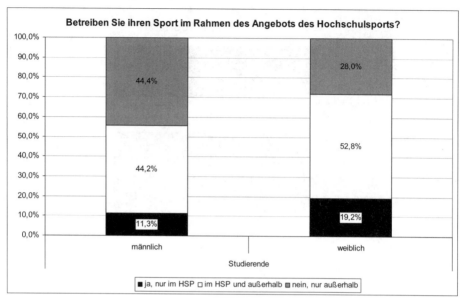

Abbildung 105   Betreiben Sie ihren Sport im Rahmen des Angebots des Hochschulsports?

Im Verlauf der Befragung sollten die Studierenden zudem von jeder von ihnen betriebenen Sportart eine bzw. mehrere konkrete Organisationsformen zuordnen. Dadurch entsteht ein etwas differenzierteres Bild der Organisation des Sporttreibens und
des Stellenwertes des Hochschulsports. Zu bedenken ist hierbei, dass auch eine Mehrfachnennung verschiedener Organisationsformen möglich war. Zudem steckt in dieser Verteilung noch keine Aussage über die Regelmäßigkeit und den zeitlichen Umfang der Teilnahme.

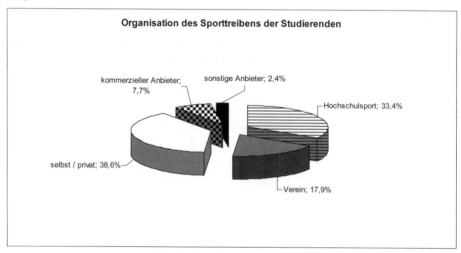

Abbildung 106   Organisation des Sporttreibens der Studierenden

Ein Drittel des Sporttreibens der <u>Studierenden</u> wird durch den Hochschulsport organisiert. Damit kann der Hochschulsport in dieser Gruppe einen deutlich höheren Stellenwert als der Sportverein (17,9% aller Aktivitäten) aufweisen. Deutliche Unterschiede sind allerdings zwischen den Geschlechtern feststellbar. Während bei den Studentinnen der Anteil des Hochschulsports sogar bei fast zwei Fünfteln liegt (39,6%), ist der Stellenwert des Hochschulsports bei den männlichen Studenten zu dem des Sportvereins deutlich geringer(28,3% zu 21,1%). Der größere Teil der Studierenden organisiert sein Sporttreiben auf privater Basis (38,6%). Die kommerziellen Anbieter (7,7%) spielen für das Sporttreiben dieser Gruppe nur eine untergeordnete Rolle.

Welche Sportarten von den sportlich Aktiven im Allgemeinen ausgeübt werden, unabhängig davon, ob diese im Rahmen des Hochschulsports erfolgen, ist in Tabelle 39 abzulesen. Die Befragten konnten bis zu drei verschiedene Aktivitäten angeben. Im Schnitt üben die Studierenden (1,90) ungefähr zwei Sportarten aus.

Die Top-Sportarten der Studierenden		
Platz	Gesamt	Anteil an den Aktiven (in %)
1.	Fitnesstraining	22,7%
2.	Joggen, Laufen	22,4%
3.	Schwimmen	12,7%
4.	Fußball	11,9%
5.	Aerobic	8,9%
6.	Badminton	8,7%
7.	Volleyball	7,5%
8.	Radfahren	6,8%
9.	Tanzen	6,7%
10.	Basketball	4,4%
11.	Klettern	4,0%
12.	Krafttraining	3,8%
13.	Step-Aerobic	3,6%
14.	Reiten	3,5%
15.	Handball	3,3%
16.	Bodybuilding	2,8%
17.	Tennis	2,7%
18.	Spazierengehen	2,5%
19.	Frisbee	2,2%
20.	Yoga	1,9%
21.	Tischtennis	1,9%
22.	Mountain Biking	1,7%

Tabelle 39   Die Top-Sportarten der Studierenden

Die Studierenden betreiben am häufigsten Fitnesstraining und Joggen, Laufen, welche mit jeweils etwa 22,5% fast gleich auf den ersten beiden Plätzen liegen. Schwimmen erreicht bei den Studierenden mit 12,7% den 3. Platz. Knapp dahinter folgt auf Platz vier Fußball (11,6%). Auf den restlichen Top-10-Plätzen folgen Aerobic (8,9%), Badminton (8,7%), Volleyball (7,5%), Radfahren (6,8%), Tanzen (6,7%) und Basketball (4,4%).

Organisationsquote des Hochschulsports bei den beliebtesten Sportarten		
Rang	Top-10-Sportarten	Anteil des HSP (in %)
1.	Fitnesstraining	47,3
2.	Joggen, Laufen	7,7
3.	Schwimmen	13,5
4.	Fußball	22,0
5.	Aerobic	78,8
6.	Badminton	52,9
7.	Volleyball	50,5
8.	Radfahren	1,1
9.	Tanzen	58,4
10.	Basketball	38,1

Tabelle 40   Organisationsquote des Hochschulsports bei den beliebtesten Sportarten

Die Bedeutung des Hochschulsports als Organisator der Sportarten ist sehr unterschiedlich (vgl. Tabelle 40). So wird der Fußball von nur 22% aller Studierenden im Rahmen des Hochschulsports betrieben. Jede 8. Aktivität im Schwimmen (13,5%) wird vom Hochschulsport organisiert. Hohe Organisationsquoten besitzt der Hochschulsport hingegen bei den Studierenden in den Sportarten Aerobic (78,8%), Tanzen (58,4%), Volleyball (50,5%), Badminton (52,9%) und Fitnesstraining (47,3%).

Neben dem sehr umfangreichen, aktuell vorfindbaren Sportgeschehen äußern beide Statusgruppen auch ein großes Interesse, neue Sportarten kennen zu lernen. Im Rahmen eines „Schnupperkurses" würde gerne etwas mehr als die Hälfte der Studierenden (57,5%) neue Sportarten ausprobieren. In diesem Kontext besteht bei den Studierenden ein sehr hohes Interesse an den Sportarten Bogenschießen (n=89 / 6,5% aller Befragten), Klettern (n=81 / 5,9%), Fallschirmspringen (n=60 / 4,4%), Yoga (n=56 / 4,1%), Aqua-Fitness (n=51 / 3,7%) und Capoeira (n=47 / 3,5%).

4.6.2 Bewertung des Dortmunder Hochschulsports

In diesem Abschnitt stehen die Rahmenbedingungen des Sporttreibens im Hochschulsport der Technischen Universität Dortmund im Vordergrund der Betrachtungen. Neben den Erwartungen an den Hochschulsport und der Bewertung seiner Angebote durch die Nutzer werden auch die Ansichten derjenigen, die den Hochschulsport bisher noch nicht genutzt haben, betrachtet.

4.6.2.1 Die Teilnehmer am Dortmunder Hochschulsport

Bei der Befragung gaben ca. 700 Personen an, dass sie den Hochschulsport zumindest zeitweise nutzen. Diese Personengruppe sollte im weiteren Verlauf angeben, wie wichtig ihnen ausgewählte Aspekte bei der Nutzung des Hochschulsports sind (Relevanz) und wie sie diese Aspekte auf der Basis ihrer Erfahrungen (Realität) mit dem Hochschulsport an der Technischen Universität Dortmund beurteilen. Die ausgewählten 16 Einzelaspekte wurden in den drei Hauptkategorien „Angebote", „Sportstätten" und „Preise und Zeiten" zusammengefasst und anhand einer 5er Skala (sehr unwichtig = 5 bis sehr wichtig = 1 bzw. sehr schlecht = 5 bis sehr gut = 1) bewertet. Durch diesen Abgleich zwischen der Bedeutung und der Wirklichkeit ist es möglich, Problembereiche genauer zu erkennen.

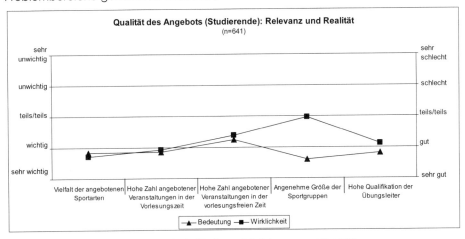

Abbildung 107   Qualität des Angebots (Studierende): Relevanz und Realität

Im Themengebiet „Qualität des Angebotes" wurden fünf zentrale Aspekte abgefragt und von den aktuellen Nutzern der Hochschulsportangebote in Hinblick auf ihre Wünsche und Erfahrungen beurteilt. Auf den ersten Blick zeigt sich, dass bei den Studierenden die Beurteilung des real erlebten Angebotes in den meisten Aspekten sehr ähnlich ausfällt. Die kleinen Abweichungen sind in der Regel marginal, nur bei dem Aspekt „Angenehme Größe der Sportgruppen" gibt es bei den Studierenden eine deutliche Abweichung zwischen Wunsch (1,6) und Realität (2,97). Die Realität der

„Größe der Übungsgruppen" wird mit „teils/teils" auch am schlechtesten bewertet, während dies für Dortmunder Studierende die höchste Wichtigkeit besitzt.

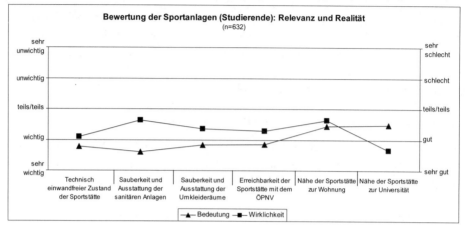

Abbildung 108   Bewertung der Sportanlagen (Studierende): Relevanz und Realität

Im Themenbereich „Sportstätten" wurden insgesamt sechs unterschiedliche Aspekte beurteilt. Im Gegensatz zum Themenfeld "Sportangebote" finden sich hier deutlichere Abweichungen zwischen der Relevanz und der Realität. So werden die Aspekte „Technisch einwandfreier Zustand",„Sauberkeit und Ausstattung der sanitären Anlagen", „Sauberkeit und Ausstattung der Umkleideräume" und „Erreichbarkeit mit ÖPNV" von beiden Gruppen fast ausschließlich als „sehr wichtig" eingestuft. Jedoch in der Realität nur mit „gut" bis „teils/teils" bewertet. Ebenfalls als „gut" bis „teils/teils" wird die „Nähe der Sportstätte zur Wohnung" bewertet, dies ist für die Studierenden aber auch nicht ganz so wichtig, wie die vorher genannten Aspekte. Als „sehr gut" wird die „Nähe der Sportstätte zu Universität" beurteilt. Dieser Aspekt besitzt nach Einschätzung der Befragten aber die geringste Relevanz.

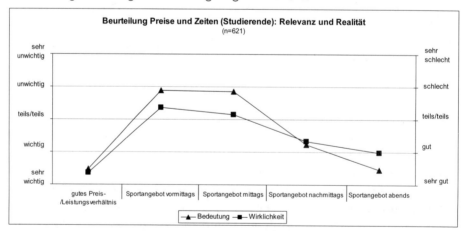

Abbildung 109   Beurteilung Preise und Zeiten (Studierende): Relevanz und Realität

Im dritten Themenfeld wurde vor allem um eine Einschätzung der Angebotsstruktur im Hinblick auf die Tageszeiten gebeten. Es gibt hier zwar etwas deutlichere Abweichung als bei Abbildung 6, jedoch zeigt sich, dass auch hier die Tendenzen gleich sind. Die Wirklichkeit wird in allen Aspekten etwas schlechter bewertet, als es gewünscht wäre. Sehr wichtig ist für die Studierenden das „gute Preis-/Leistungsverhältnis und dieses wird auch als sehr gut bewertet. Es zeigt sich außerdem, dass für die Studierenden Sportangebote im Vormittags- oder Mittagsbereich in der Regel eher als „unwichtig" eingeschätzt werden. Eine hohe Bedeutung besitzen für diese Gruppe aber die abendlichen Sportangebote. Das nachmittägliche Sportangebot hat eine wichtige Rolle und wird auch als „gut" bewertet, während das Abendangebot zwar als „gut" bewertet wird, aber auch eine „sehr wichtige" Bedeutung einnimmt.

4.6.2.2 Die Nichtteilnehmer am Dortmunder Hochschulsport

Diejenigen Universitätsangehörigen, die im Wintersemester 2008/09 nicht an Angeboten des Hochschulsports an der Technischen Universität Dortmund teilnahmen (646 der befragten Studierenden), wurden danach befragt, ob ihnen die Angebote des Hochschulsports überhaupt bekannt sind und warum sie diese bisher noch nicht genutzt haben bzw. nicht mehr in Anspruch nehmen.

Etwa jeder Neunte (11,9%), der momentan nicht den Hochschulsport nutzenden Studierenden ist das Angebot des Hochschulsports überhaupt nicht bekannt. Die überwiegende Mehrheit, etwa 63%, kennt zwar die Angebote des Hochschulsports, hat aber noch nicht an diesen teilgenommen. Ein Viertel (24,5%) der momentan nicht im Hochschulsport aktiven war früher schon einmal Teilnehmer an einem Hochschulsportangebot (vgl. Abbildung 110).

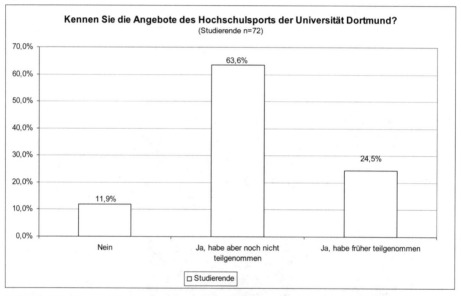

Abbildung 110   Kennen Sie die Angebote des Hochschulsports der TU Dortmund? (Nicht-Teilnehmer)

Zunächst soll die Gruppe, welche die <u>Angebote des Hochschulsports überhaupt nicht kennt</u> (72 Studierende), näher betrachtet werden. Hier zeigt sich, dass der Hochschulsport zwar generell bekannt ist, die Befragten aber oftmals nicht wussten, wo sie sich über die Angebote informieren können (61,6%). Von den Personen, die angaben die Angebote des Hochschulsports nicht zu kennen, äußerten ein Viertel der Studierenden, dass überhaupt kein Interesse am Hochschulsport besteht. Zudem gab ungefähr jeder Zehnte der Personen an, dass sie generell kein Interesse an sportlichen Aktivitäten haben.

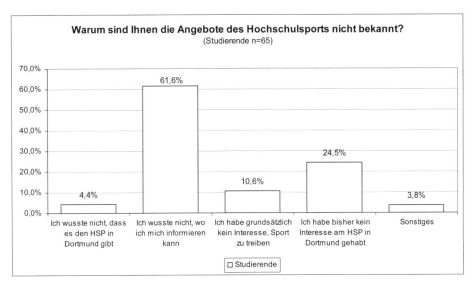

Abbildung 111   Warum sind Ihnen die Angebote des Hochschulsports nicht bekannt?

Die Hälfte der Personen, die die Angebote des Hochschulsports bisher nicht kennen, würden diese gerne kennen lernen. Lediglich etwas mehr als ein Fünftel der Studierenden interessieren sich explizit nicht für den Hochschulsport, während der Rest noch unentschlossen ist (vgl. Abbildung 112).

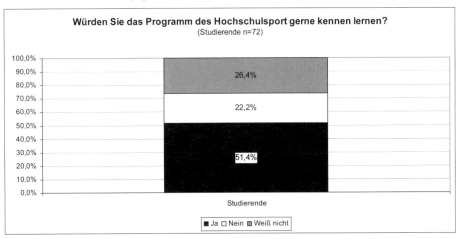

Abbildung 112   Würden Sie das Programm des Hochschulsports gerne kennen lernen?

Diejenigen, die angegeben haben, dass sie den Hochschulsport zwar kennen, aber noch nicht genutzt haben (386 Studierende), wurden nach ihren Gründen hierfür befragt (vgl. Abbildung 113). Der meistgenannte Aspekt der Studierenden ist, dass „keine Zeit" für die Teilnahme vorhanden ist. Es folgt die Aussage „die angebotenen Zeiten sind zu ungünstig". Es folgen bei den Studierenden die Aussagen „Ich nutze andere Sportangebote" und „Ich bin zur Zeit nicht aktiv".

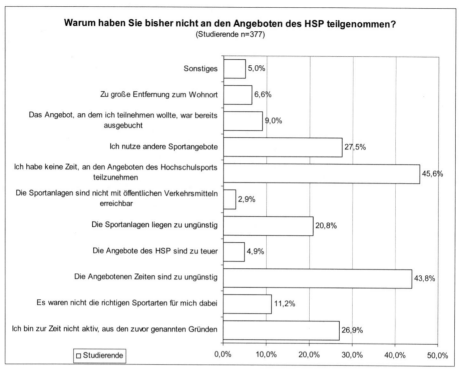

Abbildung 113   Warum haben Sie bisher nicht an den Angeboten des HSP teilgenommen?

Ähnlich sieht es bei denjenigen aus, die früher an Angeboten des Hochschulsports teilgenommen haben, diese aber aktuell nicht mehr in Anspruch nehmen (149 Studierende). Erneut liegen die Aussagen „Ich habe keine Zeit mehr", sowie „Die Angebote finden für mich zur falschen Zeit statt" auf den ersten beiden Plätzen. Große Bedeutung haben auch zu volle Gruppen. Drei von fünf Studierenden nehmen nicht mehr an den Angeboten teil, weil die Gruppen zu voll waren. Immerhin einem Viertel ist die Qualität des Angebots zu schlecht.

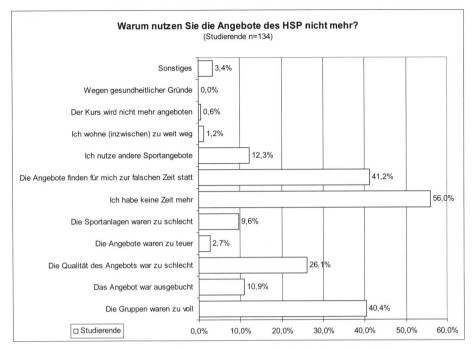

Abbildung 114   Warum nutzen Sie die Angebote des Hochschulsports nicht mehr?

Abschließend wurden diejenigen, die bisher noch gar nicht am Hochschulsport teilgenommen haben, befragt, wie wichtig ihnen bestimmte Aspekte bei einer potentiellen Teilnahme am Hochschulsport wären.

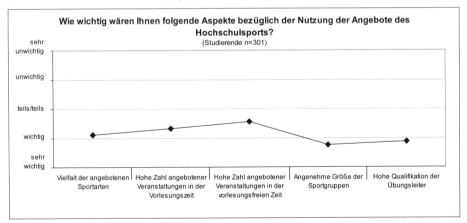

Abbildung 115   Wie wichtig wären Ihnen folgende Aspekte bezüglich der Angebote des Hochschulsports

Die Aspekte bezüglich der Angebote des Hochschulsports bewerten die Studierenden überwiegend mit „wichtig" für ein mögliches Sporttreiben im Rahmen des Hoch-

schulsports. Während die „Angenehme Größe der Sportgruppen" und ein „hohe Qualifikation der Übungsleiter" wichtiger ist, ist den Dortmunder Studierended „Die Hohe Zahl angebotener Veranstaltungen in der vorlesungsfreien Zeit" nicht ganz so wichtig (vgl. Abbildung 115).

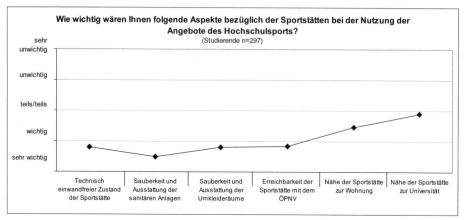

Abbildung 116   Wie wichtig wären Ihnen folgende Aspekte bezüglich der Sportstätten bei der Nutzung der Angebote des Hochschulsports

Bei den Fragen bezüglich der Sportstätten gehen die Meinungen der Studierenden etwas weiter auseinander. Während die Sauberkeit als „wichtig" bis „sehr wichtig" eingestuft wird ist ein „Technisch einwandfreier Zustand" sowie die Erreichbarkeit mit dem ÖPNV immer noch „wichtig". Weniger wichtig ist die „Nähe der Sportstätte zur Wohnung" und vor allem die Nähe der Sportstätte zur Universität (vgl. Abbildung 116).

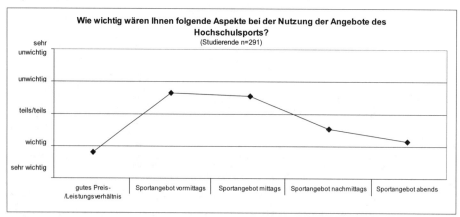

Abbildung 117   Wie wichtig wären Ihnen folgende Aspekte bei der Nutzung der Angebote des Hochschulsports

In Abbildung 117 ist zu erkennen, dass den Studierenden ein gutes Preis-/Leistungsverhältnis wichtig ist. Die Frage zu den Zeitpunkten, an denen Sportangebote stattfinden sollen, zeigt ein klares Bild. Sportangebote am Vormittag und Mittag halten die Studierenden für eher unwichtig; nachmittags und vor allem zum Abend hin steigt die Bedeutung der Sportangebote kontinuierlich an.

4.6.3 Fazit für den Hochschulsport in Dortmund

Die Onlinebefragung zum Hochschulsport in NRW ergab auch für den Standort Dortmund eine Vielzahl interessanter und aufschlussreicher Ergebnisse. Neben Kenntnissen über das allgemeine Sporttreiben der Studierenden und Bediensteten – auch außerhalb des Hochschulsports – besitzt der Dortmunder Hochschulsport nun detailliertes Wissen über die Beurteilungen seiner Angebote durch die Nutzer sowie über die Wünsche und Kritikpunkte der „Nicht-Teilnehmer".

Die genaue Analyse und Umsetzung dieser Kenntnisse kann natürlich nur durch die handelnden Personen vor Ort geschehen. Um hierbei eine Hilfestellung zu leisten, sollen abschließend neben den allgemeinen Trends im Hochschulsport, die ausführlich in Kap. 3.3 geschildert werden, folgende Besonderheiten für den Hochschulsportstandort Dortmund festgehalten werden:

- Leider keine Teilnahme durch die FH Dortmund. Dadurch eine gewisse Einschränkung der Ergebnisse.

- Zudem gab es insgesamt zu wenig Beteiligung der Bediensteten an der Umfrage. Aufgrund der geringen Fallzahlen sind keine differenzierten Aussagen zu dieser Gruppe möglich.

- Vor allem in der Sportart Aerobic besitzt der Hochschulsport als Organisator für die Studierenden eine hohe Bedeutung.

- Von den Nutzern des Hochschulsports werden die Sportstätten in Hinblick auf den technischen Zustand und die Nähe zur Universität besser beurteilt als im Landesschnitt.

- Es herrscht bei den Studierenden eine hohe Zufriedenheit über das Preis-/Leistungsverhältnis des Hochschulsports.

- Auch bei den Nicht-Teilnehmern besitzt der Hochschulsport in Dortmund einen hohen Bekanntheitsgrad.

- Das Kurse ausgebucht waren, ist für Personen, die noch nie am Hochschulsport teilgenommen haben weniger ein Problem als an anderen Standorten.

- Personen, die nicht mehr den Hochschulsport nutzen kritisieren überdurchschnittlich oft die Punkte „zu volle Gruppe" und „schlechte Qualität des Angebots".

4.7 campussport köln

In den folgenden Abschnitten werden die Ergebnisse der landesweiten Hochschulsportbefragung für die Angebote von *campussport köln* an der Universität zu Köln
und der Deutschen Sporthochschule (DSHS) Köln konkretisiert. Der ebenfalls am Universitätsstandort Köln angebotene Asta-Hochschulsport war nicht Bestandteil dieser
Untersuchung. Leider lagen über die wichtigen Kennzahlen (vgl. Tabelle 41) des
Hochschulstandortes Köln keine Angaben vor, so dass auch kein Vergleich zu den
Zahlen an den anderen Hochschulstandorten (vgl. Kap. 4.1) gezogen werden kann.

Angaben zum Hochschulstandort Köln	
	Anzahl im WS 2008/2009
Teilnehmer an Angeboten von *campussport köln*	k. A.
... davon Studentinnen	k. A.
... davon Studenten	k. A.
... davon weibliche Bedienstete	k. A.
... davon männliche Bedienstete	k. A.
... davon externe Teilnehmer	k. A.
Angebotene Sportarten	k. A.
Angebotene Kurse	k. A.
... davon ausgebuchten Kurse	k. A.
Genutzte Sportstätten	k. A.
... davon eigene Sportstätten	k. A.
... davon fremde Sportstätten	k. A.

Tabelle 41   Angaben zum Hochschulstandort Köln

Die Online-Befragung zu *campussport köln* startete am 16.01.2009 an der Deutschen
Sporthochschule Köln. Hier wurde zunächst die Ankündigung der Online-Umfrage mit
einem entsprechenden Link auf die Homepage der Sporthochschule gesetzt. Am
22.01.2009 wurde dann per E-Mail ein Anschreiben an alle Studierenden und Bediensteten von Seiten der Personalverwaltung der DSHS Köln verschickt. An der Universität zu Köln wurden am 26.01.2009 die Bediensteten und am 30.01.2009 die Studierenden angeschrieben. Der Versand einer Erinnerungsemail war leider an beiden
Hochschulen nicht möglich. Nach Beendigung der Befragung befanden sich in der
Datenbank ca. 2.900 Fragebögen. Nach dem Bereinigen der Datenbank, hierbei
wurden leere oder nicht verwendbare Datensätze gelöscht, liegen noch 2.815 Datensätze vor. Diese beinhalten 2.427 Studierende und 388 Bedienstete. Somit liegt der
Anteil an der Grundgesamtheit bei geringen 5,4% bei den Studierenden bzw. 8,2%
bei den Bediensteten. (vgl. Tabelle 42). Deutliche Unterschiede beim Rücklauf zeigen
sich bei einer getrennten Betrachtung der beiden Standorte Uni Köln und DSHS Köln.
So ist der Rücklauf bei den Studierenden an der DSHS Köln fast doppelt so hoch wie
an der Uni Köln. Auch Bediensteten des DSHS Köln haben sich deutlich intensiver an
der Befragung beteiligt. Hier liegt die Antwortrate bei 28,5%. Zudem wurde an der Uni
Köln anscheinend fast nur das nichtwissenschaftliche Personal angeschrieben.

Da der Anteil der Studentinnen im Vergleich zur Grundgesamtheit ein wenig erhöht ist, war es nötig eine Gewichtung vorzunehmen. Auch der Anteil der Nutzer des Angebots von *campussport köln* ist in dem Datensatz erhöht. Da überwiegend auf den diese Angebote eingegangen werden soll und keine Rückschlüsse auf die Grundgesamtheit stattfinden, wurde an dieser Stelle auf eine Datenmodifikation verzichtet.

Studierenden- und Bedienstetenzahlen am Hochschulstandort Köln und im Vergleich		Absolut		Anteil
		Uni Köln	Datensatz	
Studierende (WS 08/09)	männlich	17.219	670	3,9%
	weiblich	23.239	1.336	5,7%
	gesamt	40.458	2.006	**5,0%**
Bedienstete (WS 08/09)	männlich	/	85	/
	weiblich	/	152	/
	gesamt	4.211	237	**5,6%**
		Absolut		Anteil
		DSHS Köln	Datensatz	
Studierende (WS 08/09)	männlich	3.065	244	8,0%
	weiblich	1.478	164	11,1%
	gesamt	4.543	408	**9,0%**
Bedienstete (WS 08/09)	männlich	/	62	/
	weiblich	/	80	/
	gesamt	499	142	**28,5%**

Tabelle 42   Studierenden- und Bedienstetenzahlen am Hochschulstandort Köln und im Datensatz im Vergleich

(Foto: Isabella Thiel)

4.7.1   Das Sporttreiben am Hochschulstandort Köln

Im Folgenden soll zunächst das allgemeine Sporttreiben der Studierenden und Bediensteten am Standort Köln näher betrachtet werden, bevor näher darauf eingegangen wird, welche Rolle *campussport köln* an diesem Hochschulstandort spielt und wie ihn seine Nutzer beurteilen.

Vier Fünftel der Studierenden und der Bediensteten bezeichnen sich grundsätzlich als sportlich aktiv (vgl. Abbildung 118). Werden nur diejenigen betrachtet, die mindestens einmal pro Woche Sport treiben, so liegen die Werte deutlich niedriger. 71,3% der Studierenden und 70,0% der Bediensteten sind mindestens einmal wöchentlich sportaktiv.

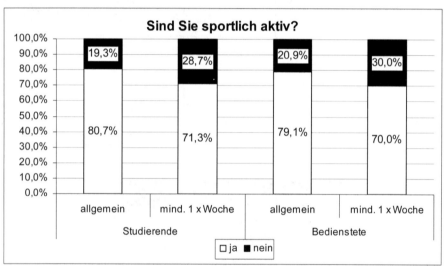

Abbildung 118   Sportliche Aktivität der Studierenden und Bediensteten

In den nächsten Abschnitten werden nun nur noch die sportlich aktiven Studierenden und Bediensten näher betrachtet.

Bei der Frage nach dem Ort des Sporttreibens unterscheiden sich die Studierenden von den Bediensteten nur in Teilbereichen. Jeweils deutlich mehr als die Hälfte der Befragten betreibt seinen Sport am Hochschulort, ein Fünftel der Studierenden und ein Sechstel der Bediensteten am Hochschulort und außerhalb. Nur 21,3% der Studierenden und 28,6% der Bediensteten betreiben ihre Aktivitäten nur außerhalb des Hochschulortes (vgl. Abbildung 119).

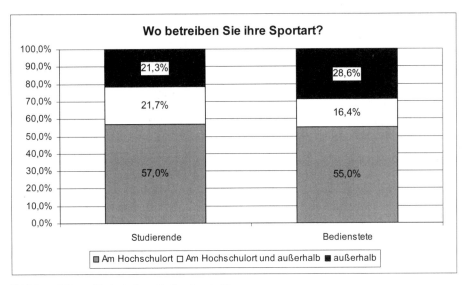

Abbildung 119   Wo betreiben Sie ihre Sportart?

Zu Beginn des Fragebogens sollten die Befragten grob einschätzen, ob Sie ihren Sport ausschließlich, teilweise oder gar nicht im Rahmen des Angebots von *campussport köln* betreiben. Jeder neunzehnte Studierende (5,8%) und jeder achtzehnte Bediens-tete (6,1%) gaben an, ihre Aktivitäten ausschließlich bei *campussport köln* auszu-üben. Am intensivsten nutzen die weiblichen Studierenden dessen Angebote. Knapp 7% betreiben ihren Sport ausschließlich im Rahmen der Angebote von *campussport köln* und weitere 52% sowohl bei *campussport köln* als auch außerhalb. Bei den weiblichen Bediensteten liegt der Wert für die alleinige Nutzung sogar noch minimal höher. In beiden männlichen Gruppen liegen die Werte für die alleinige Nutzung der Angebote von *campussport köln* für das eigene Sporttreiben bei 5% (vgl. Abbildung 120). Der Anteil derjenigen die sowohl bei *campussport köln* wie auch außerhalb Sport treiben, liegt bei den Studierenden bei etwa 50%, während dieser bei den Be-diensteten nur bei etwa 30% liegt. Die Hälfte der männlichen Studierenden, sowie knapp zwei Fünftel der weiblichen Studierenden betreiben ihren Sport generell au-ßerhalb. Bei den Bediensteten sind dies sogar 65% bzw. 61%.

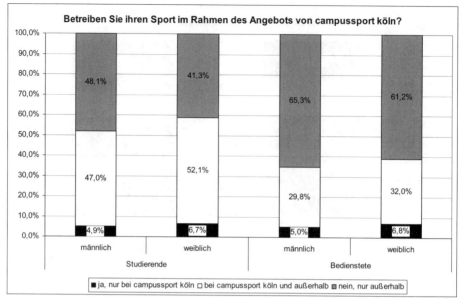

Abbildung 120   Betreiben Sie ihren Sport im Rahmen des Angebots von *campussport köln*?

Im Verlauf der Befragung sollten die Studierenden und Bediensteten zudem jeder von ihnen betriebenen Sportart eine bzw. mehrere konkrete Organisationsformen zuordnen. Dadurch entsteht ein etwas differenzierteres Bild der Organisation des Sporttreibens und des Stellenwertes von *campussport köln*. Zu bedenken ist hierbei, dass auch eine Mehrfachnennung verschiedener Organisationsformen möglich war. Zudem steckt in dieser Verteilung noch keine Aussage über die Regelmäßigkeit und den zeitlichen Umfang der Teilnahme.

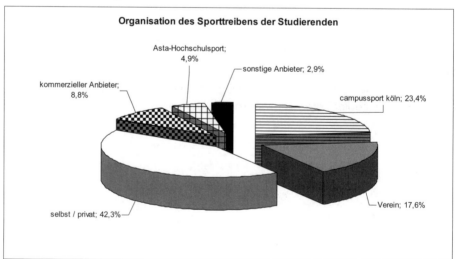

Abbildung 121   Organisation des Sporttreibens der Studierenden

Ein Viertel des Sporttreibens der <u>Studierenden</u> wird durch *campussport köln* organisiert. Damit kann *campussport köln* in dieser Gruppe einen etwas höheren Stellenwert als der Sportverein (17,6% aller Aktivitäten) aufweisen. Deutliche Unterschiede sind allerdings zwischen den Geschlechtern feststellbar. Während bei den Studentinnen der Anteil von *campussport köln* sogar bei über einem Viertel liegt (26,4%), ist der Stellenwert von *campussport köln* bei den männlichen Studierenden sogar geringfügig niedriger als der des Sportvereins (20,3% zu 26,4%). Insgesamt organisieren die Studierenden mehr als zwei Fünftel ihres Sporttreibens auf privater Basis. Die kommerziellen Anbieter (8,8%) spielen für das Sporttreiben dieser Gruppe nur eine untergeordnete Rolle.

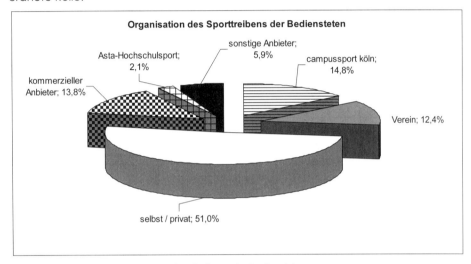

Abbildung 122   Organisation des Sporttreibens der Bediensteten

Bei den <u>Bediensteten</u> zeigt sich ein anderes Bild. Hier weisen sowohl *campussport köln* als auch der Vereinssport einen deutlich geringeren Stellenwert auf, und liegen mit 14,8% (*campussport köln*) und 12,4% (Verein) in vergleichbarer Größenordnung. Auch die kommerziellen Anbieter haben in dieser Gruppe einen ähnlichen Stellenwert (13,8%). Dies liegt vor allem an den weiblichen Bediensteten, bei denen die gewerblichen Anbieter einen doppelt so hohen Stellenwert (17,0%) besitzen, wie bei den männlichen Bediensteten (8,0%). Dagegen ragt bei den Bediensteten noch deutlicher das selbst organisierte Sporttreiben (51,0%) heraus.

Welche Sportarten von den sportlich Aktiven im Allgemeinen ausgeübt werden - unabhängig davon, ob diese im Rahmen des Angebots von *campussport köln* erfolgen, ist in Tabelle 43 abzulesen. Die Befragten konnten bis zu drei verschiedene Aktivitäten angeben. Im Schnitt üben die Studierenden (1,89) und die Bediensteten (2,00) ungefähr zwei Sportarten aus.

Die Top-Sportarten der Studierenden und Bediensteten

Studierende		Gesamt	Bedienstete	
Platz	Anteil an den Aktiven (in %)	Anteil an den Aktiven (in %)	Anteil an den Aktiven (in %)	Platz
1	28,0%	Joggen, Laufen 29,2%	37,2%	1
2	18,1%	Fitnesstraining 18,1%	17,8%	2
3	13,4%	Schwimmen 13,4%	13,3%	4
4	13,1%	Fußball 12,1%	5,5%	8
5	6,8%	Radfahren 7,9%	14,9%	3
7	6,1%	Aerobic 6,6%	10,0%	5
6	6,2%	Tanzen 5,9%	4,2%	12
8	5,7%	Krafttraining 5,3%	3,2%	15
8	5,7%	Badminton 5,3%	2,6%	20
10	5,0%	Tennis 5,0%	4,9%	10
14	4,0%	Yoga 4,4%	6,8%	6
11	4,4%	Volleyball 4,3%	3,2%	16
12	4,1%	Pilates 4,2%	4,9%	11
13	4,1%	Klettern 3,7%	1,3%	30
15	3,8%	Basketball 3,7%	2,9%	18
17	3,1%	Handball 3,0%	2,3%	22
16	3,2%	Leichtathletik 2,9%	1,3%	31
19	2,5%	Reiten 2,5%	2,3%	23
18	2,6%	Bodybuilding 2,5%	1,6%	28
25	1,6%	Gesundheitsgymnastik 2,2%	5,8%	7
21	1,8%	Spazierengehen 2,0%	2,9%	19
20	2,0%	Boxen 1,8%	0,6%	42
49	0,6%	Nordic Walking / Walking 1,2%	5,5%	9

Tabelle 43　　　　Die Top-Sportarten der Studierenden und Bediensteten

Joggen, Laufen und Fitnesstraining sind sowohl bei den Studierenden als auch bei den Bediensteten die beliebtesten Aktivitäten. Joggen, Laufen erreicht bei den Studierenden 28%, bei den Bediensteten sogar 37%. Fitnesstraining kommt in beiden Gruppen noch auf etwa 18%, Schwimmen auf etwa 13%. Fußball (Rang 4 und Rang 8) und Radfahren (Rang 5 und Rang 3) schaffen es ebenso in beiden Gruppen in die Top-10 wie auch Aerobic (Rang 7 und 5) und Tennis (in beiden Gruppen auf Rang 10) Danach ändern sich die Präferenzen zwischen den beiden Gruppen doch deutlich. Bei den Studierenden finden sich Tanzen (6,2%), Badminton und Krafttraining (jeweils 5,7%) auf den Plätzen sechs und acht. Hingegen finden sich bei den Bediensteten mit Yoga, Gesundheitsgymnastik und Nordic Walking Sportarten auf den Rängen sechs, sieben und neun, welche bei den Studierenden untergeordnete oder gar keine Rollen spielen.

Organisationsquote von campussport köln bei den beliebtesten Sportarten				
Rang	Top-10 - Sportarten **Studierende**	Anteil des HSP (in %)	Top-10 - Sportarten **Bedienstete**	Anteil des HSP (in %)
1.	Joggen, Laufen	4,6	Joggen, Laufen	3,2
2.	Fitnesstraining	26,1	Fitnesstraining	25,8
3.	Schwimmen	19,0	Radfahren	3,9
4.	Fußball	16,0	Schwimmen	13,6
5.	Radfahren	2,6	Aerobic	48,6
6.	Tanzen	42,8	Yoga	17,4
7.	Aerobic	52,3	Gesundheitsgymnastik	38,1
8.	Krafttraining	20,4	Fußball	14,3
9.	Badminton	33,2	Nordic Walking	0,0
10.	Tennis	16,9	Tennis	0,0

Tabelle 44   Organisationsquote von *campussport köln* bei den beliebtesten Sportarten

Die Bedeutung von *campussport köln* als Organisator der Sportarten ist sehr unterschiedlich. So wird die beliebteste Sportart Joggen, Laufen nur von 4,6% aller Studierenden und von 3,2% der Bediensteten im Rahmen des Angebots von *campussport köln* betrieben. Jeder fünfte Studierende und jeder achte Bedienstete organisiert sein Schwimmen bei *campussport köln*. Hohe Organisationsquoten besitzt campussport köln hingegen bei den Studierenden in den Sportarten Aerobic (52,3%), Tanzen (42,8%) und Yoga (47,9%). Bei den Bediensteten spielt *campussport köln* vor allem in den Sportarten Aerobic (48,6%) und Gesundheitsgymnastik (38,1%) eine große Rolle.

Neben dem sehr umfangreichen, aktuell vorfindbaren Sportgeschehen äußern beide Statusgruppen auch ein großes Interesse, neue Sportarten kennen zu lernen. Im Rahmen eines „Schnupperkurses" würden gerne fast drei Fünftel der Studierenden (58,6%) und etwas mehr als zwei Fünftel der Bediensteten (43,6%) neue Sportarten ausprobieren. In diesem Kontext besteht bei den Studierenden ein sehr hohes Interesse an den Sportarten Klettern (n=137 / 5,7% aller Befragten), Capoeira (n=119 / 4,9%), Aqua-Fitness (n=113 / 4,7%), Fallschirmspringen (n=101 / 4,1%), Bogenschießen (n=94 / 3,9%) und Yoga (n=94 / 3,9%). In der Gruppe der Bediensteten finden vor allem die Sportarten Aqua -Jogging/ -Fitness (n=31 / 8,0%), Yoga (n=17 / 4,4%), Bogenschießen (n=16 / 4,1%), Pilates (n=14 / 3,6%), Kampfsport (n=11 / 2,8%) und Boxen (n=11 / 2,8%) eine starke Resonanz.

(Foto: Isabella Thiel)

4.7.2 Bewertung von campussport köln

In diesem Abschnitt stehen die Rahmenbedingungen des Sporttreibens bei *campussport köln* im Vordergrund der Betrachtungen. Neben den Erwartungen an die Angebote von *campussport köln* und der Bewertung dieser durch die Nutzer werden auch Gründe und Wünsche derjenigen betrachtet, die die Angebote von *campussport köln* aktuell nicht in Anspruch nehmen.

4.7.2.1 Die Teilnehmer an den Angeboten von campussport köln

Bei der Befragung gaben ca. 1300 Personen an, dass sie die Angebote von *campussport köln* zumindest zeitweise nutzen. Diese Personengruppe sollte im weiteren Verlauf angeben, wie <u>wichtig</u> ihnen ausgewählte Aspekte bei der Nutzung der Angebote von *campussport köln* sind (Bedeutung) und wie sie diese Aspekte auf der Basis ihrer Erfahrungen (Wirklichkeit) mit Angeboten von *campussport köln* <u>beurteilen.</u> Die ausgewählten 16 Einzelaspekte wurden in die drei Hauptkategorien „Angebote", „Sportstätten" und „Preise und Zeiten" zusammengefasst und anhand einer 5er Skala (sehr unwichtig = 5 bis sehr wichtig = 1 bzw. sehr schlecht = 5 bis sehr gut = 1) bewertet. Durch diesen Abgleich zwischen der <u>Bedeutung</u> und der <u>Wirklichkeit</u> ist es möglich, Problembereiche genauer zu erkennen.

Im Themengebiet „Qualität des Angebotes" wurden fünf zentrale Aspekte abgefragt und von den aktuellen Nutzern der Angebote von *campussport köln* im Hinblick auf ihre Wünsche und Erfahrungen beurteilt. Auf den ersten Blick zeigt sich, dass bei den Studierenden die Beurteilung des real erlebten Angebotes in fast allen Aspekten etwas geringer ausfällt, als die generelle Einschätzung der Wichtigkeit.

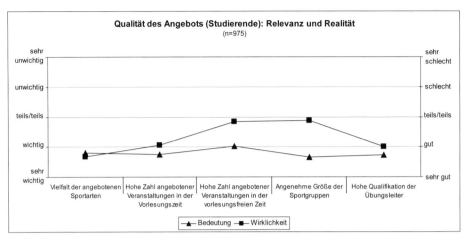

Abbildung 123   Qualität des Angebots (Studierende): Relevanz und Realität

Nur bei dem Aspekt „Vielfalt der angebotenen Sportarten" wird die Realität als etwas positiver beurteilt als die Einschätzung der Wichtigkeit. Bei den Bediensteten
werden neben diesem Aspekt zusätzlich noch die Aspekte „Hohe Zahl angebotener
Veranstaltungen in der Vorlesungszeit" und „Hohe Qualifikation der Übungsleiter"
gesehen. In der Regel sind die Abweichungen zwischen Bedeutung und Wirklichkeit
marginal, lediglich bei dem Aspekt „Angenehme Größe der Sportgruppen" gibt es
bei den Studierenden eine deutlichere Abweichung zwischen Wunsch (1,65) und
Realität (2,88). Mit diesem Aspekt gemeinsam, wird in beiden Statusgruppen der Aspekt „Hohe Zahl angebotener Veranstaltungen in der vorlesungsfreien Zeit" am
schlechtesten beurteilt. Allerdings wird diesem Aspekt insgesamt auch die geringste
Bedeutsamkeit in diesem Themenfeld beigemessen.

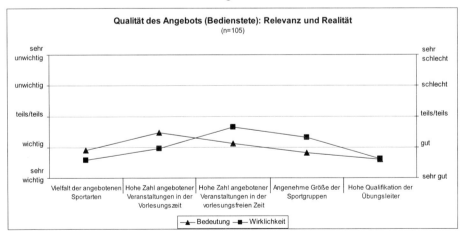

Abbildung 124   Qualität des Angebots (Bedienstete): Relevanz und Realität

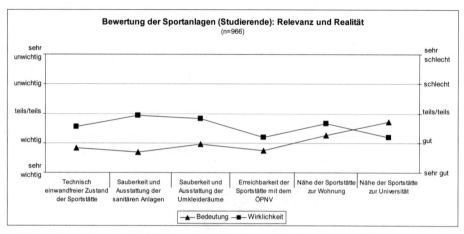

Abbildung 125   Bewertung der Sportanlagen (Studierende): Relevanz und Realität

Im Themenbereich „Sportstätten" wurden insgesamt sechs unterschiedliche Aspekte beurteilt. Im Gegensatz zum Themenfeld „Sportangebote" finden sich hier deutlichere Abweichungen zwischen der Relevanz und der Realität. So werden die Aspekte „Sauberkeit und Ausstattung der sanitären Anlagen", „Sauberkeit und Ausstattung der Umkleideräume", „Technisch einwandfreier Zustand der Sportstätte" und „Erreichbarkeit der Sportstätte mit dem ÖPNV" von beiden Gruppen als „sehr wichtig" bis „wichtig" eingestuft. Die Beurteilung der für das Sporttreiben genutzten Räume fällt in Köln hingegen sehr durchschnittlich aus. Die Erreichbarkeit der Sportstätten in Köln mit dem ÖPNV sowie die Nähe der Sportstätte werden generell als „gut" bis „teils/teils" eingestuft.

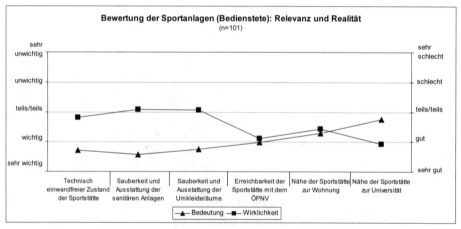

Abbildung 126   Bewertung der Sportanlagen (Bedienstete): Relevanz und Realität

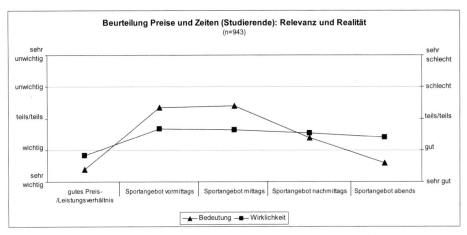

Abbildung 127   Beurteilung Preise und Zeiten (Studierende): Relevanz und Realität

Im Themenfeld „Preise und Zeiten" wurde vor allem um eine Einschätzung der Ange-
botsstruktur im Hinblick auf die Tageszeiten gebeten. So zeigt sich, dass für die Gruppe der Bediensteten Sportangebote im Vormittags- oder Mittagsbereich in der Regel
eher als „unwichtig" eingeschätzt werden. Eine hohe Bedeutung besitzen für diese
Gruppe aber die abendlichen Sportangebote. Unabhängig von ihren Wünschen
und der Tageszeit empfinden die Bediensteten die Struktur der Sportangebote als
„gut" bis befriedigend („teils/teils"). Ein ähnliches Beurteilungsschema findet sich bei
den Studierenden wieder. Sehr hohe Bedeutung hat in beiden Gruppen der Aspekt
„gutes Preis-/Leistungsverhältnis". Dieses wird in Köln als „gut" beurteilt.

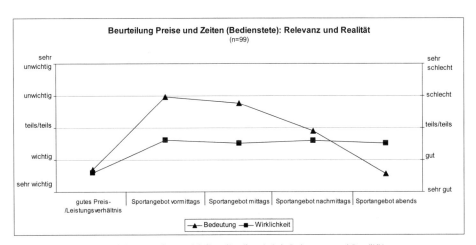

Abbildung 128   Beurteilung Preise und Zeiten (Bedienstete): Relevanz und Realität

4.7.2.2 Die Nichtteilnehmer an den Angeboten von campussport köln

Diejenigen Hochschulangehörigen, die im Wintersemester 2008/09 nicht an Angeboten von *campussport köln* teilnahmen (1.177 der befragten Studierenden und 237
der befragten Bediensteten), wurden danach befragt, ob ihnen die Angebote von
campussport köln überhaupt bekannt sind und warum sie diese bisher noch nicht
genutzt haben bzw. nicht mehr in Anspruch nehmen.

Etwa einem Fünftel (21,5%), der momentan nicht die Angebote von campussport
köln nutzenden Bediensteten und 15% der nicht bei *campussport köln* aktiven Studierenden ist das Angebot von *campussport köln* überhaupt nicht bekannt. Die überwiegende Mehrheit, 48,5% bzw. 57,3%, kennt zwar die Angebote von campussport
köln, hat aber noch nicht an diesen teilgenommen. Etwas weniger als ein Drittel der
momentan nicht bei *campussport köln* aktiven Bediensteten und Studierenden war
früher schon einmal Teilnehmer an einem der Angebote von *campussport köln* (vgl.
Abbildung 129).

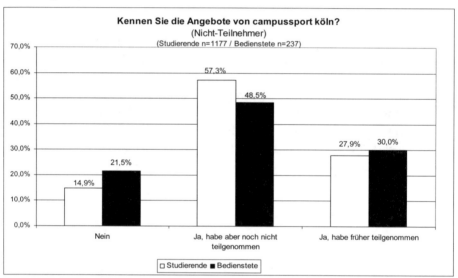

Abbildung 129   Kennen Sie die Angebote von *campussport köln*? (Nicht-Teilnehmer)

Zunächst soll die Gruppe, welche die <u>Angebote von *campussport köln* überhaupt
nicht kennt</u> (175 Studierende und 51 Bedienstete), näher betrachtet werden. Hier
zeigt sich, dass *campussport köln* zwar generell bekannt ist, die Befragten aber oftmals nicht wussten, wo sie sich über die Angebote informieren können (Studierende:
68,4% / Bedienstete: 51,6%). Von den Personen, die angaben die Angebote von
campussport köln nicht zu kennen, äußerten weniger als ein Drittel der Bediensteten
bzw. ein Achtel der Studierenden, dass überhaupt kein Interesse an den Angeboten
von *campussport köln* besteht. Bei den Studierenden gab zudem ein Siebtel der Per-

sonen an, dass sie generell kein Interesse an sportlichen Aktivitäten haben, bei den Bediensteten ist dies nur jeder Fünfzehnte.

Bei diesen Zahlen ist jedoch zu beachten, dass die Stichprobe bei 31 Nennungen für aussagekräftige Tendenzen zu klein ist.

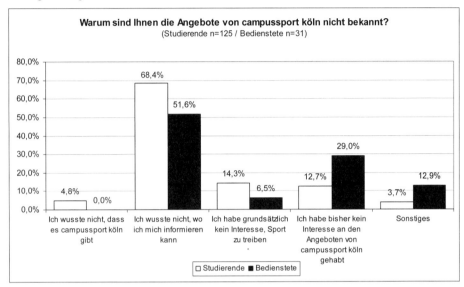

Abbildung 130   Warum sind Ihnen die Angebote von *campussport köln* nicht bekannt?

Ein Großteil der Personen, die die Angebote von *campussport köln* bisher nicht kennen, würden diese gerne kennen lernen. Lediglich ein Zehntel der Bediensteten und ein Fünftel der Studierenden interessieren sich explizit nicht für den campussport (vgl. Abbildung 131).

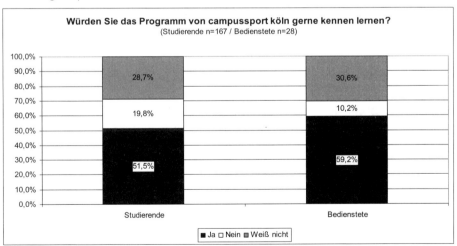

Abbildung 131   Würden Sie das Programm von *campussport köln* gerne kennen lernen?

Diejenigen, die angegeben haben, dass sie _campussport köln_ zwar kennen, aber die Angebote noch nicht genutzt haben (659 Studierende und 110 Bedienstete), wurden nach ihren Gründen hierfür befragt (vgl. Abbildung 132). Der meistgenannte Grund der Studierenden ist, dass „keine Zeit" für die Teilnahme vorhanden ist. Es folgt die Aussage „die angebotenen Zeiten sind zu ungünstig". Diese Reihenfolge ist bei den Bediensteten umgekehrt. Es folgen sowohl bei den Studierenden wie auch den Bediensteten die Aussagen „Ich nutze andere Sportangebote", „Ich bin zur Zeit nicht aktiv" und „Die Sportanlagen liegen zu ungünstig".

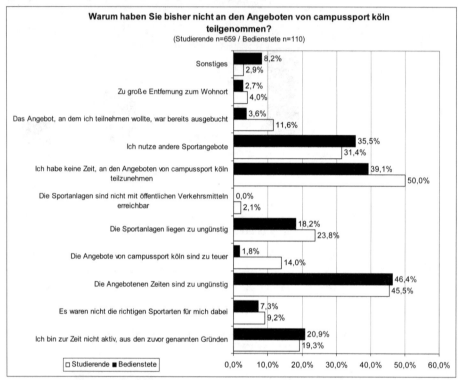

Abbildung 132   Warum haben Sie bisher nicht an den Angeboten von _campussport köln_ teilgenommen?

Ähnlich sieht es bei denjenigen aus, die bereits schon zuvor an Angeboten von _campussport köln_ teilgenommen haben, diese aber aktuell nicht mehr in Anspruch nehmen (316 Studierende und 66 Bedienstete). Hier findet sich die Aussage „Die Angebote finden für mich zur falschen Zeit statt" bei beiden Gruppen vor der Angabe „Ich habe keine Zeit mehr". Bei den Studierenden folgt quasi gleichauf mit knapp 40% die Angabe „Die Gruppen waren zu voll". Bei den Bediensteten nimmt immerhin noch jeder vierte nicht mehr an den Angeboten teil, weil die Gruppen zu voll waren. Andere Sportangebote nutzen jeweils gut ein Viertel der Nicht-Teilnehmer.

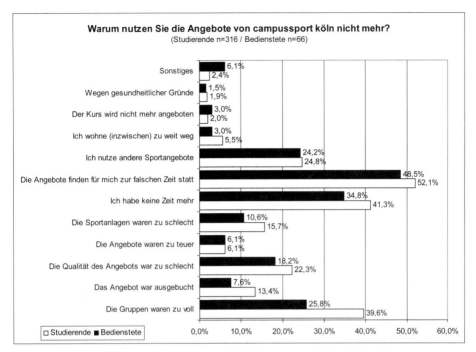

Abbildung 133   Warum nutzen Sie die Angebote von *campussport köln* nicht mehr?

Abschließend wurden diejenigen Personen befragt, die <u>aktuell nicht an Angeboten von *campussport köln* teilnehmen</u>, sondern andere Organisationsformen nutzen, wie wichtig ihnen bestimmte Aspekte bei einer <u>potentiellen Teilnahme an Angeboten von *campussport köln*</u> wären.

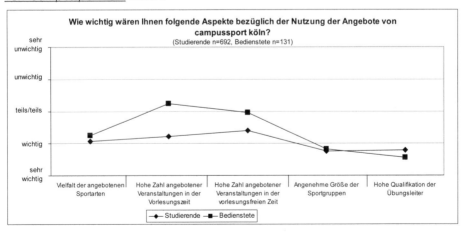

Abbildung 134   Wie wichtig wären Ihnen folgende Aspekte bezüglich der Angebote von *campussport köln*

Bei den Aspekten „Vielfalt der angebotenen Sportarten", „Angenehme Größe der Sportgruppe" und „Hohe Qualifikation der Übungsleiter" sind sich die Studierenden und die Bediensteten überwiegend einig, dass ihnen diese „wichtig" bis „sehr wichtig" für ein mögliches Sporttreiben im Rahmen der Angebote von campussport köln sind. Die geringste Bedeutung in beiden Gruppen, besonders bei den Bediensteten, hat eine hohe Zahl angebotener Veranstaltungen, sowohl in der Vorlesungszeit wie auch in der vorlesungsfreien Zeit. Den Bediensteten ist im Gegensatz zu den Studierenden eine hohe Zahl Angebotener Veranstaltungen in der vorlesungsfreien Zeit wichtiger als in der Vorlesungszeit (vgl. Abbildung 134).

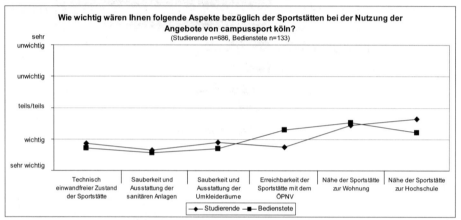

Abbildung 135   Wie wichtig wären Ihnen folgende Aspekte bezüglich der Sportstätten bei der Nutzung der Angebote von campussport köln

Bei den Fragen bezüglich der Sportstätten gehen die Meinungen der Studierenden und der Bediensteten insgesamt nur geringfügig auseinander. Hier ist der größte Unterschied bei der Erreichbarkeit der Sportstätten mit dem öffentlichen Nahverkehr zu erkennen. Dieser Aspekt ist den Studierenden wichtiger als den Bediensteten. Im Gegensatz dazu ist den Bediensteten die Nähe der Sportstätten zur Hochschule wichtiger als den Studierenden (vgl. Abbildung 135).

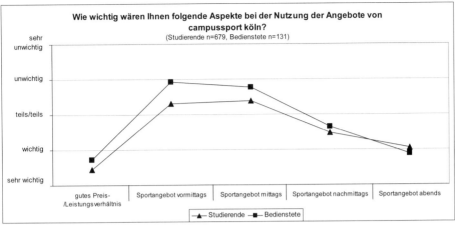

Abbildung 136   Wie wichtig wären Ihnen folgende Aspekte bei der Nutzung der Angebote von *campussport köln*

In Abbildung 136 ist zu erkennen, dass sowohl den Studierenden als auch den Bediensteten ein gutes Preis-/Leistungsverhältnis wichtig ist. Die Frage zu den Zeitpunkten, an denen Sportangebote stattfinden sollen, zeigt ein einheitliches Bild. Sportangebote am Vormittag halten beide Gruppen für eher unwichtig; Tagsüber und vor allem zum Abend hin steigt die Bedeutung der Sportangebote kontinuierlich an.

4.7.3   Fazit für campussport köln

Die Onlinebefragung zum Hochschulsport in NRW ergab auch für den Standort Köln eine Vielzahl interessanter und aufschlussreicher Ergebnisse. Neben Kenntnissen über das allgemeine Sporttreiben der Studierenden und Bediensteten – auch außerhalb des Hochschulsports – besitzt *campussport köln* nun detailliertes Wissen über die Beurteilungen seiner Angebote durch die Nutzer sowie über die Wünsche und Kritikpunkte der „Nicht-Teilnehmer".

Die genaue Analyse und Umsetzung dieser Kenntnisse kann natürlich nur durch die handelnden Personen vor Ort geschehen. Um hierbei eine Hilfestellung zu leisten, sollen abschließend neben den allgemeinen Trends im Hochschulsport, die ausführlich in Kap. 3.3 geschildert werden, folgende Besonderheiten für *campussport köln* festgehalten werden:

- Der Stellenwert von *campussport köln* ist sowohl für Studierende, wie auch für Bedienstete nicht so groß wie an den meisten anderen Hochschulstandorten.

- Die Organisationsquote von *campussport köln* ist in den Sportarten Fitnesstraining, Aerobic und Badminton deutlich schlechter als im Landesdurchschnitt (Studierende).

- Die Anzahl der Kurse in der vorlesungsfreien Zeit wird sowohl von Studierenden als auch von Bediensteten kritischer beurteilt.

- Auch die Sauberkeit der Sportstätten wird etwas kritischer gesehen.

- Das Preis-/Leistungsverhältnis von *campussport köln* wird von den Studierenden zwar grundsätzlich positiv, aber etwas schlechter als im Landesdurchschnitt bewertet.

- *campussport köln* besitzt auch bei den Studierenden, die nicht an dessen Angeboten teilnehmen, einen hohen Bekanntheitsgrad.

- Studierende, die noch nicht die Angebote von *campussport köln* genutzt haben, beklagen sich überdurchschnittlich oft über zu hohe Kosten.

- Personen, die nicht mehr die Angebote von *campussport köln* nutzen, beklagen sich häufiger als an den anderen Standorten über die Qualität des Angebotes und der Anlagen. Die Studierenden nennen zudem den Grund „zu volle Gruppen" häufiger als sonst.

4.8 Der Hochschulsport in Münster

In den folgenden Abschnitten werden die Ergebnisse der landesweiten Hochschulsportbefragung für den Hochschulsport an der Westfälischen Wilhelms-Universität
Münster und Fachhochschule Münster konkretisiert. In Tabelle 45 sind zunächst wichtige Kennzahlen des Hochschulstandortes Münster aufgeführt. Im Vergleich zu den
Zahlen an den anderen Hochschulstandorten (vgl. Kap. 4.1) fällt auf, dass dem
Hochschulsport in Münster überdurchschnittlich viele Sportstätten zur Verfügung stehen und er eine hohe Vielfalt an Sportarten und Kursen anbieten kann.

Angaben zum Hochschulstandort Münster	
Quelle: Hochschulsport Münster	Anzahl im WS 2008/2009
Teilnehmer am Hochschulsport	9.338
... davon Studentinnen	4.410
... davon Studenten	3.844
... davon weibliche Bedienstete	158
... davon männliche Bedienstete	154
... davon externe Teilnehmer	732
Angebotene Sportarten	103
Angebotene Kurse	585
... davon ausgebuchten Kurse	503
Genutzte Sportstätten	47
... davon eigene Sportstätten	21
... davon fremde Sportstätten	26

Tabelle 45   Angaben zum Hochschulstandort Münster

Die Online-Befragung zum Hochschulsport in Münster startete am 13.01.2009 an der
Westfälischen Wilhelms-Universität. Durch ein Missverständnis wurde das Anschreiben
leider zunächst nur über den E-Mail-Verteiler des Hochschulsports an die Hochschulsportnutzer weitergeleitet. Am 23.01.2009 wurden auch die restlichen Studierenden
und Bediensteten von Seiten der Personalverwaltung der Universität angeschrieben.
Knapp drei Wochen später wurden auch alle Studierenden und Bediensteten der FH
Münster über die Umfrage informiert und zur Teilnahme aufgefordert. Der Versand
einer Erinnerungsemail war leider an beiden Standorten nicht möglich. Nach Beendigung der Befragung befanden sich in der Datenbank ca. 5.900 Fragebögen. Nach
dem Bereinigen der Datenbank, hierbei wurden leere oder nicht verwendbare Datensätze gelöscht, liegen noch 5.765 Datensätze vor. Diese beinhalten 4.949 Studierende und 816 Bedienstete. Somit liegt der Anteil an der Grundgesamtheit bei eher
durchschnittlichen 11,0% bei den Studierenden bzw. 14,1% bei den Bediensteten (vgl.
Tabelle 46). Deutliche Unterschiede beim Rücklauf zeigen sich bei einer getrennten
Betrachtung der beiden Standorte Uni Münster und FH Münster. So ist der Rücklauf
bei den Studierenden an der Uni Münster mehr als doppelt so hoch wie an der FH
Münster. Bei den Bediensteten ist das Verhältnis zwischen Uni und FH Münster hingegen umgekehrt.

Da der Anteil der Studentinnen im Vergleich zur Grundgesamtheit ein wenig erhöht ist, war es nötig eine Gewichtung vorzunehmen. Auch der Anteil der Nutzer des Hochschulsport-Angebots ist durch die gezielte Ansprache beim Erstversand (s. o.) in dem Datensatz stark erhöht. Da überwiegend auf den Hochschulsport eingegangen werden soll und keine Rückschlüsse auf die Grundgesamtheit stattfinden, wurde an dieser Stelle auf eine Datenmodifikation verzichtet.

Studierenden- und Bedienstetenzahlen am Hochschulstandort Münster und im Datensatz im Vergleich				
		Absolut		Anteil
		Uni Münster	Datensatz	
Studierende (WS 08/09)	männlich	16.853	1.787	10,6%
	weiblich	19.069	2.653	13,9%
	gesamt	35.922	4.440	**12,4%**
Bedienstete (WS 08/09)	männlich	/	259	/
	weiblich	/	390	/
	gesamt	5.000	649	**13,0%**
		Absolut		Anteil
		FH Münster	Datensatz	
Studierende (WS 08/09)	männlich	5.531	303	5,5%
	weiblich	3.547	187	5,3%
	gesamt	9.078	490	**5,4%**
Bedienstete (WS 08/09)	männlich	/	78	/
	weiblich	/	84	/
	gesamt	800	162	**20,3%**

Tabelle 46   Studierenden- und Bedienstetenzahlen am Hochschulstandort Münster und im Datensatz im Vergleich

(Foto: Samuel Scharf)

4.8.1   Das Sporttreiben am Hochschulstandort Münster

Im Folgenden soll zunächst das allgemeine Sporttreiben der Studierenden und Bediensteten am Standort Münster näher betrachtet werden, bevor darauf eingegangen wird, welche Rolle der Hochschulsport an diesem Universitätsstandort spielt und wie ihn seine Nutzer beurteilen.

Etwas mehr als vier Fünftel der Studierenden und vier Fünftel der Bediensteten bezeichnen sich grundsätzlich als sportlich aktiv (vgl. Abbildung 137). Werden nur diejenigen betrachtet, die mindestens einmal pro Woche Sport treiben, so liegen die Werte deutlich niedriger. 68,5% der Studierenden und 67,8% der Bediensteten sind mindestens einmal wöchentlich sportaktiv.

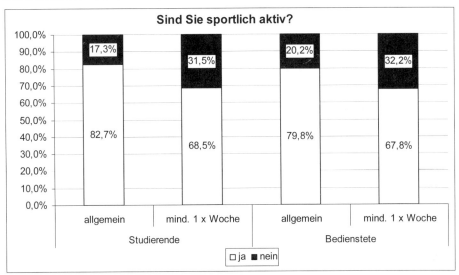

Abbildung 137   Sportliche Aktivität der Studierenden und Bediensteten

In den nächsten Abschnitten werden nun nur noch die sportlich aktiven Studierenden und Bediensteten näher betrachtet.

Bei der Frage nach dem Ort des Sporttreibens unterscheiden sich die Studierenden von den Bediensteten. Die Bediensteten betreiben fast drei Fünftel ihrer Sportarten in Münster ausschließlich in Münster und ein Sechstel in Münster und außerhalb. Immerhin ein Viertel der Bediensteten betreiben ihren Sport ausschließlich außerhalb von Münster. Bei den Studierenden ist dieser Wert geringer. Nur jeder Sechste betreibt seinen Sport ausschließlich außerhalb von Münster. Ein Fünftel der Studierenden betreiben den Sport am Hochschulort und außerhalb und etwas mehr als drei Fünftel sind nur in Münster aktiv (vgl. Abbildung 138).

Abbildung 138   Wo betreiben Sie ihre Sportart?

Zu Beginn des Fragebogens sollten die Befragten grob einschätzen, ob Sie ihren Sport ausschließlich, teilweise oder gar nicht im Rahmen des Hochschulsportangebots betreiben. Jeder siebte Studierende (14,2%) und jeder elfte Bedienstete (8,9%) gaben an, ihre Aktivitäten ausschließlich im Hochschulsport auszuüben. Am intensivsten nutzen die weiblichen Studierenden den Hochschulsport. Knapp 19% betreiben ihren Sport ausschließlich im Rahmen der Angebote des Hochschulsports und weitere fast 56% sowohl im Hochschulsport als auch außerhalb. Auch in den anderen Gruppen liegen die Werte für die alleinige Nutzung der Angebote des Hochschulsports für das eigene Sporttreiben deutlich darunter, aber immer noch zwischen 7% und 11% (vgl. Abbildung 139). Der Anteil derjenigen die sowohl im Hochschulsport wie auch außerhalb Sport treiben, liegt bei den Studierenden zwischen 51% und 56%, bei den Bediensteten zwischen 30% und 32%. Fast zwei Drittel der Bediensteten betreiben ihren Sport generell außerhalb des Hochschulsports.

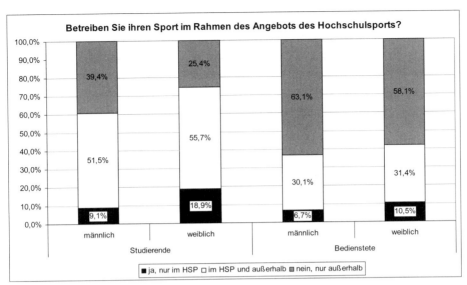

Abbildung 139   Betreiben Sie ihren Sport im Rahmen des Angebots des Hochschulsports?

Im Verlauf der Befragung sollten die Studierenden und Bediensteten zudem jeder von ihnen betriebenen Sportart eine bzw. mehrere konkrete Organisationsformen zuordnen. Dadurch entsteht ein etwas differenzierteres Bild der Organisation des Sporttreibens und des Stellenwertes des Hochschulsports. Zu bedenken ist hierbei, dass auch eine Mehrfachnennung verschiedener Organisationsformen möglich war. Zudem steckt in dieser Verteilung noch keine Aussage über die Regelmäßigkeit und den zeitlichen Umfang der Teilnahme.

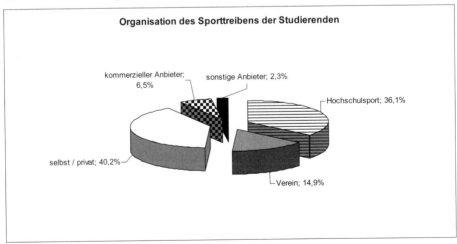

Abbildung 140   Organisation des Sporttreibens der Studierenden

Mehr als ein Drittel des Sporttreibens der Studierenden wird durch den Hochschulsport organisiert. Damit kann der Hochschulsport in dieser Gruppe einen deutlich höheren Stellenwert wie der Sportverein (14,9% aller Aktivitäten) aufweisen. Deutliche Unterschiede sind allerdings zwischen den Geschlechtern feststellbar. Während bei den Studentinnen der Anteil des Hochschulsports sogar bei etwas über zwei Fünfteln liegt (41,6%), ist der Stellenwert des Hochschulsports bei den männlichen Studenten deutlich geringer (30,5%). Gleichzeitig organisieren die Studierenden knapp 40% ihres Sporttreibens auf privater Basis. Die kommerziellen Anbieter (6,5%) spielen für das Sporttreiben dieser Gruppe nur eine untergeordnete Rolle.

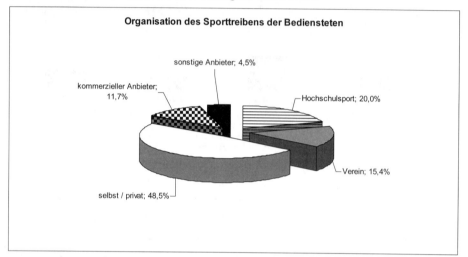

Abbildung 141   Organisation des Sporttreibens der Bediensteten

Bei den <u>Bediensteten</u> zeigt sich ein leicht anderes Bild. Auch hier hat der Hochschulsport einen höheren Stellenwert als der Sportverein, allerdings bei weitem nicht so deutlich. Der Anteil des Hochschulsports liegt hier deutlich niedriger als in der Gruppe der Studierenden, während der Anteil des Vereins in etwa gleich liegt. Dagegen ragt bei den Bediensteten viel deutlicher das selbst organisierte Sporttreiben (48,5%) heraus. Betrachtet man nur die weiblichen Bediensteten, stellt man fest, dass die gewerblichen Anbieter bei ihnen einen fast doppelt so hohen Stellenwert besitzen, wie bei den männlichen Bediensteten (14,2% zu 8,1%)

Welche Sportarten von den sportlich Aktiven im Allgemeinen ausgeübt werden - unabhängig davon, ob diese im Rahmen des Hochschulsports erfolgen, ist in Tabelle 47 abzulesen. Die Befragten konnten bis zu drei verschiedene Aktivitäten angegeben. Im Schnitt üben die Studierenden (1,86) und die Bediensteten (1,89) ungefähr zwei Sportarten aus. Während Joggen, Laufen sowohl bei den Studierenden als auch bei den Bediensteten mit ungefähr einem Drittel der Nennungen die beliebteste Aktivität ist und Fitnesstraining mit 19,2% und 16,4% noch den zweiten bzw. dritten Rang, ebenfalls in beiden Gruppen von großer Bedeutung ist, ändern sich danach die Präferenzen zwischen den beiden Gruppen sehr deutlich.

Die Top-Sportarten der Studierenden und Bediensteten				
Studierende		**Gesamt**	**Bedienstete**	
Platz	Anteil an den Aktiven (in %)	Anteil an den Aktiven (in %)	Anteil an den Aktiven (in %)	Platz
1	31,0%	Joggen, Laufen 31,1%	31,2%	1
2	19,2%	Fitnesstraining 18,8%	16,4%	3
3	12,2%	Fußball 11,3%	5,8%	7
4	10,3%	Schwimmen 10,6%	12,5%	4
5	7,8%	Radfahren 9,2%	18,2%	2
6	6,5%	Tanzen 6,2%	4,1%	12
7	5,8%	Badminton 5,5%	3,5%	16
8	5,2%	Aerobic 5,0%	4,0%	14
9	5,1%	Krafttraining 5,0%	4,4%	10
10	5,0%	Volleyball 5,0%	5,2%	8
11	3,8%	Aqua-Jogging/-Fitness 4,3%	7,6%	6
12	3,6%	Tennis 3,7%	4,1%	13
13	3,6%	Basketball 3,1%	0,5%	45
14	3,1%	Reiten 3,0%	2,4%	21
15	3,0%	Tae-Bo 2,8%	1,4%	25
16	2,3%	Pilates 2,6%	4,3%	11
20	1,9%	Spazierengehen 2,1%	3,2%	18
18	2,1%	Handball 2,1%	1,8%	22
21	1,9%	Yoga 2,1%	3,4%	17
19	2,0%	Inline-Skating 1,9%	1,8%	23
17	2,1%	Kampfsport 1,9%	0,8%	34
40	0,9%	Nordic Walking / Walking 1,9%	8,1%	5

Tabelle 47   Die Top-Sportarten der Studierenden und Bediensteten

Fußball erreicht bei den Studierenden den 3. Platz, während es bei den Bediensteten lediglich auf Rang sieben liegt. Bei den Bediensteten liegt das Radfahren auf dem zweiten Rang, welches bei den Studierenden mit Rang fünf schon eine geringere Rolle spielt. Schwimmen folgt bei beiden Gruppen auf Rang vier. Bei den Studierenden folgen auf den Plätzen sechs bis zehn die Sportarten Tanzen, Aerobic, Badminton, Krafttraining und Volleyball. Hingegen finden sich bei den Bediensteten Nordic Walking / Walking und Aqua-Jogging/-Fitness auf den Rängen fünf und sechs sowie Volleyball, Gymnastik und Krafttraining auf den Rängen sieben bis zehn.

Organisationsquote des Hochschulsports bei den beliebtesten Sportarten				
Rang	Top-10 - Sportarten **Studierende**	Anteil des HSP (in %)	Top-10 - Sportarten **Bedienstete**	Anteil des HSP (in %)
1.	Joggen, Laufen	7,6	Joggen, Laufen	3,2
2.	Fitnesstraining	50,8	Radfahren	0,0
3.	Fußball	13,8	Fitnesstraining	35,5
4.	Schwimmen	12,9	Schwimmen	9,0
5.	Radfahren	2,0	Nordic Walking / Walking	0,0
6.	Tanzen	64,7	Aqua-Jogging/-Fitness	51,8
7.	Badminton	13,4	Fußball	31,1
8.	Aerobic	75,3	Volleyball	23,8
9.	Krafttraining	43,3	Gymnastik	21,6
10.	Volleyball	47,6	Krafttraining	34,4

Tabelle 48   Organisationsquote des Hochschulsports bei den beliebtesten Sportarten

Die Bedeutung des Hochschulsports als Organisator der Sportarten ist sehr unterschiedlich. So wird die beliebteste Sportart „Joggen, Laufen" nur von 7,6% aller Studierenden und von 3,2% der Bediensteten im Rahmen des Hochschulsports betrieben. Jede 10. Aktivität im Schwimmen wird in beiden Gruppen vom Hochschulsport organisiert. Hohe Organisationsquoten besitzt der Hochschulsport hingegen bei den Studierenden in den Sportarten Tae-Bo (88,2%), Aqua-Fitness (86,3%), Pilates (78,3%) und Aerobic (75,3%). Bei den Bediensteten spielt der Hochschulsport vor allem in den Sportarten Aerobic (53,6%), Aqua-Fitness (35,8%) und Pilates (51,5%) eine große Rolle.

Neben dem sehr umfangreichen, aktuell vorfindbaren Sportgeschehen äußern beide Statusgruppen auch ein großes Interesse, neue Sportarten kennen zu lernen. Im Rahmen eines „Schnupperkurses" würde gerne fast drei Viertel der Studierenden (71,7%) und fast zwei Drittel der Bediensteten (62,6%) neue Sportarten ausprobieren. In diesem Kontext besteht bei den Studierenden ein sehr hohes Interesse an den Sportarten Yoga (n=240 / 4,8% aller Befragten), Klettern (n=226 / 4,6%), Bogenschießen (n=211 / 4,3%), Fechten (n=203 / 4,1%) und Aqua-Fitness (n=190 / 3,8%). In der Gruppe der Bediensteten finden vor allem die Sportarten Bogenschießen (n=45 / 5,5%), Aqua-Fitness (n=40 / 4,9%), Yoga (n=37 / 4,5%), Gesundheitsgymnastik (n=31 / 3,8%) und Pilates (n=26 / 3,2%) eine starke Resonanz.

(Foto: Isabella Thiel)

4.8.2 Bewertung des Münsteraner Hochschulsports

In diesem Abschnitt stehen die Rahmenbedingungen des Sporttreibens im Hochschulsport am Standort Münster im Vordergrund der Betrachtungen. Neben den Erwartungen an den Hochschulsport und der Bewertung seiner Angebote durch die
Nutzer werden auch die Gründe und Wünsche derjenigen betrachtet, die den Hochschulsport aktuell nicht in Anspruch nehmen.

4.8.2.1 Die Teilnehmer am Hochschulsport in Münster

Bei der Befragung gaben ca. 2500 Personen an, dass sie den Hochschulsport zumindest zeitweise nutzen. Diese Personengruppe sollte im weiteren Verlauf angeben, wie
wichtig ihnen ausgewählte Aspekte bei der Nutzung des Hochschulsports sind (Relevanz) und wie sie diese Aspekte auf der Basis ihrer Erfahrungen (Realität) mit dem
Hochschulsport an der Universität Münster beurteilen. Die ausgewählten 16 Einzelaspekte wurden in den drei Hauptkategorien „Angebote", „Sportstätten" und „Preise
und Zeiten" zusammengefasst und anhand einer 5er Skala (sehr unwichtig = 5 bis
sehr wichtig = 1 bzw. sehr schlecht = 5 bis sehr gut = 1) bewertet. Durch diesen Abgleich zwischen der Bedeutung und der Wirklichkeit ist es möglich, Problembereiche
genauer zu erkennen.

Im Themengebiet „Qualität des Angebotes" wurden fünf zentrale Aspekte abgefragt
und von den aktuellen Nutzern der Hochschulsportangebote in Hinblick auf ihre
Wünsche und Erfahrungen beurteilt. Bei den Studierenden ist erkennbar, dass der

Punkt „Vielfalt der angebotenen Sportarten" die beste Beurteilung bekommt und höher als die Einschätzung der Relevanz dieses Punktes liegt.

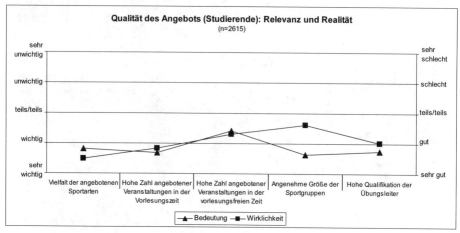

Abbildung 142   Qualität des Angebots (Studierende): Relevanz und Realität

In den anderen Aspekten fällt die Beurteilung des real erlebten Angebots etwas negativer aus, und liegt in der Regel unterhalb der Einschätzung der Wichtigkeit. Bei den Bediensteten sind es die zwei Aspekte „Vielfalt der angebotenen Sportarten" und „Hohe Zahl angebotener Veranstaltungen in der Vorlesungszeit" bei denen die Beurteilung des real erlebten Angebots positiver ausfällt als die Einschätzung der Bedeutung. In der Regel sind diese Abweichungen marginal, nur bei dem Aspekt „Angenehme Größe der Sportgruppen" gibt es bei den Studierenden eine etwas deutlichere Abweichung zwischen Wunsch (1,63) und Realität (2,62). Hier fällt auf, dass es sich hierbei um die schlechteste Bewertung der Studierenden handelt, sie diesem Aspekt aber gleichzeitig auch die höchste Bedeutsamkeit zurechnen.

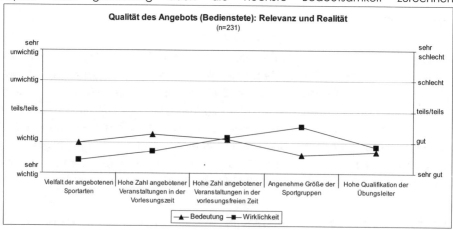

Abbildung 143   Qualität des Angebots (Bedienstete): Relevanz und Realität

Bei den Bediensteten werden die Aspekte „Hohe Zahl angebotener Veranstaltungen in der vorlesungsfreien Zeit" und „Angenehme Größe der Sportgruppen" am schlechtesten beurteilt. Allerdings wird auch hier dem Aspekt „Angenehme Größe der Sportgruppen" insgesamt eine hohe Bedeutsamkeit beigemessen.

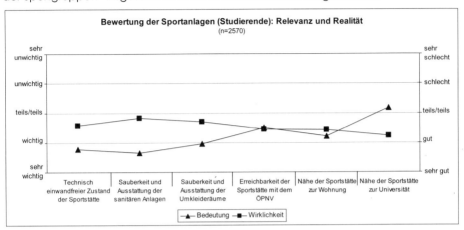

Abbildung 144   Bewertung der Sportanlagen (Studierende): Relevanz und Realität

Im Themenbereich „Sportstätten" wurden insgesamt sechs unterschiedliche Aspekte beurteilt. Im Gegensatz zum Themenfeld "Sportangebote" finden sich hier deutlichere Abweichungen zwischen der Relevanz und der Realität. So werden die Aspekte „Technisch einwandfreier Zustand der Sportstätte", „Sauberkeit und Ausstattung der sanitären Anlagen" und „Sauberkeit und Ausstattung der Umkleideräume" von beiden Gruppen als „sehr wichtig" bis „wichtig" eingestuft. Die Beurteilung der für das Sporttreiben genutzten Räume fällt in Münster hingegen eher durchschnittlich aus, auch wenn die Durchschnittswerte noch nicht im „negativen" Bereich liegen. Die Erreichbarkeit der Sportstätten in Münster mit dem ÖPNV sowie die Nähe der Sportstätte zur Wohnung bzw. Universität werden generell als „gut" bis durchschnittlich(teils/teils) eingestuft.

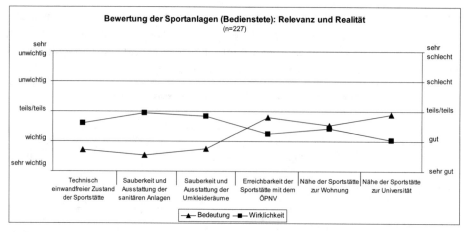

Abbildung 145   Bewertung der Sportanlagen (Bedienstete): Relevanz und Realität

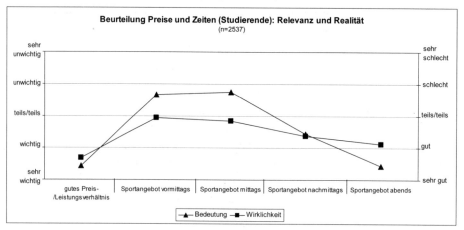

Abbildung 146   Beurteilung Preise und Zeiten (Studierende): Relevanz und Realität

Die deutlichsten Abweichungen zwischen Wunsch und Realität finden sich im Themenfeld „Preise und Zeiten". Hier wurde vor allem um eine Einschätzung der Ange-
botsstruktur im Hinblick auf die Tageszeiten gebeten. So zeigt sich, dass für die Gruppe der Bediensteten Sportangebote im Vormittags- oder Mittagsbereich in der Regel
eher als „unwichtig" eingeschätzt werden. Eine hohe Bedeutung besitzen für diese
Gruppe aber die abendlichen Sportangebote. Unabhängig von ihren Wünschen
und der Tageszeit empfinden die Bediensteten die Struktur der Sportangebote als
„gut" bis befriedigend („teils/teils"). Ein ähnliches Beurteilungsschema findet sich bei
den Studierenden wieder. Sehr hohe Bedeutung hat in beiden Gruppen der Aspekt
„gutes Preis-/Leistungsverhältnis". Dieses wird in Münster als „gut" beurteilt.

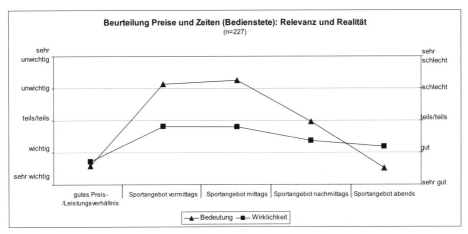

Abbildung 147   Beurteilung Preise und Zeiten (Bedienstete): Relevanz und Realität

4.8.2.2 Die Nichtteilnehmer am Hochschulsport in Münster

Diejenigen Universitätsangehörigen, die im Wintersemester 2008/09 nicht an Angeboten des Hochschulsports am Standort Münster teilnahmen (1.894 der befragten Studierenden und 527 der befragten Bediensteten) wurden danach befragt, ob ihnen die Angebote des Hochschulsports überhaupt bekannt sind und warum sie diese bisher noch nicht genutzt haben bzw. nicht mehr in Anspruch nehmen.

Etwa einem Viertel (23,9%), der momentan nicht den Hochschulsport nutzenden Bediensteten und 22% der nicht im Hochschulsport aktiven Studierenden ist das Angebot des Hochschulsports überhaupt nicht bekannt. Die überwiegende Mehrheit, etwa 55% bzw. 48%, kennt zwar die Angebote des Hochschulsports, hat aber noch nicht an diesen teilgenommen. Fast 30% der momentan nicht im Hochschulsport aktiven Bediensteten war früher schon einmal Teilnehmer an einem Hochschulsportangebot (vgl. Abbildung 148).

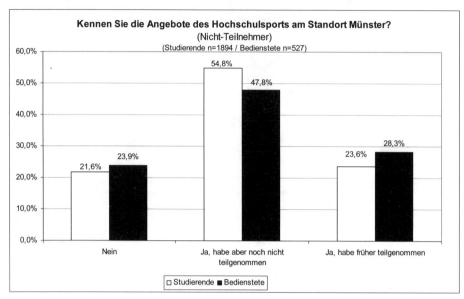

Abbildung 148   Kennen Sie die Angebote des Hochschulsports am Hochschulstandort Münster?
                 (Nicht-Teilnehmer)

Zunächst soll die Gruppe, welche die <u>Angebote des Hochschulsports überhaupt nicht kennt</u> (409 Studierende und 126 Bedienstete), näher betrachtet werden. Hier zeigt sich, dass der Hochschulsport zwar generell bekannt ist, die Befragten aber oftmals nicht wussten, wo sie sich über die Angebote informieren können (Studierende: 69,2% / Bedienstete: 50,0%). Von den Personen, die angaben die Angebote des Hochschulsports nicht zu kennen, äußerten nur ein Fünftel der Bediensteten bzw. ein Siebtel der Studierenden, dass überhaupt kein Interesse am Hochschulsport besteht. Bei den Studierenden gab zudem ungefähr ein Siebtel der Personen an, dass sie generell kein Interesse an sportlichen Aktivitäten haben, bei den Bediensteten nur jeder Neunte.

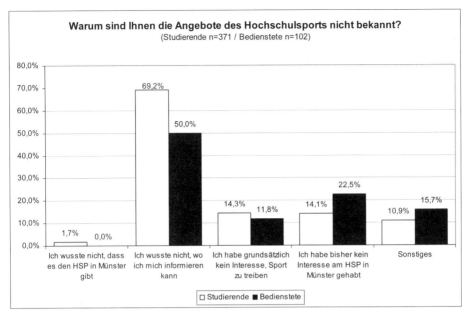

Abbildung 149   Warum sind Ihnen die Angebote des Hochschulsports nicht bekannt?

Ein Großteil der Personen, die die Angebote des Hochschulsports bisher nicht kennen, würden diese gerne kennen lernen. Lediglich ein Fünftel der Bediensteten und ein Zehntel der Studierenden interessieren sich explizit nicht für den Hochschulsport (vgl. Abbildung 150).

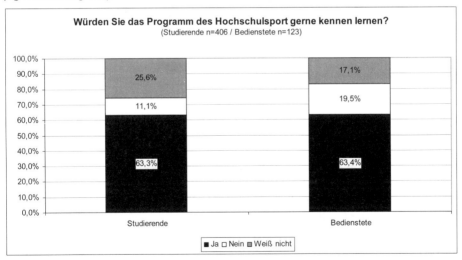

Abbildung 150   Würden Sie das Programm des Hochschulsports gerne kennen lernen?

Diejenigen, die angegeben haben, dass sie den <u>Hochschulsport zwar kennen, aber noch nicht genutzt haben</u> (1.015 Studierende und 242 Bedienstete), wurden nach ihren Gründen hierfür befragt (vgl. Abbildung 151). Der meistgenannte Grund der Studierenden ist, dass „keine Zeit" für die Teilnahme vorhanden ist. Es folgt die Aussage „die angebotenen Zeiten sind zu ungünstig" zusammen mit der Aussage das das gewünschte Angebot bereits ausgebucht ist. Dies nannten jeweils gut 27% der Befragten. Bei den Bediensteten sind die Aussagen „keine Zeit" und „die Zeiten sind zu ungünstig" nahezu gleich mit ca. 38%. Es folgen sowohl bei den Studierenden wie auch den Bediensteten die Aussagen „Ich nutze andere Sportangebote" und „Ich bin zur Zeit nicht aktiv".

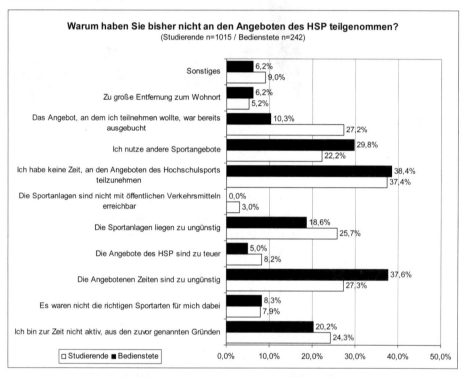

Abbildung 151   Warum haben Sie bisher nicht an den Angeboten des HSP teilgenommen?

Ähnlich sieht es bei denjenigen aus, die bereits schon <u>früher an Angeboten des Hochschulsports teilgenommen haben, diese aber aktuell nicht mehr in Anspruch nehmen</u> (431 Studierende und 146 Bedienstete). Hier findet sich die Aussage „Die Angebote finden für mich zur falschen Zeit statt" bei den Bediensteten vor der Angabe „Ich habe keine Zeit mehr". Bei den Studierenden ist diese Reihenfolge umgekehrt. Etwa jeder vierte Studierende nimmt nicht mehr an den Angeboten teil, weil die Gruppen zu voll waren. Bei den Bediensteten ist es immer noch jeder Fünfte. Ebenfalls jeder Fünfte Bedienstete nutzt inzwischen andere Sportangebote. Auffällig ist auch hier die hohe Zahl derer, die nicht teilgenommen haben, weil das Angebot bereits ausgebucht war, mit fast 22% bei den Studierenden.

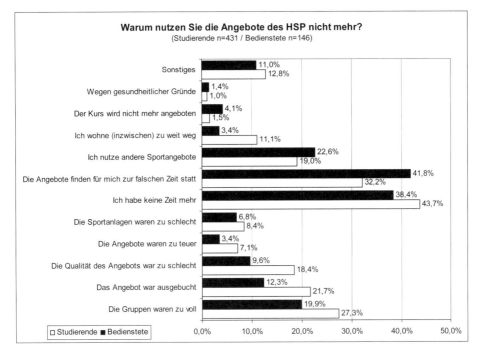

Abbildung 152   Warum nutzen Sie die Angebote des Hochschulsports nicht mehr?

Abschließend wurden diejenigen Personen befragt, die <u>aktuell nicht am Hochschul-sport teilnehmen</u>, sondern andere Organisationsformen nutzen, wie wichtig ihnen bestimmte Aspekte bei einer <u>potentiellen Teilnahme am Hochschulsport</u> wären.

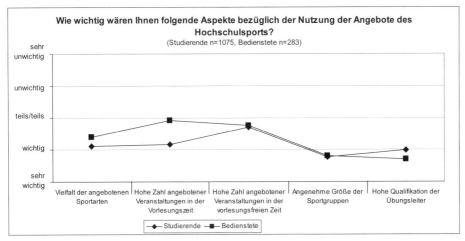

Abbildung 153   Wie wichtig wären Ihnen folgende Aspekte bezüglich der Angebote des Hochschul-sports

Bei den Aspekten „Vielfalt der angebotenen Sportarten", „Angenehme Größe der Sportgruppen" und „Hohe Qualifikation der Übungsleiter" sind sich die Studierenden

und die Bediensteten überwiegend einig, dass ihnen diese „wichtig" bis „sehr wichtig" für ein mögliches Sporttreiben im Rahmen des Hochschulsports, sind. Den Aspekt
„Hohe Anzahl angebotener Veranstaltungen in der vorlesungsfreien Zeit" halten beide Gruppen nicht ganz so wichtig, wohingegen die Meinung bei der „Hohen Zahl
angebotener Veranstaltungen in der Vorlesungszeit" auseinander geht. Halten die
Münsteraner Studierenden diesen Aspekt ebenfalls für „wichtig" bewerteten die Bediensteten ihn nur mit „teils/teils" (vgl. Abbildung 153).

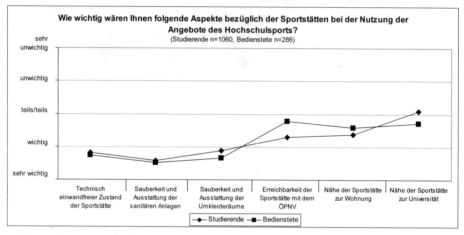

Abbildung 154   Wie wichtig wären Ihnen folgende Aspekte bezüglich der Sportstätten bei der Nutzung der Angebote des Hochschulsports

Auch bei den Fragen bezüglich der Sportstätten gehen die Meinungen der Studierenden und der Bediensteten nur geringfügig auseinander. Hier ist der größte Unterschied bei der Erreichbarkeit der Sportstätten mit dem öffentlichen Nahverkehr zu
erkennen. Dieser Aspekt ist den Studierenden wichtiger als den Bediensteten (vgl.
Abbildung 154).

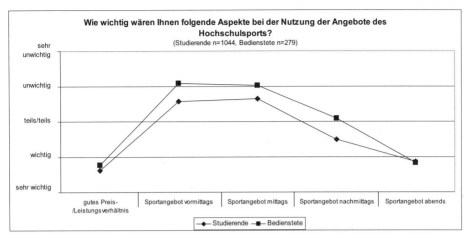

Abbildung 155   Wie wichtig wären Ihnen folgende Aspekte bei der Nutzung der Angebote des Hochschulsports

In Abbildung 155 ist zu erkennen, dass sowohl den Studierenden als auch den Bediensteten ein gutes Preis-/Leistungsverhältnis wichtig ist. Die Frage zu den Zeitpunkten, an denen Sportangebote stattfinden sollen, zeigt ein einheitliches Bild. Sportangebote am Vormittag und tagsüber halten beide Gruppen für eher unwichtig. Zum Abend hin steigt die Bedeutung der Sportangebote kontinuierlich an.

4.8.3   Fazit für den Hochschulsport in Münster

Die Onlinebefragung zum Hochschulsport in NRW ergab auch für den Standort Münster eine Vielzahl interessanter und aufschlussreicher Ergebnisse. Neben Kenntnissen über das allgemeine Sporttreiben der Studierenden und Bediensteten – auch außerhalb des Hochschulsports – besitzt der Münsteraner Hochschulsport nun detailliertes Wissen über die Beurteilungen seiner Angebote durch die Nutzer sowie über die Wünsche und Kritikpunkte der „Nicht-Teilnehmer".

Die genaue Analyse und Umsetzung dieser Kenntnisse kann natürlich nur durch die handelnden Personen vor Ort geschehen. Um hierbei eine Hilfestellung zu leisten, sollen abschließend neben den allgemeinen Trends im Hochschulsport, die ausführlich in Kap. 3.3 geschildert werden, folgende Besonderheiten für den Hochschulsportstandort Münster festgehalten werden:

- Sowohl bei den Studierenden als auch bei den Bediensteten gibt es eine hohe „Sport-vor-Ort"-Bindung.

- Der Hochschulsport besitzt in beiden Statusgruppen einen sehr hohen Stellenwert.

- Sehr hohe Organisationsquoten im Hochschulsport finden sich in den Sportarten Fitnesstraining und Tanzen (Studierende).

- Die Vielfalt der Sportangebote wird sehr positiv beurteilt.

- Die Studierenden beurteilen die Nähe der Sportstätten zur Wohnung und die Nähe der Sportstätten zur Uni schlechter als im Landesdurchschnitt.

- Bei den Nicht-Teilnehmern besteht eine hohe Bereitschaft, den Hochschulsport kennen zu lernen.

- Von den Studierenden, die den Hochschulsport noch nicht genutzt haben, werden die Gründe „angebotene Zeiten sind ungünstig" und „fehlende Vielfalt" deutlich seltener genannt. Häufiger tritt allerdings das Problem „ausgebuchte Kurse" auf.

- Dieser Grund wird auch von Studierenden, die nicht mehr den Hochschulsport nutzen überdurchschnittlich oft genannt. Zu volle Gruppen und ungünstige Zeiten des Angebotes spielen hingegen eine etwas geringere Rolle.

(Foto: Carsten Richter)

4.9 Der Hochschulsport in Paderborn

In den folgenden Abschnitten werden die Ergebnisse der landesweiten Hochschulsportbefragung für den Hochschulsport an der Universität Paderborn konkretisiert. In
Tabelle 49 sind zunächst wichtige Kennzahlen des Hochschulstandortes Paderborn
aufgeführt. Im Vergleich zu den Zahlen an den anderen Hochschulstandorten (vgl.
Kap. 4.1) fällt auf, dass dem Hochschulsport Paderborn überdurchschnittlich viele
Sportstätten zur Verfügung stehen und ein Großteil der insgesamt angebotenen Kurse ausgebucht ist.

Angaben zum Hochschulstandort Paderborn	
Quelle: Hochschulsport Paderborn	Anzahl im WS 2008/2009
Teilnehmer am Hochschulsport	5.236
... davon Studentinnen	2.477
... davon Studenten	1.611
... davon weibliche Bedienstete	234
... davon männliche Bedienstete	226
... davon externe Teilnehmer	688
Angebotene Sportarten	77
Angebotene Kurse	387
... davon ausgebuchten Kurse	296
Genutzte Sportstätten	34
... davon eigene Sportstätten	14
... davon fremde Sportstätten	20

Tabelle 49   Angaben zum Hochschulstandort Paderborn

Die Online-Befragung zum Hochschulsport in Paderborn startete am 23.01.2009 mit
einem Anschreiben an alle Studierenden und Bediensteten von Seiten der Personalverwaltung der Universität. Um den Versand einer Erinnerungsemail wurde gebeten,
ob dieser tatsächlich erfolgte, konnte leider nicht ermittelt werden. Nach Beendigung der Befragung befanden sich in der Datenbank ca. 1.800 Fragebögen. Nach
dem Bereinigen der Datenbank, hierbei wurden leere oder nicht verwendbare Datensätze gelöscht, liegen noch 1.749 Datensätze vor. Diese beinhalten 1.579 Studierende und 170 Bedienstete. Somit liegt der Anteil an der Grundgesamtheit bei zufrieden stellenden 12,1% bei den Studierenden bzw. 9,7% bei den Bediensteten (vgl.
Tabelle 50).

Da der Anteil der Studentinnen im Vergleich zur Grundgesamtheit ein wenig erhöht
ist, war es nötig eine Gewichtung vorzunehmen. Auch der Anteil der Nutzer des
Hochschulsport-Angebots ist in dem Datensatz erhöht. Da überwiegend auf den
Hochschulsport eingegangen werden soll und keine Rückschlüsse auf die Grundgesamtheit stattfinden, wurde an dieser Stelle auf eine Datenmodifikation verzichtet.

Studierenden- und Bedienstetenzahlen an der Uni Paderborn und im Datensatz im Vergleich			
		Absolut	Anteil
		Uni Paderborn / Datensatz	
Studierende (WS 08/09)	männlich	7.224 | 725	10,0%
	weiblich	5.799 | 850	14,7%
	gesamt	13.023 | 1.575	**12,1%**
Bedienstete (WS 08/09)	männlich	/ | 70	/
	weiblich	/ | 99	/
	gesamt	1.754 | 169	**9,7%**

Tabelle 50   Studierenden- und Bedienstetenzahlen an der Uni Paderborn und im Datensatz im Vergleich

(Foto: Moritz Schäfer)

4.9.1 Das Sporttreiben an der Universität Paderborn

Im Folgenden soll zunächst das allgemeine Sporttreiben der Studierenden und Bediensteten der Universität Paderborn näher betrachtet werden, bevor darauf eingegangen wird, welche Rolle der Hochschulsport an diesem Universitätsstandort spielt und wie ihn seine Nutzer beurteilen.

Fast vier Fünftel der Studierenden und ebenso der Bediensteten bezeichnen sich grundsätzlich als sportlich aktiv (vgl. Abbildung 156). Werden nur diejenigen betrachtet, die mindestens einmal pro Woche Sport treiben, so liegen die Werte deutlich niedriger. 66,7% der Studierenden und 67,6% der Bediensteten sind mindestens einmal wöchentlich sportaktiv.

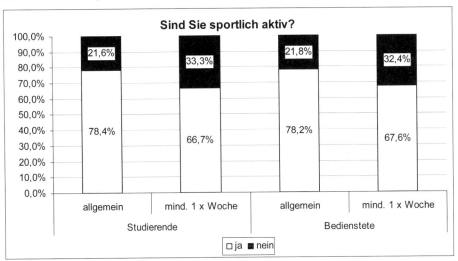

Abbildung 156   Sportliche Aktivität der Studierenden und Bediensteten

In den nächsten Abschnitten werden nun nur noch die sportlich aktiven Studierenden und Bediensteten näher betrachtet.

Bei der Frage nach dem Ort des Sporttreibens unterscheiden sich die Studierenden von den Bediensteten in hohem Maße. Jeweils etwas weniger als die Hälfte der Befragten betreibt seinen Sport am Hochschulort, knapp ein Viertel der Studierenden und ein Fünftel der Bediensteten sowohl am Hochschulort als auch außerhalb. Lediglich etwas mehr als ein Viertel der Studierenden und ein Drittel der Bediensteten betreibt ihre Aktivitäten außerhalb des Hochschulsortes (vgl. Abbildung 157).

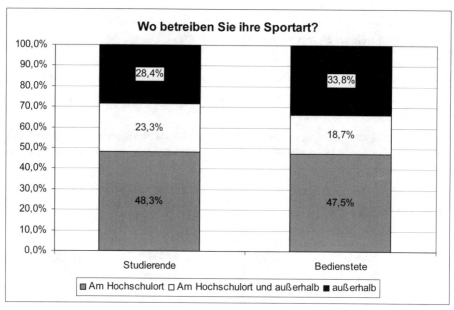

Abbildung 157   Wo betreiben Sie ihre Sportart?

Zu Beginn des Fragebogens sollten die Befragten grob einschätzen, ob Sie ihren Sport ausschließlich, teilweise oder gar nicht im Rahmen des Hochschulsportangebots betreiben. Jeder zehnte Studierende (9,6%) und jeder dreißigste Bedienstete (3,6%) gaben an, ihre Aktivitäten ausschließlich im Hochschulsport auszuüben. Am intensivsten nutzen die weiblichen Studierenden den Hochschulsport. Knapp 12% betreiben ihren Sport ausschließlich im Rahmen der Angebote des Hochschulsports und weitere 48% sowohl im Hochschulsport als auch außerhalb. In allen anderen Gruppen liegen die Werte für die alleinige Nutzung der Angebote des Hochschulsports für das eigene Sporttreiben bei 7,5% oder deutlich darunter (vgl. Abbildung 158). Der Anteil derjenigen die sowohl im Hochschulsport wie auch außerhalb Sport treiben, liegt bei allen Gruppen zwischen 35% und 48%. Fast zwei Drittel der Bediensteten betreiben ihren Sport generell außerhalb des Hochschulsports.

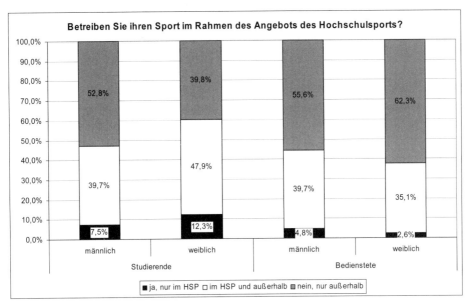

Abbildung 158   Betreiben Sie ihren Sport im Rahmen des Angebots des Hochschulsports?

Im Verlauf der Befragung sollten die Studierenden und Bediensteten zudem jeder von ihnen betriebenen Sportart eine bzw. mehrere konkrete Organisationsformen zuordnen. Dadurch entsteht ein etwas differenzierteres Bild der Organisation des Sporttreibens und des Stellenwertes des Hochschulsports. Zu bedenken ist hierbei, dass auch eine Mehrfachnennung verschiedener Organisationsformen möglich war. Zudem steckt in dieser Verteilung noch keine Aussage über die Regelmäßigkeit und den zeitlichen Umfang der Teilnahme.

Abbildung 159   Organisation des Sporttreibens der Studierenden

Ein Viertel des Sporttreibens der <u>Studierenden</u> wird durch den Hochschulsport organisiert. Damit kann der Hochschulsport in dieser Gruppe einen etwas höheren Stellenwert wie der Sportverein (21,3% aller Aktivitäten) aufweisen. Deutliche Unterschiede sind allerdings zwischen den Geschlechtern feststellbar. Während bei den Studentinnen der Anteil des Hochschulsports sogar bei 30,3% liegt, ist der Stellenwert des Hochschulsports bei den männlichen Studenten sogar geringfügig niedriger als der des Sportvereins (21,5% zu 24,1%). Insgesamt organisieren die Studierenden fast die Hälfte ihres Sporttreibens auf privater Basis. Die kommerziellen Anbieter (7,4%) spielen für das Sporttreiben dieser Gruppe nur eine untergeordnete Rolle.

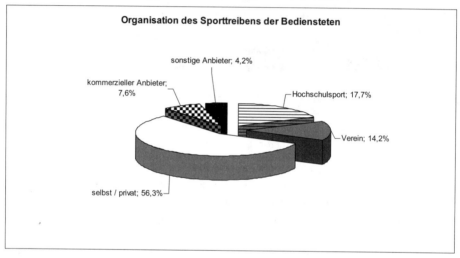

Organisation des Sporttreibens der Bediensteten

sonstige Anbieter; 4,2%

kommerzieller Anbieter; 7,6%

Hochschulsport; 17,7%

Verein; 14,2%

selbst / privat; 56,3%

Abbildung 160   Organisation des Sporttreibens der Bediensteten

Bei den <u>Bediensteten</u> zeigt sich ein ähnliches Bild. Auch hier hat der Hochschulsport einen etwas höheren Stellenwert als der Sportverein, wobei die Anteile diese Organisationsformen etwas niedriger liegen als in der Gruppe der Studierenden. Dagegen ragt bei den Bediensteten noch deutlicher das selbst organisierte Sporttreiben (56,3%) heraus. Die kommerziellen Anbieter kommen wie bei den Studenten auf nur etwa 7,5%. Dies liegt vor allem an den männlichen Bediensteten, bei denen die gewerblichen Anbieter einen halb so hohen Stellenwert (4,9%) besitzen, wie bei den weiblichen Bediensteten (9,7%).

Welche Sportarten von den sportlich Aktiven im Allgemeinen ausgeübt werden - unabhängig davon, ob diese im Rahmen des Hochschulsports erfolgen - ist in Tabelle 51 abzulesen. Die Befragten konnten bis zu drei verschiedene Aktivitäten angegeben. Im Schnitt üben die Studierenden (1,84) und die Bediensteten (1,75) ungefähr zwei Sportarten aus.

Die Top-Sportarten der Studierenden und Bediensteten				
Studierende		**Gesamt**	**Bedienstete**	
Platz	Anteil an den Aktiven (in %)	Anteil an den Aktiven (in %)	Anteil an den Aktiven (in %)	Platz
1	26,6%	Joggen, Laufen 26,1%	21,6%	1
2	20,8%	Fitnesstraining 20,3%	15,7%	5
3	15,0%	Fußball 13,7%	2,2%	19
4	13,1%	Schwimmen 13,5%	17,2%	3
8	5,9%	Radfahren 7,3%	20,9%	2
5	7,0%	Badminton 6,6%	3,0%	15
7	6,0%	Tanzen 6,0%	6,0%	8
6	6,4%	Volleyball 5,9%	1,5%	22
9	5,6%	Aerobic 5,4%	3,7%	13
10	5,3%	Krafttraining 5,3%	4,5%	11
11	4,5%	Tennis 4,5%	4,5%	12
12	4,1%	Basketball 4,0%	3,0%	16
13	3,8%	Reiten 3,6%	1,5%	23
14	3,8%	Handball 3,5%	0,7%	31
15	3,4%	Bodybuilding 3,3%	1,5%	24
18	2,4%	Spazierengehen 3,0%	9,0%	7
29	1,2%	Nordic Walking 2,8%	17,2%	4
17	2,6%	Inline-Skating 2,6%	2,2%	20
16	2,7%	Kampfsport 2,4%	0,0%	51
19	2,2%	Mountain Biking 2,1%	0,7%	32
32	1,2%	Gymnastik 2,0%	9,7%	6
27	1,4%	Yoga 1,8%	6,0%	9

Tabelle 51   Die Top Sportarten der Studierenden und Bediensteten

Während Joggen, Laufen sowohl bei den Studierenden als auch bei den Bediensteten die beliebteste Aktivität ist, ändern sich danach die Präferenzen zwischen den beiden Gruppen sehr deutlich. Fitnesstraining und Schwimmen haben bei beiden

Gruppen noch eine hohe Bedeutung. Fitnesstraining erreicht bei den Studierenden den 2. Platz und bei den Bediensteten den 4.Platz. Schwimmen hingegen liegt bei den Bediensteten auf Platz 3, während es bei den Studierenden auf Platz vier liegt. Radfahren hat bei den Bediensteten auf Platz zwei große Bedeutung, bei den Studierenden reicht es mit Platz acht immerhin noch die Top-10. Tanzen erreicht bei den Studierenden den siebten Platz, bei den Bediensteten den achten.

Bei den Studierenden belegen außerdem Fußball (Platz 3), Badminton (Platz 5), Volleyball (Platz 6), Aerobic (Platz 9) und Krafttraining (Platz 10) Top-10-Plätze. Diese spielen bei den Bediensteten untergeordnete Rollen. Hier belegen Nordic-Walking (Platz 4) Gymnastik (Platz 6), Spazierengehen (Platz 7), Yoga (Platz 9) und Pilates (Platz 10) die übrigen Ränge.

Organisationsquote des Hochschulsports bei den beliebtesten Sportarten				
Rang	Top-10 - Sportarten **Studierende**	Anteil des HSP (in %)	Top-10 - Sportarten **Bedienstete**	Anteil des HSP (in %)
1.	Joggen, Laufen	5,9	Joggen, Laufen	6,3
2.	Fitnesstraining	39,2	Radfahren	3,6
3.	Fußball	8,4	Schwimmen	0,0
4.	Schwimmen	6,6	Nordic Walking	0,0
5.	Badminton	39,2	Fitnesstraining	52,0
6.	Volleyball	48,4	Gymnastik	18,8
7.	Tanzen	37,8	Spazierengehen	0,0
8.	Radfahren	2,2	Tanzen	37,5
9.	Aerobic	66,3	Yoga	55,6
10.	Krafttraining	40,7	Pilates	14,3

Tabelle 52   Organisationsquote des Hochschulsports bei den beliebtesten Sportarten

Die Bedeutung des Hochschulsports als Organisator der Sportarten ist sehr unterschiedlich (vgl. Tabelle 52). So wird die beliebteste Sportart Joggen, Laufen nur von 5,9% aller Studierenden des Hochschulsports betrieben. Nicht einmal jede 15. Aktivität im Schwimmen wird bei den Studierenden vom Hochschulsport organisiert. Hohe Organisationsquoten besitzt der Hochschulsport hingegen bei den Studierenden in den Sportarten Aerobic (66,3%), Volleyball (48,4%) und Fitnesstraining (39,2%). Bei den Bediensteten kann leider aufgrund zu geringer der zu geringen Füllzahlen nur eine einschränkende Aussage getroffen werden.

Neben dem sehr umfangreichen, aktuell vorfindbaren Sportgeschehen äußern beide Statusgruppen auch ein großes Interesse, neue Sportarten kennen zu lernen. Im Rahmen eines „Schnupperkurses" würden gerne fast drei Viertel der Studierenden (72,2%) und mehr als die Hälfte der Bediensteten (55,8%) neue Sportarten ausprobieren. In diesem Kontext besteht bei den Studierenden ein sehr hohes Interesse an den Sportarten Bogenschießen (n=89 / 5,6% aller Befragten), Kampfsport (n=68 / 4,3%), Fallschirmspringen (n=66 / 4,2%), Capoeira (n=64 / 4,1%) und Fechten (n=58 / 3,7%). In der Gruppe der Bediensteten können aufgrund der zu geringen Nennungen leider keine verlässlichen Tendenzen ausgewiesen werden.

(Foto: Moritz Schäfer)

4.9.2 Bewertung des Paderborner Hochschulsports

In diesem Abschnitt stehen die Rahmenbedingungen des Sporttreibens im Hochschulsport der Universität Paderborn im Vordergrund der Betrachtungen. Neben den Erwartungen an den Hochschulsport und der Bewertung seiner Angebote durch die Nutzer werden auch die Gründe und Wünsche derjenigen betrachtet, die den Hochschulsport aktuell nicht in Anspruch nehmen.

4.9.2.1 Die Teilnehmer am Paderborner Hochschulsport

Bei der Befragung gaben ca. 750 Personen an, dass sie den Hochschulsport zumindest zeitweise nutzen. Diese Personengruppe sollte im weiteren Verlauf angeben, wie wichtig ihnen ausgewählte Aspekte bei der Nutzung des Hochschulsports sind (Relevanz) und wie sie diese Aspekte auf der Basis ihrer Erfahrungen (Realität) mit dem Hochschulsport an der Universität Paderborn beurteilen. Die ausgewählten 16 Einzelaspekte wurden in den drei Hauptkategorien „Angebote", „Sportstätten" und „Preise und Zeiten" zusammengefasst und anhand einer 5er Skala (sehr unwichtig = 5 bis sehr wichtig = 1 bzw. sehr schlecht = 5 bis sehr gut = 1) bewertet. Durch diesen Abgleich zwischen der Bedeutung und der Wirklichkeit ist es möglich, Problembereiche genauer zu erkennen.

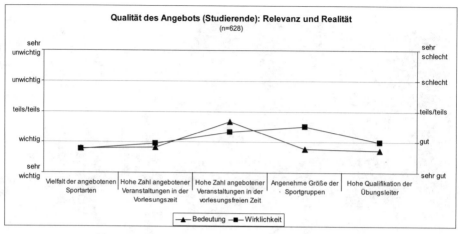

Abbildung 161   Qualität des Angebots (Studierende): Relevanz und Realität

Im Themengebiet „Qualität des Angebotes" wurden fünf zentrale Aspekte abgefragt und von den aktuellen Nutzern der Hochschulsportangebote in Hinblick auf ihre Wünsche und Erfahrungen beurteilt. Auf den ersten Blick zeigt sich, dass bei den Studierenden die Beurteilung des real erlebten Angebotes in fast allen Aspekten etwas negativer ausfällt, als die generelle Einschätzung der Wichtigkeit. Lediglich im Punkt „Hohe Zahl angebotener Veranstaltungen in der vorlesungsfreien Zeit" fällt die Einschätzung der Wichtigkeit positiver aus. Bei den Bediensteten dagegen sind es drei der fünf Punkte bei denen die Einschätzung der Wichtigkeit geringer ausfällt als die Beurteilung des Erlebten. In der Regel sind diese Abweichungen marginal, nur bei dem Aspekt „Angenehme Größe der Sportgruppen" gibt es sowohl bei den Studierenden als auch den Bediensteten eine etwas deutlichere Abweichung zwischen Wunsch (1,76 bzw. 1,63) und Realität (2,51 bzw. 2,43). Gleichzeitig wird diesem Aspekt insgesamt die höchste Bedeutsamkeit in diesem Themenfeld beigemessen.

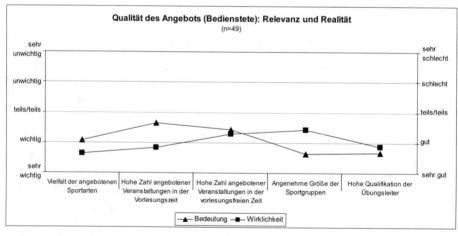

Abbildung 162   Qualität des Angebots (Bedienstete): Relevanz und Realität

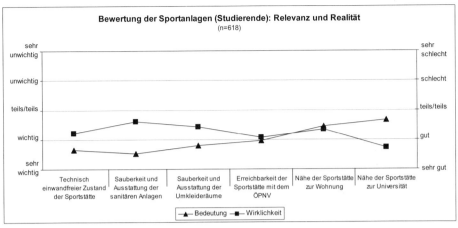

Abbildung 163   Bewertung der Sportanlagen (Studierende): Relevanz und Realität

Im Themenbereich „Sportstätten" wurden insgesamt sechs unterschiedliche Aspekte beurteilt. Im Gegensatz zum Themenfeld "Sportangebote" finden sich hier deutlichere Abweichungen zwischen der Relevanz und der Realität. So werden die Aspekte „Technisch einwandfreier Zustand der Sportstätte", „Sauberkeit und Ausstattung der sanitären Anlagen" und „Sauberkeit und Ausstattung der Umkleideräume" von beiden Gruppen fast ausschließlich als „sehr wichtig" eingestuft. Die Beurteilung der für das Sporttreiben genutzten Räume fällt in Paderborn hingegen eher durchschnittlich aus, auch wenn die Durchschnittswerte noch nicht im „positiven" Bereich liegen. Die Erreichbarkeit der Sportstätten in Paderborn mit dem ÖPNV wird generell als „gut" eingestuft. Als „sehr gut" wird in beiden Gruppen die „Nähe der Sportstätte zur Universität" empfunden.

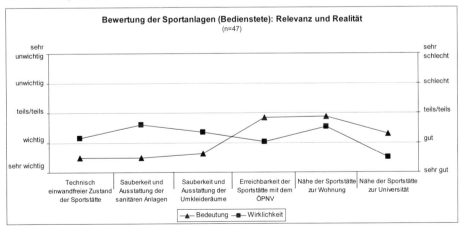

Abbildung 164   Bewertung der Sportanlagen (Bedienstete): Relevanz und Realität

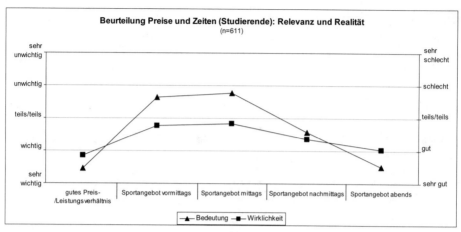

Abbildung 165   Beurteilung Preise und Zeiten (Studierende): Relevanz und Realität

Die deutlichsten Abweichungen zwischen Wunsch und Realität finden sich im Themenfeld „Preise und Zeiten". Hier wurde vor allem um eine Einschätzung der Ange-
botsstruktur im Hinblick auf die Tageszeiten gebeten. So zeigt sich, dass für die Gruppe der Bediensteten Sportangebote im Vormittags- oder Mittagsbereich in der Regel
eher als „unwichtig" eingeschätzt werden. Eine hohe Bedeutung besitzen für diese
Gruppe aber die abendlichen Sportangebote. Unabhängig von ihren Wünschen
und der Tageszeit empfinden die Bediensteten die Struktur der Sportangebote als
„gut". Ein ähnliches Beurteilungsschema findet sich bei den Studierenden wieder.
Sehr hohe Bedeutung hat in beiden Gruppen der Aspekt „gutes Preis-
/Leistungsverhältnis". Dieses wird in Paderborn als „gut" beurteilt.

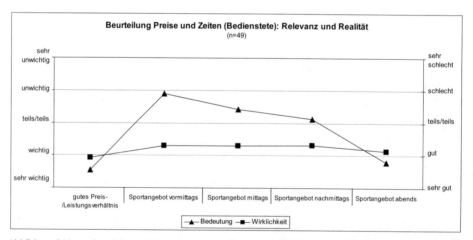

Abbildung 166   Beurteilung Preise und Zeiten (Bedienstete): Relevanz und Realität

4.9.2.2 Die Nichtteilnehmer am Paderborner Hochschulsport

Diejenigen Universitätsangehörigen, die im Wintersemester 2008/09 nicht an Angeboten des Hochschulsports an der Universität Paderborn teilnahmen (844 der befragten Studierenden und 108 der befragten Bediensteten), wurden danach befragt, ob ihnen die Angebote des Hochschulsports überhaupt bekannt sind und warum sie diese bisher noch nicht genutzt haben bzw. nicht mehr in Anspruch nehmen.

Etwa einem Viertel (27,3%), der momentan nicht den Hochschulsport nutzenden Studierenden und 7,4% der nicht im Hochschulsport aktiven Bediensteten ist das Angebot des Hochschulsports überhaupt nicht bekannt. Die überwiegende Mehrheit, jeweils etwa 52% bzw. 49%, kennt zwar die Angebote des Hochschulsports, hat aber noch nicht an diesen teilgenommen. Fast die Hälfte der momentan nicht im Hochschulsport aktiven Bediensteten war früher schon einmal Teilnehmer an einem Hochschulsportangebot (vgl. Abbildung 167).

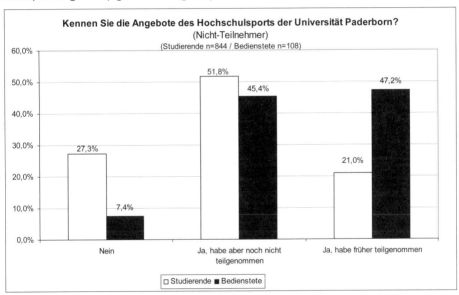

Abbildung 167   Kennen Sie die Angebote des Hochschulsports der Universität Paderborn? (Nicht-Teilnehmer)

Zunächst soll die Gruppe, welche die Angebote des Hochschulsports überhaupt nicht kennt (189 Studierende), näher betrachtet werden. Hier zeigt sich, dass der Hochschulsport zwar generell bekannt ist, die Befragten aber oftmals nicht wussten, wo sie sich über die Angebote informieren können (Studierende: 71,6%). Von den Personen, die angaben die Angebote des Hochschulsports nicht zu kennen, äußerten ein Zehntel der Studierenden, dass überhaupt kein Interesse am Hochschulsport besteht. Zudem gab ungefähr ein Fünftel der Personen an, dass sie generell kein Interesse an sportlichen Aktivitäten haben.

Aufgrund der geringen Fallzahlen kann bei dieser Frage für die Bediensteten keine Auswertung erfolgen.

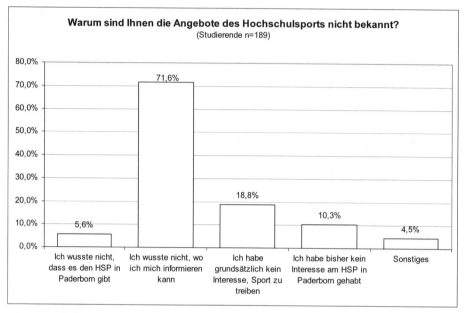

Abbildung 168   Warum sind Ihnen die Angebote des Hochschulsports nicht bekannt?

Ein Großteil der Studierenden, die die Angebote des Hochschulsports bisher nicht kennen, würden diese gerne kennen lernen. Lediglich einer von neun Studierenden interessieren sich explizit nicht für den Hochschulsport (vgl. Abbildung 169).

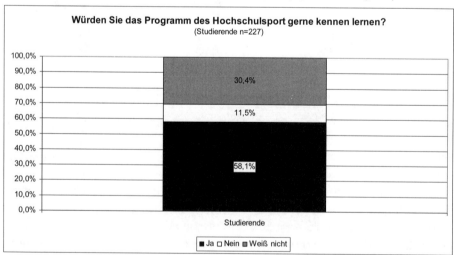

Abbildung 169   Würden Sie das Programm des Hochschulsports gerne kennen lernen?

Auch die Personengruppe, die angab, dass sie den Hochschulsport zwar kennt, aber noch nicht genutzt hat (426 Studierende und 44 Bedienstete), wurde nach ihren Gründen hierfür befragt (vgl. Abbildung 170). Der meistgenannte Aspekt sowohl der Studierenden als auch der Bediensteten ist, dass „keine Zeit" für die Teilnahme vorhanden ist. Es folgt die Aussage „die angebotenen Zeiten sind zu ungünstig". Bei den Studierenden liegt mit knapp 30% die Aussage das das Angebot bereits „ausgebucht" war auf Platz drei. Beide Teilnehmergruppen nennen zusätzlich die Aussage „Ich nutze andere Sportangebote". Bei den Bediensteten muss allerdings darauf hingewiesen werden, dass die Auswertungen aufgrund kleiner Zahlen stark eingeschränkt sind.

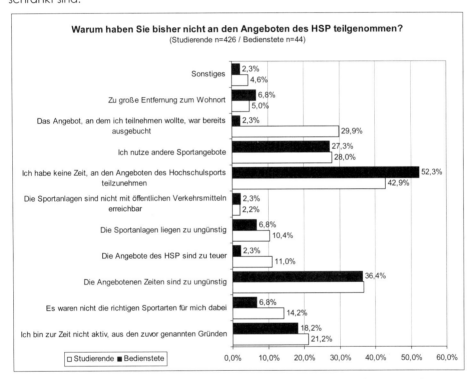

Abbildung 170   Warum haben Sie bisher nicht an den Angeboten des HSP teilgenommen?

Ähnlich sieht es bei denjenigen aus, die früher an Angeboten des Hochschulsports teilgenommen haben, diese aber aktuell nicht mehr in Anspruch nehmen (175 Studierende und 49 Bedienstete). Hier liegt die Aussage „Die Angebote finden für mich zur falschen Zeit statt" bei den Bediensteten vor der Angabe „Ich habe keine Zeit mehr". Bei den Studierenden ist diese Reihenfolge umgekehrt. Etwa jeder fünfte Studierende nimmt nicht mehr an den Angeboten teil, weil das Angebot ausgebucht war oder die Qualität des Angebots als zu schlecht empfunden wurde. Bei den Bediensteten müssen die Auswertungen aufgrund kleiner Zahlen stark eingeschränkt betrachtet werden.

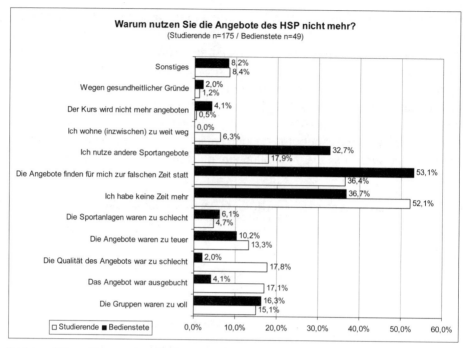

Abbildung 171   Warum nutzen Sie die Angebote des Hochschulsports nicht mehr?

Abschließend wurden diejenigen, die bisher noch gar nicht am Hochschulsport teilgenommen haben, befragt, wie wichtig ihnen bestimmte Aspekte bei einer potentiellen Teilnahme am Hochschulsport wären.

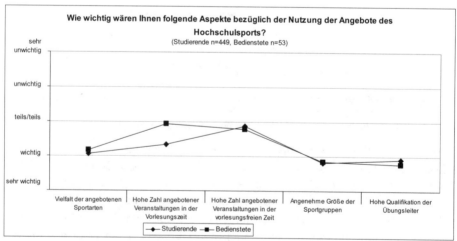

Abbildung 172   Wie wichtig wären Ihnen folgende Aspekte bezüglich der Angebote des Hochschul-
                   sports

Bei den Aspekten „Vielfalt der angebotenen Sportarten", „Angenehme Größe der Sportgruppen" und „Hohe Qualifikation der Übungsleiter" sind sich die Studierenden und die Bediensteten überwiegend einig, dass ihnen diese „wichtig" bis „sehr wichtig" für ein mögliches Sporttreiben im Rahmen des Hochschulsports, sind. Den Aspekt „Hohe Anzahl angebotener Veranstaltungen in der vorlesungsfreien Zeit" halten beide Gruppen nicht ganz so wichtig, wohingegen die Meinung bei der „Hohen Zahl angebotener Veranstaltungen in der Vorlesungszeit" auseinander geht. Halten die Paderborner Studierenden diesen Aspekt ebenfalls für „wichtig" bewerteten die Bediensteten ihn nur mit „teils/teils" (vgl. Abbildung 172).

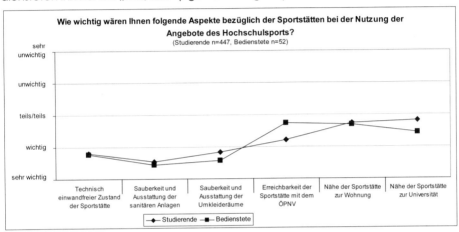

Abbildung 173   Wie wichtig wären Ihnen folgende Aspekte bezüglich der Sportstätten bei der Nutzung der Angebote des Hochschulsports

Auch bei den Fragen bezüglich der Sportstätten gehen die Meinungen der Studierenden und der Bediensteten nur geringfügig auseinander. Hier ist der größte Unterschied bei der Erreichbarkeit der Sportstätten mit dem öffentlichen Nahverkehr zu erkennen. Dieser Aspekt ist den Studierenden wichtiger als den Bediensteten (vgl. Abbildung 173).

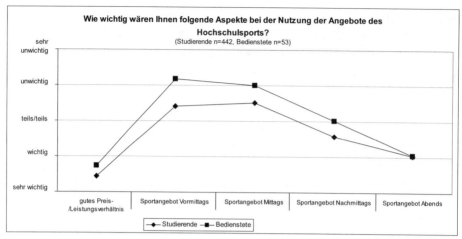

Abbildung 174   Wie wichtig wären Ihnen folgende Aspekte bei der Nutzung der Angebote des Hochschulsports

In Abbildung 174 ist zu erkennen, dass sowohl den Studierenden als auch den Bediensteten ein gutes Preis-/Leistungsverhältnis wichtig ist. Die Frage zu den Zeitpunkten, an denen Sportangebote stattfinden sollen, zeigt ein einheitliches Bild. Sportangebote am Vormittag halten beide Gruppen für eher unwichtig; tagsüber und vor allem zum Abend hin steigt die Bedeutung der Sportangebote kontinuierlich an.

4.9.3   Fazit für den Hochschulsport in Paderborn

Die Onlinebefragung zum Hochschulsport in NRW ergab auch für den Standort Paderborn eine Vielzahl interessanter und aufschlussreicher Ergebnisse. Neben Kenntnissen über das allgemeine Sporttreiben der Studierenden und Bediensteten – auch außerhalb des Hochschulsports – besitzt der Paderborner Hochschulsport nun detailliertes Wissen über die Beurteilungen seiner Angebote durch die Nutzer sowie über die Wünsche und Kritikpunkte der „Nicht-Teilnehmer".

Die genaue Analyse und Umsetzung dieser Kenntnisse kann natürlich nur durch die handelnden Personen vor Ort geschehen. Um hierbei eine Hilfestellung zu leisten, sollen abschließend neben den allgemeinen Trends im Hochschulsport, die ausführlich in Kap. 3.3 geschildert werden, folgende Besonderheiten für den Hochschulsportstandort Paderborn festgehalten werden:

- Aufgrund zu geringer Fallzahlen sind manche Aussagen zu den Bediensteten leider nur eingeschränkt möglich.

- Vor allem die Bediensteten haben bei ihren sportlichen Aktivitäten eine etwas geringere Bindung an den Hochschulort.

- Der Stellenwert des Hochschulsports ist bei den Studierenden entgegen dem NRW-Schnitt nur geringfügig höher als der des Sportvereins.

- Es gibt eine überdurchschnittliche hohe Organisationsquote des Hochschulsports beim Krafttraining (Studierende) und Fitnesstraining (Bedienstete).

- Die Größe der Sportgruppen wird von den Studierenden positiver als an vielen anderen Standorten empfunden.

- Die Erreichbarkeit und Nähe der Sportstätten wird besser beurteilt als im Landesschnitt.

- Eine hohe Anzahl von Kursen in der vorlesungsfreien Zeit besitzt für die Studierenden eine geringere Bedeutung.

- Das Preis-/Leistungsverhältnis wird etwas kritischer gesehen.

- Auch bei den Nicht-Teilnehmern in der Gruppe der Bediensteten besitzt der Hochschulsport einen hohen Bekanntheitsgrad.

- Diejenigen, die noch nie den Hochschulsport in Anspruch genommen haben, beklagen sich weniger über die ungünstige Lage der Sportstätten oder über die ungünstigen Zeiten der Angebote, sondern – neben den bekannten Gründen – überdurchschnittlich oft über ausgebuchte Kurse.

- Die Personen, die nicht mehr den Hochschulsport nutzen, empfinden, etwas stärker als es im Landesschnitt der Fall ist, die Angebote des Hochschulsports als zu teuer. Für die Bediensteten sind auch die ungünstigen Zeiten der Angebote ein Problem. Beschwerden über zu volle Gruppen treten hingegen seltener auf.

4.10 Der Hochschulsport in Wuppertal

In den folgenden Abschnitten werden die Ergebnisse der landesweiten Hochschulsportbefragung für den Hochschulsport an der Bergischen Universität Wuppertal konkretisiert. In Tabelle 53 sind zunächst wichtige Kennzahlen des Hochschulstandortes
Wuppertal aufgeführt. Im Vergleich zu den Zahlen an den anderen Hochschulstandorten (vgl. Kap. 4.1) fällt auf, dass Wuppertal stark unterdurchschnittlich mit Sportstätten ausgestattet ist und auch der Anteil der Studierenden, die das Angebot des
Hochschulsports nutzen, deutlich geringer ausfällt, als dies an anderen Standorten
der Fall ist.

Angaben zum Hochschulstandort Wuppertal	
Quelle: Hochschulsport Wuppertal	Anzahl im WS 2008/2009
Teilnehmer am Hochschulsport	2.363
... davon Studentinnen	1.200
... davon Studenten	847
... davon weibliche Bedienstete	85
... davon männliche Bedienstete	49
... davon externe Teilnehmer	182
Angebotene Sportarten	69
Angebotene Kurse	99
... davon ausgebuchten Kurse	49
Genutzte Sportstätten	11
... davon eigene Sportstätten	5
... davon fremde Sportstätten	6

Tabelle 53   Angaben zum Hochschulstandort Wuppertal

Die Online-Befragung zum Hochschulsport in Wuppertal startete am 12.01.2009 mit
einem Anschreiben an alle Bediensteten von Seiten der Personalverwaltung der Universität. Eine Woche später wurden auch alle Studierenden vom Studierendensekretariat, über die von der Universität vergebenen Email-Adressen, informiert und zur
Teilnahme aufgefordert. Nachdem etwa drei Wochen später an das Ausfüllen des
Fragebogens erinnert wurde, befanden sich in der Datenbank ca. 3.000 Fragebögen. Nach dem Bereinigen der Datenbank, hierbei wurden leere oder nicht verwendbare Datensätze gelöscht, liegen noch 2.847 Datensätze vor. Diese beinhalten
2.520 Studierende und 327 Bedienstete. Somit liegt der Anteil an der Grundgesamtheit bei hohen 18,7% bei den Studierenden bzw. 20,1% bei den Bediensteten (vgl.
Tabelle 54).

Da der Anteil der Studentinnen und der weiblichen Bediensteten im Vergleich zur
Grundgesamtheit ein wenig erhöht ist, war es nötig eine Gewichtung vorzunehmen.
Auch der Anteil der Nutzer des Hochschulsport-Angebots ist in dem Datensatz er-
höht. Da überwiegend auf den Hochschulsport eingegangen werden soll und keine
Rückschlüsse auf die Grundgesamtheit stattfinden, wurde an dieser Stelle auf eine
Datenmodifikation verzichtet.

Studierenden- und Bedienstetenzahlen an der Uni Wuppertal und im Datensatz im Vergleich			
		Absolut	Anteil
		Uni Wuppertal	Datensatz	
Studierende (WS 08/09)	männlich	6.251	1.031	16,5%
	weiblich	7.163	1.473	20,6%
	gesamt	13.414	2.504	**18,7%**
Bedienstete (WS 08/09)	männlich	929	142	15,3%
	weiblich	689	183	26,6%
	gesamt	1.618	325	**20,1%**

Tabelle 54   Studierenden- und Bedienstetenzahlen an der Uni Wuppertal und im Datensatz im Vergleich

(Foto: M. Klein & M. Kleska)

4.10.1 Das Sporttreiben an der Universität Wuppertal

Im Folgenden soll zunächst das allgemeine Sporttreiben der Studierenden und Bediensteten der Universität Wuppertal näher betrachtet werden, bevor darauf eingegangen wird, welche Rolle der Hochschulsport an diesem Universitätsstandort spielt und wie ihn seine Nutzer beurteilen.

Fast 80% der Studierenden und sogar etwas mehr als vier Fünftel der Bediensteten bezeichnen sich grundsätzlich als sportlich aktiv (vgl. Abbildung 175). Werden nur diejenigen betrachtet, die mindestens einmal pro Woche Sport treiben, so liegen die Werte deutlich niedriger. 63,9% der Studierenden und 62,7% der Bediensteten sind mindestens einmal wöchentlich sportaktiv.

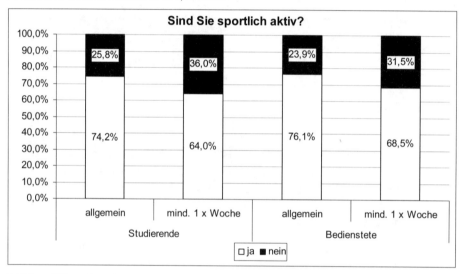

Abbildung 175   Sportliche Aktivität der Studierenden und Bediensteten

In den nächsten Abschnitten werden nun nur noch die sportlich aktiven Studierenden und Bediensteten näher betrachtet.

Bei der Frage nach dem Ort des Sporttreibens unterscheiden sich die Studierenden von den Bediensteten in hohem Maße. Betreiben die Bediensteten noch etwa 50% ihrer Sportarten ausschließlich in Wuppertal, sowie weitere 20% in Wuppertal und außerhalb, so sind dies bei den Studierenden deutlich weniger. Hier betreiben noch 37,5% ihren Sport ausschließlich in Wuppertal, 17,1% in Wuppertal und außerhalb. Weniger als ein Drittel der Bediensteten (30,4%) und weniger als die Hälfte der Studierenden (45,4%) betreiben ihre Aktivitäten nur außerhalb (vgl. Abbildung 176).

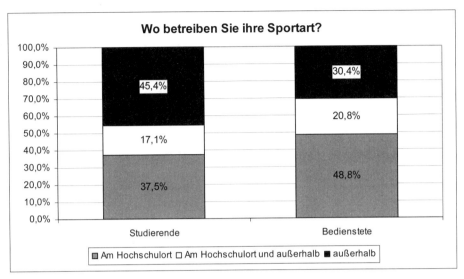

Abbildung 176   Wo betreiben Sie ihre Sportart?

Zu Beginn des Fragebogens sollten die Befragten grob einschätzen, ob Sie ihren Sport ausschließlich, teilweise oder gar nicht im Rahmen des Hochschulsportangebots betreiben. Jeder elfte Studierende (8,7%) und nur jeder vierzigste Bedienstete (2,6%) gaben an, ihre Aktivitäten ausschließlich im Hochschulsport auszuüben. Am intensivsten nutzen die weiblichen Studierenden den Hochschulsport. Knapp 12% betreiben ihren Sport ausschließlich im Rahmen der Angebote des Hochschulsports und weitere 31% sowohl im Hochschulsport als auch außerhalb. In allen anderen Gruppen liegen die Werte für die alleinige Nutzung der Angebote des Hochschulsports für das eigene Sporttreiben bei 5% oder deutlich darunter (vgl. Abbildung 177). Der Anteil derjenigen die sowohl im Hochschulsport wie auch außerhalb Sport treiben, liegt bei allen Gruppen zwischen 31% und 34%. Fast zwei Drittel der Bediensteten betreiben ihren Sport generell außerhalb des Hochschulsports.

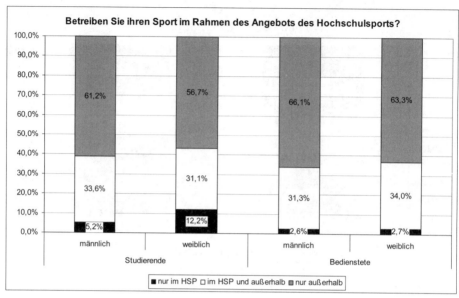

Abbildung 177   Betreiben Sie ihren Sport im Rahmen des Angebots des Hochschulsports?

Im Verlauf der Befragung sollten die Studierenden und Bediensteten zudem jeder von ihnen betriebenen Sportart eine bzw. mehrere konkrete Organisationsformen zuordnen. Dadurch entsteht ein etwas differenzierteres Bild der Organisation des Sporttreibens und des Stellenwertes des Hochschulsports. Zu bedenken ist hierbei, dass auch eine Mehrfachnennung verschiedener Organisationsformen möglich war. Zudem steckt in dieser Verteilung noch keine Aussage über die Regelmäßigkeit und den zeitlichen Umfang der Teilnahme.

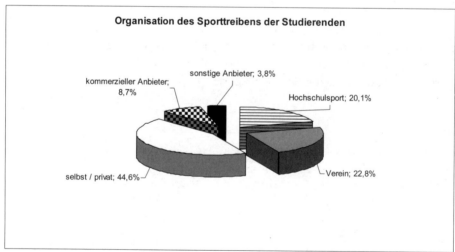

Abbildung 178   Organisation des Sporttreibens der Studierenden

Ein Fünftel des Sporttreibens der <u>Studierenden</u> wird durch den Hochschulsport organisiert. Damit kann der Hochschulsport in dieser Gruppe einen ähnlich hohen Stellenwert wie der Sportverein (22,8% aller Aktivitäten) aufweisen. Deutliche Unterschiede sind allerdings zwischen den Geschlechtern feststellbar. Während bei den Studentinnen der Anteil des Hochschulsports bei fast einem Viertel liegt (23,0%), ist der Stellenwert des Hochschulsports bei den männlichen Studenten deutlich geringer als der des Sportvereins (17,4% zu 24,9%). Fast die Hälfte der Studierenden organisiert sein Sporttreiben auf privater Basis selber. Die kommerziellen Anbieter (8,7%) spielen für das Sporttreiben dieser Gruppe nur eine untergeordnete Rolle.

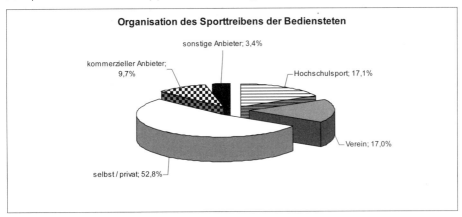

Organisation des Sporttreibens der Bediensteten

sonstige Anbieter; 3,4%

kommerzieller Anbieter; 9,7%

Hochschulsport; 17,1%

Verein; 17,0%

selbst / privat; 52,8%

Abbildung 179   Organisation des Sporttreibens der Bediensteten

Bei den <u>Bediensteten</u> zeigt sich ein ähnliches Bild. Auch hier hat der Hochschulsport einen ähnlichen Stellenwert wie der Sportverein, wobei diese Organisationsformen etwas niedriger liegen als in der Gruppe der Studierenden. Dagegen ragt bei den Bediensteten noch deutlicher das selbst organisierte Sporttreiben (52,8%) heraus und auch die gewerblichen Anbieter kommen auf fast ein Zehntel. Dies liegt vor allem an den weiblichen Bediensteten, bei denen die gewerblichen Anbieter einen höheren Stellenwert (11,4%) besitzen, als bei den männlichen Bediensteten (7,5%).

Welche Sportarten von den sportlich Aktiven im Allgemeinen ausgeübt werden - unabhängig davon, ob diese im Rahmen des Hochschulsports erfolgen, ist in Tabelle 55 abzulesen. Die Befragten konnten bis zu drei verschiedene Aktivitäten angeben. Im Schnitt üben die Studierenden (1,77) und die Bediensteten (2,04) ungefähr zwei Sportarten aus.

Die Top-Sportarten der Studierenden und Bediensteten

Studierende		Gesamt	Bedienstete	
Platz	Anteil an den Aktiven (in %)	Anteil an den Aktiven (in %)	Anteil an den Aktiven (in %)	Platz
1	22,5%	Joggen, Laufen 22,8%	25,4%	1
2	18,7%	Fitnesstraining 19,0%	21,8%	2
4	12,3%	Schwimmen 12,7%	15,3%	4
3	13,7%	Fußball 12,3%	2,0%	21
5	11,2%	Aerobic 10,2%	3,2%	16
10	4,3%	Radfahren 6,0%	18,5%	3
6	6,2%	Volleyball 6,0%	4,0%	14
7	6,0%	Badminton 5,8%	4,0%	15
8	4,8%	Basketball 4,5%	2,0%	22
9	4,7%	Handball 4,2%	0,8%	36
11	4,1%	Tanzen 4,2%	4,8%	10
15	3,4%	Krafttraining 3,6%	4,4%	12
13	3,6%	Tennis 3,5%	3,2%	17
14	3,5%	Reiten 3,4%	3,2%	18
12	3,6%	Bodybuilding 3,3%	1,2%	31
16	2,8%	Spazierengehen 3,1%	5,2%	9
17	2,7%	Inline-Skating 2,6%	1,6%	26
25	1,3%	Nordic Walking / Walking 2,5%	11,3%	5
18	2,5%	Klettern 2,5%	1,6%	27
27	2,6%	Yoga 2,1%	0,8%	7
28	1,2%	Gymnastik 2,1%	2,0%	8
20	1,2%	Skifahren 2,0%	2,0%	11
49	1,5%	Wandern 1,8%	0,4%	6

Tabelle 55   Die Top-Sportarten der Studierenden und Bediensteten

Während Joggen, Laufen und Fitnesstraining sowohl bei den Studierenden als auch bei den Bediensteten mit ungefähr einem Fünftel bis einem Viertel der Nennungen die beliebtesten Aktivitäten sind und Schwimmen bei beiden Gruppen auf Rang vier liegt, ändern sich danach die Präferenzen zwischen den beiden Gruppen sehr deutlich. Bei den Studierenden liegt auf Platz drei der „Fußball" welcher bei den Bediensteten nur den 21. Platz erreicht. Hingegen findet sich bei den Bediensteten Nordic Walking / Walking auf Rang fünf, während es bei den Studierenden auf Rang 23 fast keine Rolle spielt. Bei den Bediensteten belegt Radfahren den 3. Rang, bei den Studierenden ist dieser auf Rang 10. Bei den Studierenden folgen auf den Rängen fünf bis neun die Sportarten Aerobic, Volleyball, Badminton, Basketball und Handball. Bei den Bediensteten belegen die Sportarten Wandern, Yoga, Gymnastik, Spazierengehen und Tanzen die Plätze sechs bis zehn.

Rang	Top-10 - Sportarten **Studierende**	Anteil des HSP (in %)	Top-10 - Sportarten **Bedienstete**	Anteil des HSP (in %)
Organisationsquote des Hochschulsports bei den beliebtesten Sportarten				
1.	Joggen, Laufen	3,2	Joggen, Laufen	5,6
2.	Fitnesstraining	21,0	Fitnesstraining	35,8
3.	Fußball	13,0	Radfahren	3,7
4.	Schwimmen	9,9	Schwimmen	9,3
5.	Aerobic	62,7	Nordic Walking / Walking	31,2
6.	Volleball	35,6	Wandern	0,0
7.	Badminton	34,8	Yoga	13,8
8.	Basketball	23,9	Gymnastik	15,4
9.	Handball	20,7	Spazierengehen	0,0
10.	Radfahren	18,9	Tanzen	0,0

Tabelle 56   Organisationsquote des Hochschulsports bei den beliebtesten Sportarten

Die Bedeutung des Hochschulsports als Organisator der Sportarten ist sehr unterschiedlich (vgl. Tabelle 56). So wird die beliebteste Sportart „Joggen, Laufen" nur von 3,2% aller Studierenden und von 5,6% der Bediensteten im Rahmen des Hochschulsports betrieben. Jede 10. Aktivität im Schwimmen wird in beiden Gruppen vom Hochschulsport organisiert. Hohe Organisationsquoten besitzt der Hochschulsport hingegen bei den Studierenden in den Sportarten Aerobic (62,7%), Volleyball (35,6%) und Badminton (34,8%). Bei den Bediensteten spielt der Hochschulsport vor allem in Fitnesstraining (35,8%) und Nordic Walking / Walking(31,2%) eine große Rolle.

Neben dem sehr umfangreichen, aktuell vorfindbaren Sportgeschehen äußern beide Statusgruppen auch ein großes Interesse, neue Sportarten kennen zu lernen. Im Rahmen eines „Schnupperkurses" würde gerne etwas mehr als die Hälfte der Studierenden (53,1%) und etwas mehr als zwei Fünftel der Bediensteten (42,5%) neue Sportarten ausprobieren. In diesem Kontext besteht bei den Studierenden ein sehr hohes Interesse an den Sportarten Bogenschießen (n=119 / 4,7% aller Befragten), Klettern (n=115 / 4,6%), Yoga (n=97 / 3,8%), Capoeira (n=93 / 3,7%), Aqua-Fitness (n=92 / 3,7%) und Fallschirmspringen (n=91 / 3,6%). In der Gruppe der Bediensteten finden vor allem die Sportarten Pilates (n=15 / 4,6%), Selbstverteidigung (n=14 / 4,3%), Gesundheitsgymnastik (n=14 / 4,3%), Bogenschießen (n=13 / 4,0%), Tai-Chi (n=13 / 4,0%) und Yoga (n=12 / 3,7%) eine starke Resonanz.

(Foto: M. Klein & M. Kleska)

4.10.2 Bewertung des Wuppertaler Hochschulsports

In diesem Abschnitt stehen die Rahmenbedingungen des Sporttreibens im Hochschulsport der Bergischen Universität Wuppertal im Vordergrund der Betrachtungen. Neben den Erwartungen an den Hochschulsport und der Bewertung seiner Angebote durch die Nutzer werden auch die Ansichten derjenigen, die den Hochschulsport bisher noch nicht genutzt haben, betrachtet.

4.10.2.1 Die Teilnehmer am Wuppertaler Hochschulsport

Bei der Befragung gaben ca. 900 Personen an, dass sie den Hochschulsport zumindest zeitweise nutzen. Diese Personengruppe sollte im weiteren Verlauf angeben, wie wichtig ihnen ausgewählte Aspekte bei der Nutzung des Hochschulsports sind (Relevanz) und wie sie diese Aspekte auf der Basis ihrer Erfahrungen (Realität) mit dem Hochschulsport an der Bergischen Universität Wuppertal beurteilen. Die ausgewählten 16 Einzelaspekte wurden in den drei Hauptkategorien „Angebote", „Sportstätten" und „Preise und Zeiten" zusammengefasst und anhand einer 5er Skala (sehr unwichtig = 5 bis sehr wichtig = 1 bzw. sehr schlecht = 5 bis sehr gut = 1) bewertet. Durch diesen Abgleich zwischen der Bedeutung und der Wirklichkeit ist es möglich, Problembereiche genauer zu erkennen.

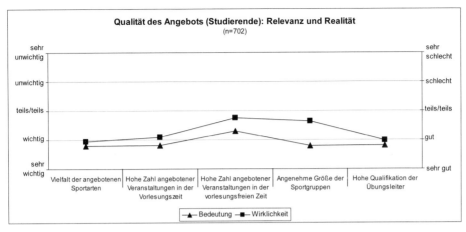

Abbildung 180   Qualität des Angebots (Studierende): Relevanz und Realität

Im Themengebiet „Qualität des Angebotes" wurden fünf zentrale Aspekte abgefragt und von den aktuellen Nutzern der Hochschulsportangebote in Hinblick auf ihre Wünsche und Erfahrungen beurteilt. Auf den ersten Blick zeigt sich, dass bei den Studierenden und den Bediensteten die Beurteilung des real erlebten Angebotes in allen Aspekten etwas negativer ausfällt, als die generelle Einschätzung der Wichtigkeit. Doch in der Regel sind diese Abweichungen marginal, nur bei dem Aspekt „Angenehme Größe der Sportgruppen" gibt es bei den Studierenden eine etwas deutlichere Abweichung zwischen Wunsch (1,78) und Realität (2,65). Am schlechtesten wird in beiden Statusgruppen der Aspekt „Hohe Zahl angebotener Veranstaltungen in der vorlesungsfreien Zeit" beurteilt. Allerdings wird diesem Aspekt insgesamt auch die geringste Bedeutsamkeit in diesem Themenfeld beigemessen.

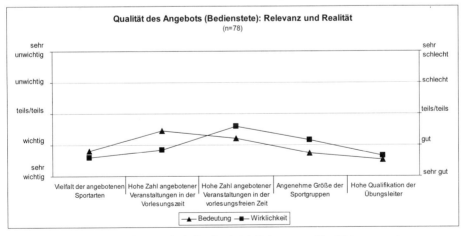

Abbildung 181   Qualität des Angebots (Bedienstete): Relevanz und Realität

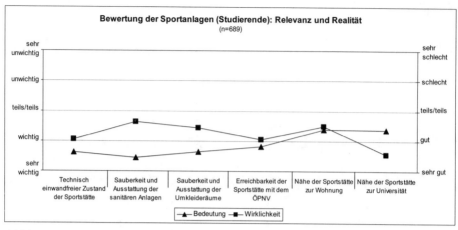

Abbildung 182   Bewertung der Sportanlagen (Studierende): Relevanz und Realität

Im Themenbereich „Sportstätten" wurden insgesamt sechs unterschiedliche Aspekte beurteilt. Im Gegensatz zum Themenfeld "Sportangebote" finden sich hier deutlichere Abweichungen zwischen der Relevanz und der Realität. So werden die Aspekte „Sauberkeit und Ausstattung der sanitären Anlagen" und „Sauberkeit und Ausstattung der Umkleideräume" von beiden Gruppen fast ausschließlich als „sehr wichtig" eingestuft. Die Beurteilung der für das Sporttreiben genutzten Räume fällt in Wuppertal hingegen sehr durchschnittlich aus, auch wenn die Durchschnittswerte noch nicht im „positiven" Bereich liegen. Der technische Zustand der Sportstätten und die Erreichbarkeit der Sportstätten in Wuppertal mit dem ÖPNV werden generell als „gut" eingestuft. Als „sehr gut" wird in beiden Gruppen die „Nähe der Sportstätte zur Universität" empfunden.

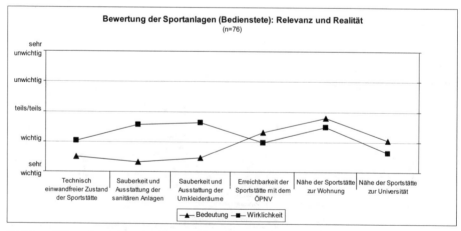

Abbildung 183   Bewertung der Sportanlagen (Bedienstete): Relevanz und Realität

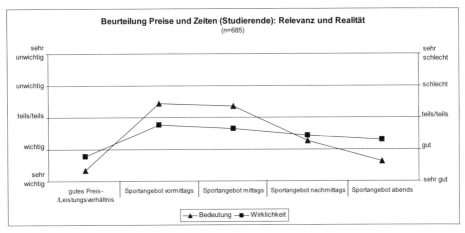

Abbildung 184   Beurteilung Preise und Zeiten (Studierende): Relevanz und Realität

Die deutlichsten Abweichungen zwischen Wunsch und Realität finden sich im Themenfeld „Preise und Zeiten". Hier wurde vor allem um eine Einschätzung der Ange-
botsstruktur im Hinblick auf die Tageszeiten gebeten. So zeigt sich, dass für die Gruppe der Bediensteten Sportangebote im Vormittags- oder Mittagsbereich in der Regel
eher als „unwichtig" eingeschätzt werden. Eine hohe Bedeutung besitzen für diese
Gruppe aber die abendlichen Sportangebote. Unabhängig von ihren Wünschen
und der Tageszeit empfinden die Bediensteten die Struktur der Sportangebote als
„gut" bis befriedigend („teils/teils"). Ein ähnliches Beurteilungsschema findet sich bei
den Studierenden wieder. Sehr hohe Bedeutung hat in beiden Gruppen der Aspekt
„gutes Preis-/Leistungsverhältnis". Dieses wird in Wuppertal als „gut" beurteilt.

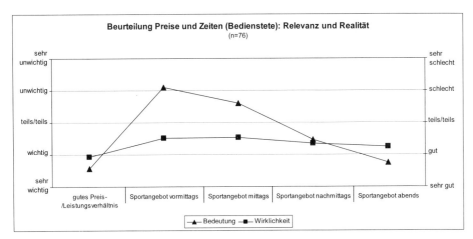

Abbildung 185   Beurteilung Preise und Zeiten (Bedienstete): Relevanz und Realität

4.10.2.2   Die Nichtteilnehmer am Wuppertaler Hochschulsport

Diejenigen Universitätsangehörigen, die im Wintersemester 2008/09 nicht an Angeboten des Hochschulsports an der Universität Wuppertal teilnahmen (1.655 der befragten Studierenden und 221 der befragten Bediensteten), wurden danach befragt, ob
ihnen die Angebote des Hochschulsports überhaupt bekannt sind und warum sie
diese bisher noch nicht genutzt haben bzw. nicht mehr in Anspruch nehmen.

Etwa einem Viertel (26,1%), der momentan nicht den Hochschulsport nutzenden Studierenden und 14% der nicht im Hochschulsport aktiven Bediensteten ist das Angebot des Hochschulsports überhaupt nicht bekannt. Die überwiegende Mehrheit, jeweils etwa 55%, kennt zwar die Angebote des Hochschulsports, hat aber noch nicht
an diesen teilgenommen. Ein Drittel der momentan nicht im Hochschulsport aktiven
Bediensteten war früher schon einmal Teilnehmer an einem Hochschulsportangebot
(vgl. Abbildung 186).

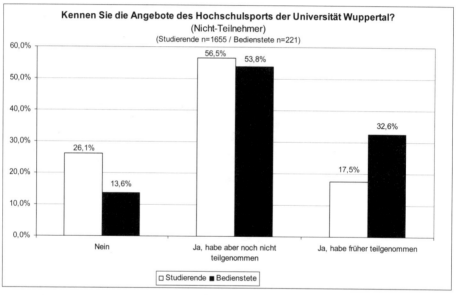

Abbildung 186   Kennen Sie die Angebote des Hochschulsports der Universität Wuppertal?(Nicht-
                 Teilnehmer)

Zunächst soll die Gruppe, welche die <u>Angebote des Hochschulsports überhaupt
nicht kennt</u> (376 Studierende und 20 Bedienstete), näher betrachtet werden. Hier
zeigt sich, dass der Hochschulsport zwar generell bekannt ist, die Befragten aber
oftmals nicht wissen, wo sie sich über die Angebote informieren können (Studierende: 65,6% / Bedienstete: 35,0%). Von den Personen, die angaben die Angebote des
Hochschulsports nicht zu kennen, äußerten ein Drittel der Bediensteten bzw. ein Siebtel der Studierenden, dass überhaupt kein Interesse am Hochschulsport besteht. Bei
den Studierenden gaben zudem ebenfalls ein Siebtel der Personen an, dass sie generell kein Interesse an sportlichen Aktivitäten haben, bei den Bediensteten ein Fünf-

tel. Bei den Zahlen ist jedoch zu beachten, dass die Stichprobe bei den Bediensteten mit lediglich 20 Nennungen für aussagekräftige Tendenzen zu klein ist.

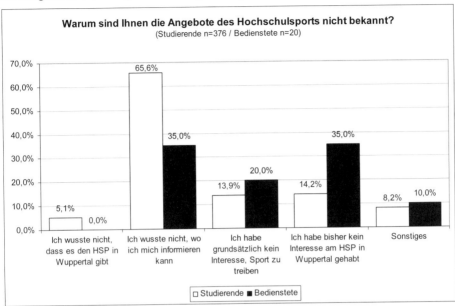

Abbildung 187   Warum sind Ihnen die Angebote des Hochschulsports nicht bekannt?

Viele Personen, die die Angebote des Hochschulsports bisher nicht kennen, würden diese gerne kennen lernen. Lediglich knapp 30% der Bediensteten und ein Fünftel der Studierenden interessieren sich explizit nicht für den Hochschulsport (vgl. Abbildung 188).

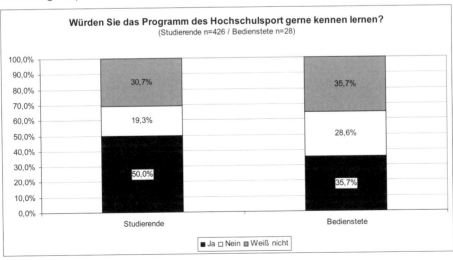

Abbildung 188   Würden Sie das Programm des Hochschulsports gerne kennen lernen?

Diejenigen, die angegeben haben, dass sie <u>den Hochschulsport zwar kennen, aber</u> <u>noch nicht genutzt haben</u> (921 Studierende und 116 Bedienstete), wurden nach ihren Gründen hierfür befragt (vgl. Abbildung 189). Der meistgenannte Aspekt der Studierenden ist, dass „keine Zeit" für die Teilnahme vorhanden ist. Es folgt die Aussage „die angebotenen Zeiten sind zu ungünstig". Diese Reihenfolge ist bei den Bediensteten umgekehrt. Es folgen sowohl bei den Studierenden wie auch den Bediensteten die Aussagen „Ich nutze andere Sportangebote" und „Ich bin zur Zeit nicht aktiv".

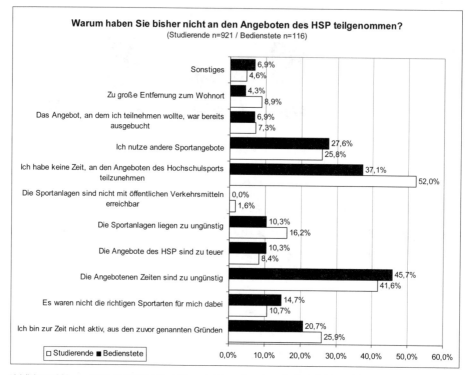

Abbildung 189   Warum haben Sie bisher nicht an den Angeboten des HSP teilgenommen?

Ähnlich sieht es bei denjenigen aus, die <u>früher an Angeboten des Hochschulsports</u> <u>teilgenommen haben, diese aber aktuell nicht mehr in Anspruch nehmen</u> (279 Studierende und 67 Bedienstete). Hier liegt die Aussage „Die Angebote finden für mich zur falschen Zeit statt" bei beiden Gruppen vor der Angabe „Ich habe keine Zeit mehr". Etwa jeder vierte Studierende nimmt nicht mehr an den Angeboten teil, weil die Gruppen zu voll waren. Bei den Bediensteten ist es immer noch jeder Fünfte. Ebenfalls jeder Fünfte Bedienstete nutzt inzwischen andere Sportangebote.

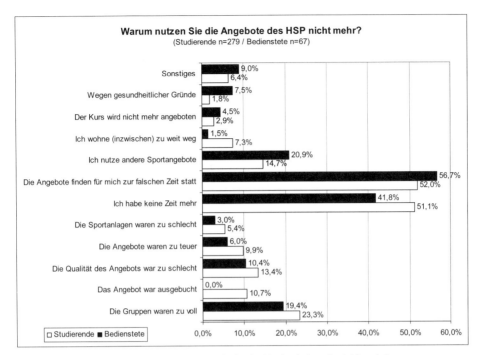

Abbildung 190   Warum nutzen Sie die Angebote des Hochschulsports nicht mehr?

Abschließend wurden diejenigen Personen befragt, die <u>aktuell nicht am Hochschul-sport teilnehmen</u>, sondern andere Organisationsformen nutzen, wie wichtig ihnen bestimmte Aspekte bei einer <u>potentiellen Teilnahme am Hochschulsport</u> wären.

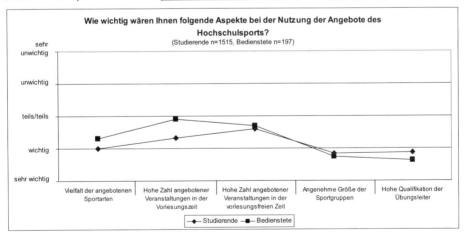

Abbildung 191   Wie wichtig wären Ihnen folgende Aspekte bezüglich der Angebote des Hochschul-sports

Bei den Aspekten „Vielfalt der angebotenen Sportarten", „Angenehme Größe der Sportgruppen" und „Hohe Qualifikation der Übungsleiter" sind sich die Studierenden und die Bediensteten überwiegend einig, dass ihnen diese „wichtig" bis „sehr wichtig" für ein mögliches Sporttreiben im Rahmen des Hochschulsports, sind. Den Aspekt „Hohe Anzahl angebotener Veranstaltungen in der vorlesungsfreien Zeit" halten beide Gruppen nicht ganz so wichtig, wohingegen die Meinung bei der „Hohen Zahl angebotener Veranstaltungen in der Vorlesungszeit" auseinander geht. Halten die Wuppertaler Studierenden diesen Aspekt ebenfalls für „wichtig" bewerteten die Bediensteten ihn nur mit „teils/teils" (vgl. Abbildung 191).

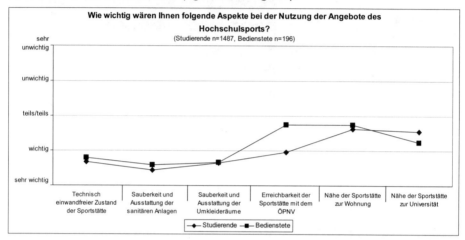

Abbildung 192   Wie wichtig wären Ihnen folgende Aspekte bezüglich der Sportstätten bei der Nutzung der Angebote des Hochschulsports

Auch bei den Fragen bezüglich der Sportstätten gehen die Meinungen der Studierenden und der Bediensteten nur geringfügig auseinander. Hier ist der größte Unterschied bei der Erreichbarkeit der Sportstätten mit dem öffentlichen Nahverkehr zu erkennen. Dieser Aspekt ist den Studierenden wichtiger als den Bediensteten (vgl. Abbildung 192).

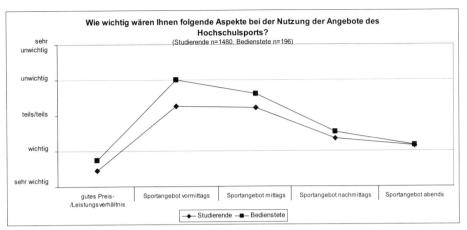

Abbildung 193   Wie wichtig wären Ihnen folgende Aspekte bei der Nutzung der Angebote des Hochschulsports

In Abbildung 193 ist zu erkennen, dass sowohl den Studierenden als auch den Bediensteten ein gutes Preis-/Leistungsverhältnis wichtig ist. Die Frage zu den Zeitpunkten, an denen Sportangebote stattfinden sollen, zeigt ein einheitliches Bild. Sportangebote am Vormittag halten beide Gruppen für eher unwichtig; tagsüber und vor allem zum Abend hin steigt die Bedeutung der Sportangebote kontinuierlich an.

4.10.3 Fazit für den Hochschulsport in Wuppertal

Die Onlinebefragung zum Hochschulsport in NRW ergab auch für den Standort Wuppertal eine Vielzahl interessanter und aufschlussreicher Ergebnisse. Neben Kenntnissen über das allgemeine Sporttreiben der Studierenden und Bediensteten – auch außerhalb des Hochschulsports – besitzt der Wuppertaler Hochschulsport nun detailliertes Wissen über die Beurteilungen seiner Angebote durch die Nutzer sowie über die Wünsche und Kritikpunkte der „Nicht-Teilnehmer".

Die genaue Analyse und Umsetzung dieser Kenntnisse kann natürlich nur durch die handelnden Personen vor Ort geschehen. Um hierbei eine Hilfestellung zu leisten, sollen abschließend neben den allgemeinen Trends im Hochschulsport, die ausführlich in Kap. 3.3 geschildert werden, folgende Besonderheiten für den Hochschulsportstandort Wuppertal festgehalten werden:

- Bei den allgemeinen sportlichen Aktivitäten gibt es nur eine geringe Bindung der Studierenden an den Hochschulort. Fast die Hälfte treibt außerhalb von Wuppertal Sport.

- Entgegen den meisten anderen Hochschulstandorten besitzt der Sportverein für die Studierenden einen höheren Stellenwert als der Hochschulsport.

- Die Organisationsquote des Hochschulsports fällt im Vergleich zum Landes-schnitt vor allem beim Fitnesstraining geringer aus. Auch im Volleyball und Badminton ist die Quote etwas unterdurchschnittlich.

- Die Vielfalt des Sportangebotes wird zwar grundsätzlich als gut, aber etwas kritischer als an den anderen Standorten beurteilt.

- Die Größe der Sportgruppe wird vor allem von den Bediensteten besser be-urteilt als im NRW-Schnitt.

- Der technische Zustand der Sportstätten und die Nähe zur Uni werden von beiden Statusgruppen sehr positiv beurteilt.

- Das Preis-/Leistungsverhältnis wird zwar als gut bezeichnet, die Beurteilung dieses Aspektes fällt trotzdem etwas kritischer aus als an vielen anderen Standorten.

- Bei den Nicht-Teilnehmern – vor allem bei den Bediensteten – besitzt der Hochschulsport einen hohen Bekanntheitsgrad. Hingegen ist die Bereitschaft der Studierenden den Hochschulsport kennen zu lernen, geringer ausge-prägt als im NRW-Schnitt.

- Bedienstete, die den Hochschulsport noch nicht genutzt haben, nennen et-was häufiger den Grund „zu teuer". Eine ungünstige Lage der Sportstätten wird hingegen seltener beklagt.

- Diejenigen, die nicht mehr den Hochschulsport in Anspruch nehmen, bekla-gen sich etwas häufiger über die ungünstigen Zeiten der Angebote. Die Qualität des Angebotes und der Sportstätten war hingegen deutlich seltener der Grund, warum mit dem Hochschulsport aufgehört wurde.

5 Gesamtfazit

Der gesellschaftliche Differenzierungs- und Individualisierungsprozess hat in den letzten Jahren zu einer Pluralisierung und Dynamisierung der Formen der Bewegungskultur und zu einem nachhaltig veränderten, komplexeren und unübersichtlicheren Sportpanorama geführt. In bisher ungeahnt kurzen Zeiträumen bilden sich neue Sportarten mit neuen Herausforderungen an Bewegungsräume und Organisationsformen heraus. Merkmale der heutigen Sport- und Bewegungsaktivitäten sind ein Anstieg und eine Ausdifferenzierung der Sinnorientierungen. Die sportlich Aktiven äußern erweiterte Ansprüche an die traditionellen Sportstätten und erwarten neue Inszenierungsformen von den Sportanbietern. Gerade der Hochschulsport besitzt durch seine Innovationsfähigkeit und Flexibilität die Möglichkeit, situationsgerecht auf die veränderten Bedürfnisse der Sporttreibenden zu reagieren und neue Trends aufzugreifen bzw. auch selber zu setzen.

Trotzdem steht auch der Hochschulsport unter kontinuierlichem Veränderungsdruck, der nicht nur aus dem sich wandelnden Sportverständnis seiner Nutzer resultiert, sondern sich auch durch die Anpassungsprozesse der Hochschulen im europäischen Umfeld und den damit einhergehenden Studienreformen erzeugt wird.

Für eine zeitgemäße und zukunftsfähige Steuerung des Hochschulsports müssen diese wachsenden Dynamiken immer stärker in den Entscheidungsgrundlagen und den Instrumenten der handelnden Akteure berücksichtigt werden. Dies wird nur möglich sein, wenn die Informationslage für die Akteure im Bereich des Hochschulsports systematisch weiter verbessert wird; eine kontinuierliche Beobachtung des Sportverhaltens der Nutzer stellt dabei eine zentrale Aufgabe dar. Die Steuerungsmedien „Information und Wissen" müssen insgesamt stärker akzentuiert werden (vgl. Breuer, 2005; Breuer & Rittner, 2002).

Die Hochschulsportumfrage NRW 2009 stellt in diesem Zusammenhang einen wichtigen Baustein für die weitere Entwicklung des Hochschulsports dar. Erstmals liegen verlässliche Daten zur Nutzung des Hochschulsports in NRW und zu seinem Stellenwert für die Teilnehmer, aber auch für die Nicht-Teilnehmer vor. Sowohl landesweit als auch für neun Hochschulsportstandorte in NRW sind aktuelle und differenzierte Beurteilungen des Angebotes, der Sportstätten und der Preise und Zeiten des Hochschulsports vorhanden, die in ihrer Vielfalt über die allgemeinen Kategorien des CHE-Rankings weit hinaus gehen und eine genauere Sichtweise erlauben.

Zwar sind zwischen den einzelnen Standorten Unterschiede bei der Beurteilung des Hochschulsports zu erkennen, doch kann insgesamt festgestellt werden, dass der Hochschulsport in NRW für die Hochschulen ein sehr positiv bewertetes Aushängeschild ist. Selbst der sensible Bereich des Preis-/Leistungsverhältnisses wird als angemessen betrachtet. Die Teilnehmer am Hochschulsport und auch die Hochschulsportabstinenten beurteilen die Qualität der Sportstätten und die angebotenen Veranstaltungen als positiv.

Auch die hohe Beteiligungszahl an der Befragung und die weiteren Ergebnisse lassen die Aussage zu, dass der Hochschulsport ein ganz wesentlicher Bestandteil des Hochschullebens ist und image- und profilbildend für die Hochschulstandorte wirkt. Olaf Tabor, der Generalsekretär des Allgemeinen Deutschen Hochschulsportsverbandes, brachte in seinem Statement zur Woche des Hochschulsports 2009 diesen Aspekt auf den Punkt:

„Der Hochschulsport bietet hervorragende Möglichkeiten für das interne und externe Marketing der Hochschulen und kann positiven Einfluss auf das Image der Hochschule, die Hochschulbindung der Studierenden und Bediensteten oder die Wahrnehmung der Hochschule im kommunalen Umfeld nehmen".

Deutliche Unterschiede lassen sich bei der Frage nach dem Bekanntheitsgrad und der Nutzungsintensität des Hochschulsports an den jeweiligen Hochschulstandorten erkennen. In dem Kontext ist hervorzuheben, dass Städte, die als so genannte „Unistädte" bekannt sind (z.B. Aachen, Bonn, Münster) mit einer guten Einbindung der Universität in das städtische Leben und die städtische und regionale Sport- und Bewegungskultur einen herausragenden Bekanntheitsgrad und hohe Nutzerzahlen des Hochschulsports erkennen lassen. Dort, wo Studierende gerne wohnen und wo Studierende auch gerne ihre Freizeit verbringen, wird auch der Hochschulsport entsprechend wahr genommen und für bewegungsbezogene Freizeitaktivitäten und Lernmöglichkeit genutzt.

Diese Kenntnis sollte durchaus als Impuls verstanden werden, Kooperationen mit Stadt- und Regionalmarketingstellen einzugehen, um einen Imagewechsel, weg von so genannten Pendleruniversitäten hin zu Universitäten mit einer lebendigen und modernen Campuskultur in einem lebenswerten städtischen Umfeld, zu initiieren.

Trotz der durchweg positiven Bewertungen des Hochschulsports in NRW wird an allen Hochschulstandorten ein Mangel an „gedeckten Bewegungsflächen" für (im Wesentlichen) gesundheitsorientierte Angebotsformen geäußert. Dies lässt sich über die teilweise langen Nachrück- oder Wartelisten und die extrem kleinen Zeitfenster für Veranstaltungsangebote belegen. Hier sind die Hochschulen gefordert, unterstützend zu wirken. Investitionen sind in dem Bereich tatsächlich Investitionen in die Zukunft von Hochschulstandorten. Der Hochschulsport unterliegt nicht dem „demographischen Faktor", die Altersstruktur der Gruppe der Nutzerinnen und Nutzer ist konstant und nach aktueller Prognose sollen die Studierendenzahlen weiter stark ansteigen. Die Verantwortung der Hochschulen für die Hochschulangehörigen wächst, auch aufgrund des europäischen Wettbewerbs bezogen auf die Attraktivität von

Hochschulstandorten. Diese Zusammenhänge sollten bei zukünftigen Entscheidungen, die sich auf bauliche Maßnahmen in den Bereichen der Hochschulen beziehen, nicht ignoriert werden.

Im Hinblick auf die methodische Umsetzung der landesweiten Befragung konnte eine deutliche Weiterentwicklung der Hochschulsportstudie aus dem Jahre 2003 erreicht werden. Doch noch immer sind an manchen Hochschulen keine umfassend gepflegten E-Mail-Verteiler vorhanden, die aber die Ausgangsvoraussetzung für eine qualitativ gute und repräsentative Studie sind. Wenn die Qualität dieser uni-internen Verteiler weiter verbessert wird, können zukünftige Studien noch einfacher und zielgenauer durchgeführt werden.

Angesichts der großen Datenfülle wurde im Rahmen dieses Auswertungsbandes ein stärkerer Wert auf allgemeine Erkenntnisse zum Hochschulsport gelegt. In Zukunft können eine Vielzahl von weiterführenden Auswertungen und Datenabgleiche zu vertiefenden Erkenntnissen (z.B. Abgleich mit allgemeinen Sportverhaltensstudien, Vergleich wissenschaftliches/nichtwissenschaftliches Personal) führen, die in Kapitel 3 bisher nur exemplarisch angedeutet wurden. Diese Erkenntnisse können auch für die Planung zukünftiger Sportangebote und Organisationsformen von noch größerer Relevanz sein.

Grundsätzlich sollte versucht werden, eine Befragung zum Hochschulsport in NRW zur weiteren Fundierung des neuen Untersuchungsansatzes und zur Evaluation der Hochschulsportangebote regelmäßig durchzuführen. Mit einer Trendanalyse im Jahr 2015 könnten zudem die Folgen gesellschaftlicher Wandlungsprozesse und die Auswirkungen der Studienreformen auf den Hochschulsport besser nachvollzogen und gezielte „Antworten" gefunden werden.

6 Literatur

ADM - ARBEITSKREIS DEUTSCHER MARKT- UND SOZIALFORSCHUNGSINSTITUTE (2000). Richtlinie für Online-Befragungen, Frankfurt am Main.

ADM - ARBEITSKREIS DEUTSCHER MARKT- UND SOZIALFORSCHUNGSINSTITUTE (2001). Checkliste für Auftraggeber von Online-Befragungen, Frankfurt am Main.

ADM - ARBEITSKREIS DEUTSCHER MARKT- UND SOZIALFORSCHUNGSINSTITUTE (2001). Standards zur Qualitätssicherung für Online-Befragungen, Frankfurt am Main.

ADM - ARBEITSKREIS DEUTSCHER MARKT- UND SOZIALFORSCHUNGSINSTITUTE (2009). Jahresbericht 2008, Frankfurt am Main.

ALBRECHT, I. C. (2003). Sportnachfrage von Studierenden der Universität Bonn - Empirische Untersuchung zu Erwartungen und Erfahrungen im Hochschulsport, Bonn: hektogr - Manuskript.

BANDILLA, W., Kaczmirek, L., BLOHM, M. & NEUBARTH, W.(2009). Coverage- und Non-response-Effekte bei Online-Bevölkerungsumfragen. In: Jackub, N., SCHOEN, H. & ZERBACK, T. (Hrsg.), Sozialforschung im Internet, Wiesbaden: VS Verlag, S. 129-144.

BAUMGARTEN, K, LUER, D. & DREIBRODT, S. (2009). Zukunftsperspektiven von Gesundheitsangeboten im Hochschulsport. In GÖRING, A., Quo vadis Hochschulsport?, Im Wandel von Hochschule und Gesellschaft, Göttingen: Universitätsverlag Göttingen, S. 69-85.

BAUR, J. ET AL. (2005). Thüringer Sportvereinsstudie. Programmstrukturen und Mitgliederstrukturen in Thüringer Sportvereinen, Universität Potsdam, Arbeitsbereich

BAUR, J. & BECK, J (1999). Vereinsorganisierter Frauensport, Aachen: Meyer & Meyer.

BAUR, N. & Florian, M. J. (2009). Stichprobenprobleme bei Online-Umfragen. In: Jackub, N., SCHOEN, H. & ZERBACK, T. (Hrsg.), Sozialforschung im Internet, Wiesbaden: VS Verlag, S. 109-128.

BATINIC, B. (2001). Fragebogenuntersuchungen im Internet, Aachen: Shaker Verlag.

BEHRENS, I. & GÖRING, A. (HRSG.) (2007). Abschied von Humboldt? Reformprozesse an deutschen Hochschulen. Hochschulsport: Bildung und Wissenschaft Band 1, Göttingen: Universitätsverlag Göttingen.

BEYER, T. & FEHRES, K. (1998). Der Hochschulsport auf dem Weg ins 21. Jahrhundert - in: BURK, V. & MILDE, C., Stationen einer Reise - eine Hommage an 50 Jahre Deutscher Hochschulsportverband, Butzbach-Griedel: Afra-Verlag, S. 103-119.

BERTHOLD, C. & LEICHSENRING, H. (2007). Der Hochschulsport und die Reformen der Hochschulen - in: BEHRENS, I. & GÖRING, A., Abschied von Humboldt?, Göttingen: Universitätsverlag Göttingen, S. 5-19.

BÖS, K., HÄNSEL F. & SCHOTT, N. (2004). Empirische Untersuchungen in der Sportwissenschaft, Hamburg: Czwalina Verlag.

BRAICKS, M. & WULF, O. (2004), Sporttreiben in Paderborn 2003, Ergebnisse der Einwohnerbefragung sowie Trends im Sportverhalten der Paderborner seit 1993, Münster: Lit.

BRAUN, H. (2004). Geschichte der Leibesübungen an deutschen Universitäten. in: K. ACHILLES (Red.), Streifzug durch die Sportgeschichte: Festschrift zur Verabschiedung von Prof. Dr. Harald Braun, Bremen: Verein für Hochschulsport.

BREITHECKER, D. (1995). In die Schule kommt Bewegung– sinnes- und bewegungsaktives Lehren und Lernen im Lebensraum Schule. in: *Haltung und Bewegung*, 15. Jahrgang.

BREUER, C. (2005). Steuerbarkeit von Sportregionen. Schorndorf: Hofmann.

BREUER, C. & RITTNER, V. (2002), Berichterstattung und Wissensmanagement im Sportsystem - Konzeption einer Sportverhaltensberichterstattung für das Land Nordrhein-Westfalen, Köln: Strauß.

BUCHANAN, T. & SMITH, J. L. (1999). Using the Interent for psychological research - *British Journal of Psychology*, 90(1), S. 125-144.

BURK, V. & MILDE, C. (1998). Stationen einer Reise - eine Hommage an 50 Jahre Deutscher Hochschulsportverband, Butzbach-Griedel: Afra-Verlag.

BURRMANN, U. (2006). Geschlechterbezogene Partizipation im Freizeit- und Breitensport. in: HARTMANN-TEWS, I. (Hrsg.). Handbuch Sport und Geschlecht, Schorndorf: Hofmann, S.175-188.

BUTTLER G. & FICKEL, N. (2002). Statistik mit Stichproben, Reinbek bei Hamburg: Rowohlt Verlag.

BUYTENDIJK, F. J. J. (1956). Allgemeine Theorie der menschlichen Haltung und Bewegung, Berlin: Springer-Verlag.

COUPER, M. P. & COUTTS, E. (2006). Probleme und Chancen verschiedener Arten von Online-Erhebungen In: Diekmann, A. (Hrsg.), Methoden der Sozialforschung. Sonderheft 44/2004. Kölner Zeitschrift für Soziologie und Sozialforschung, S. 217-243.

DAVIS, C. & COWELS, M. (1989). Automated psychological testing - *Educational and Psychological Measurement*, 49, S. 311-320.

Dietrich, K. & Landau, G. (1989). Gegenstand und Betrachtungsweise der Sportpädagogik. in: Scherler, K. (Red.), Sportpädagogik wohin?, Clausthal-Zellerfeld, S. 11-12.

Eckl, J., Giess-Stüber, P. & Wetterich, J. (2005). Kommunale Sportentwicklungsplanung und Gender Mainstreaming. Konzepte, Methoden und Befunde aus Freiburg. Münster: Lit.

Faust, H. (1993). Dissertation A (unveröffentlichte Dissertation): Untersuchungen zum Entwicklungsstand und den Perspektiven didaktischer und institutioneller Differenzierung im Hochschulsport, Potsdam.

Fehres, K. & Wopp, C. (1996). Der Hochschulsport im Spannungsfeld von Institutionen und Sporttreibenden. in: Wopp, C. (Hrsg.), Die Zukunft des Sports in Vereinen, Hochschulen und Städten, Aachen: Meyer und Meyer, S. 128- 140.

Fries, R. (2006). Großumfragen im World Wide Web. Durchführung, Repräsentativität und Bereinigung von Selektionseffekten untersucht am Beispiel von Perspektive-Deutschland 2001/02, Aachen: Shaker Verlag.

Funke, F. & Reips U.-D. (2007) Datenerhebung im Netz: Messmethoden und Skalen. In: Welke, M & Wenzel, O. (hrsg.). Online-Forschung 2007, Köln: Halem, S. 52-76.

Gabler, H. (2002). Motive im Sport. Motivationspsychologische Analysen und empirische Studien, Schorndorf: Hofmann.

Gabler, S., Hoffmeyer-Zlotnik, J. & Krebs, D. (Hrsg.) (1994). Gewichtung in der Umfragepraxis, Opladen: Westdeutscher Verlag.

Gabler, S. (2006). Gewichtungsprobleme in der Datenanalyse, in: Diekmann, A., Methoden der Sozialforschung – Sonderheft 44/2004 der Kölner Zeitschrift für Soziologie und Sozialpsychologie (2006), Wiesbaden, S. 128-147.

Geissler, H., Matzat, U. & Welker, M. (2007). Einführung. In: Welker, M. & Wenzel, O. (hrsg.). Online-Forschung 2007, Köln: Halem. S. 9-18.

Göring, A. (Hg.) (2009a). Quo vadis Hochschulsport? Im Wandel von Hochschule und Gesellschaft. Hochschulsport: Bildung und Wissenschaft Band 2, Göttingen: Universitätsverlag Göttingen.

Göring, A. (2009b). Sportverhalten, Hochschulsportnutzung und Studium. Forschungsprojekt in Kooperation mit HIS Hochschul-Information System 2009, o. A.

Göring, A. (2009c). Generationswechsel?! Neue Jugendkultur(/en) und ihre Bedeutung für den Hochschulsport. in Göring, A., Quo vadis Hochschulsport?, Im Wandel von Hochschule und Gesellschaft, Göttingen: Universitätsverlag Göttingen. S. 69-85.

GÖRING, A. & FRIELING, M. (2007). Soft-Skills und (Hochschul-) Sport: Wissenschaftliche Perspektiven, Handlungsansätze und Anwendungsbezüge im Rahmen des Bologna-Prozesses. in: BEHRENS, I. & GÖRING, A., Abschied von Humboldt?, Göttingen: Universitätsverlag Göttingen. S. 22-45.

HACHMEISTER, C.-D. ET AL. (2009). CHE Hochschul-Ranking. Vorgehensweise und Indikatoren 2009, Gütersloh: Centrum für Hochschulentwicklung GmbH.

HACHMEISTER, C.-D. (2008). Im Blickpunkt: Hochschulsportangebote aus Sicht der Studierenden, Gütersloh: Centrum für Hochschulentwicklung GmbH.

HACHMEISTER, C.-D. (2006). Indikator im Blickpunkt: Hochschulsport, Gütersloh: Centrum für Hochschulentwicklung GmbH.

HACHMEISTER, C-D. (2005). Das Hochschulranking 2005 – Ergebnisse für den Hochschulsport, Gütersloh: Centrum für Hochschulentwicklung GmbH.

HACHMEISTER, C.-D., TABOR, O. & BÜRGEL, E. D. (2004). Hochschulsport 2004, Gütersloh: Centrum für Hochschulentwicklung GmbH.

HACHMEISTER, C-D. (2003). Das Hochschulranking 2003 – Ergebnisse für den Hochschulsport, Gütersloh: Centrum für Hochschulentwicklung GmbH.

HACHMEISTER, C-D. (2001). CHE/adh Hochschulsportbefragung im Rahmen des Hochschulrankings 2001, Gütersloh: Centrum für Hochschulentwicklung GmbH.

HÄDER, M. (2006). Empirische Sozialforschung. Eine Einführung, Wiesbaden: Verlag für Sozialwissenschaften.

HARMS, E. (1998). Bewegte Zeiten – Die Dialektik zwischen politischem Aufbruch und traditionellem Sport 1968 -1989. in: BURK, V. & MILDE, C., Stationen einer Reise - eine Hommage an 50 Jahre Deutscher Hochschulsportverband, Butzbach-Griedel: Afra-Verlag, S. 63–78.

HAUPTMANNS, P. (1999). Grenzen und Chancen von quantitativen Befragungen mit Hilfe des Internet. In: BATINIC, B. (hrsg.), Online Marktforschung. Theoretische Grundlagen und praktische Erfahrungen, Göttingen: Hogrefe-Verlag, S. 21-38.

HEISE, A. (1995). Die Sportnachfrage der Studierenden der Westfälischen Wilhelms-Universität-Münster. Eine empirische Studie, Münster: Lit.

HÜBNER, H. & KIRSCHBAUM, B. (2004). Sporttreiben in Münster 2003, Ergebnisse der Einwohnerbefragung 2003 und Trends im Sportverhalten der Münsteraner seit 1991, Münster: Lit.

HÜBNER, H. & WULF, O. (2007). Wie weiblich ist der Wuppertaler Sport? – Einige Anmerkungen zum Sporttreiben der Wuppertaler Bevölkerung aus geschlechtsspezifischer Sicht. *Magazin WS 07/08*, S. 28-32.

HÜBNER, H. & WULF, O. (2008a). Strategien und Erfahrungen mit kommunaler Sportstättenentwicklungsplanung in Deutschland, in: E. Balz/ D. Kuhlmann (Hrsg.), Sportentwicklung – Grundlagen und Facetten, Aachen: Meyer & Meyer, S. 141-157.

HÜBNER, H. & WULF, O. (2008b). Grundlagen der Sportentwicklung in Solingen - Sporttreiben – Sportstättenatlas – Sportstättenbedarf, Münster: Lit.

HÜBNER, H. & WULF, O. (2008c). Grundlagen der Sportentwicklung in Wuppertal - Sporttreiben – Sportstättenatlas – Sportstättenbedarf, Münster: Lit.

HÜBNER, H. & WULF, O. (2008d). Grundlagen der Sportentwicklung in Bochum - Sporttreiben – Sportstättenatlas – Sportstättenbedarf, Münster: Lit.

HÜBNER, H. & WULF, O. (2009a). Grundlagen der Sportentwicklung in Remscheid - Sporttreiben – Sportstättenatlas – Sportstättenbedarf, Münster.

HÜBNER, H. & WULF, O. (2009b). Grundlagen der Sportentwicklung in Bielefeld - Sporttreiben – Sportstättenatlas – Sportstättenbedarf, Münster: Lit.

HÜBNER, H./WULF, O. (2009c), Situation und Perspektive des Hochschulsports in NRW, in: Koordinationsbüro der Woche des Hochschulsports (Hg.), Dokumentation „Woche des Hochschulsports".

HÜNEFELD, J. (2009). GedankenSprünge – Geschichte des Hochschulsports in Deutschland. Eine Ausstellung anlässlich der Woche des Hochschulsports in Nordrhein-Westfalen. Landeskonferenz für den Hochschulsport in Nordrhein-Westfalen (Hrsg.), Wuppertal.

INFORMATION UND TECHNIK NORDRHEIN-WESTFALEN (Hrsg.) Hochschulen in Nordrhein-Westfalen: Statistik kompakt. (2009), Düsseldorf.

ISRAEL, S./ WEIDNER, A. (1988). Körperliche Aktivität und Altern, Leipzig: Barth.

JACHOB, N., SCHOEN, H. & ZERBACK, T. (Hrsg.) (2009). Sozialforschung im Internet. Methodologie und Praxis der Online-Befragung, Wiesbaden: Verlag für Sozialwissenschaften.

JOACHIM, R. (1997). Clausthaler Beiträge zum Hochschulmanagement: Sicherer Allgemeiner Hochschulsport, Clausthal-Zellerfeld: Papierflieger.

KÄHLER, R. (1992). Die Aufgaben des Hochschulsports in unserer Zeit. in: RIEDER, H. (hrsg.), Sport an Hochschulen: Forschung – Lehre - Hochschulsport, Heidelberg: Institut für Sport und Sportwissenschaft, S. 222-239.

KANTOR, J. (1991). The effects of computer administration and identification on the Job Descriptive Index. *Journal of Business and Psychology*, 5(3), S. 309-323.

KOTTMANN, L., KÜPPER, D & PACK, P. (2008). Bewegungsfreudige Schule. Schulentwicklung bewegt gestalten – Grundlagen, Anregungen, Hilfen, Gütersloh: Verlag Bertelsmannstiftung.

Könen, A. (2005). Welchen Sport treiben Studierende? Empirische Studien zum Sportverhalten 21- bis 30-jähriger unter besonderer Berücksichtigung von Studierenden. Schriftliche Hausarbeit im Rahmen der Ersten Staatsprüfung für das Lehramt für die   Sekundarstufe I+II, Wuppertal: hektogr. Manuskript.

Krampe, F. (2007). Hochschulreformen und ihre Auswirkungen auf das studentische Ehrenamt im Sportsystem Deutschlands. in: Behrens, I. & Göring, A., Abschied von Humboldt?, Göttingen: Universitätsverlag Göttingen, S. 47-56.

Lamprecht, M./ Stamm, H. (2002). Sport zwischen Kultur, Kult und Kommerz, Zürich: Seismo.

Landeskonferenz NRW (2003). Kurzzusammenfassung der Online-Befragung aus dem Sommersemester 2003, Düsseldorf.

Lienert, G. A. & Raatz, U. (1998). Testaufbau und Testanalyse, Weinheim: Psychologie Verlags Union.

Lufft, T. (1998). Die Universiade Duisburg1989. in: Burk, V. & Milde, C., Stationen einer Reise - eine Hommage an 50 Jahre Deutscher Hochschulsportverband, Butzbach-Griedel: Afra-Verlag, S. 79-84.

Maurer, M. & Jandura, O. (2009). Masse statt Klasse? Einige kritische Anmerkungen zu Repräsentativität und Validität von Online-Befragungen. In: Jackub, N., Schoen, H. & Zerback, T. (Hrsg.), Sozialforschung im Internet, Wiesbaden: VS Verlag, S. 61-74.

Milde, C. (1998). Der Hochschulsport nach 1945 Zwischen neuen Wegen und alten Gesichtern. in: Burk V. & Milde, C., Stationen einer Reise - eine Hommage an 50 Jahre Deutscher Hochschulsportverband, Butzbach-Griedel: Afra-Verlag, S. 33-43.

Ministerium für Innovation, Wissenschaft, Forschung und Technologie des Landes Nordrhein-Westfalen (2007). Der Allgemeine Hochschulsport an den Hochschulen in der Trägerschaft Nordrhein-Westfalens. Vorlage 14/0981, Landtag Nordrhein-Westfalen 14. Wahlperiode.

Ministerium für Innovation, Wissenschaft, Forschung und Technologie des Landes Nordrhein-Westfalen (2008). Perspektiven des Hochschulsports an den Hochschulen in der Trägerschaft Nordrhein-Westfalens unter besonderer Berücksichtigung der Infrastruktur. Vorlage 14/2054, Landtag Nordrhein-Westfalen 14. Wahlperiode.

Mühlenfeld, H.-V. (2004). Der Mensch in der Online-Kommunikation. Zum Einfluss webbasierter, audiovisueller Fernkommunikation auf das Verhalten von Befragten, Wiesbaden: Deutscher Universitäts-Verlag.

NEUFELD, W. (1987). Die „kulturelle Wüste" in den Lernfabriken fruchtbar machen. Frankfurter Rundschau, 20.08.1987, S. 14.

OELRICH, H. (1998). Vom Revisionismus zur Weltherrschaft - Deutscher Hochschulsport und internationale Studentensportbeziehungen zwischen Versailler Vertrag und ‚Polenfeldzug (1918-1939). in: BURK, V. & MILDE, C., Stationen einer Reise: eine Hommage an 50 Jahre Deutscher Hochschulsportverband, Butzbach-Griedel: Afra-Verlag, S. 9-32.

OTTESEN, L. (2004). Sports Participation, Gender and the Welfare State. *Sportwissenschaft*, 34, S. 311-326.

PFISTER, J. (1985). Auszüge aus dem Dissertationsentwurf „Angewandte Sozialwissenschaft und verbandliches Handeln" Kapitel ‘Organisationsanalyse des ADH‘. in: SPERLE, N. & SCHULKE H.-J., Handeln im Hochschulsport, Ahrensburg: Czwalina, S. 16-27.

RICHTER H.J. (1970), Die Strategie schriftlicher Massenbefragungen, Bad Harzburg.

RONGE, V. (1999). Das Sportverhalten der Studenten der Bergischen Universität, u. a. ihre Beteiligung am allgemeinen Hochschulsport, Wuppertal: vr.

ROLFSMEIER, A. (2004). Sportforum (11): Gesundheitsförderung durch Sport an einer Hochschule, Aachen: Meyer & Meyer.

Rosenfeld, P. & Booth-Kewley, S. & Edwards J.-E. (1993). Computer-administered surveys in organizational settings. *American Behavioral Scientist*, 36, S. 485-511.

SCHEEL, D. (1998). Auf dem Wege zur deutsch-deutschen Vereinigung im Hochschulsport: 1989-1998. in: BURK, V. & MILDE, C., Stationen einer Reise: eine Hommage an 50 Jahre Deutscher Hochschulsportverband, Butzbach-Griedel: Afra-Verlag, S. 85-101.

SCHINKEL, J. (1999). Welchen Beitrag kann und sollte der Göttinger Hochschulsport zur Erwachsenenbildung leisten?. in: HILLEBRECHT, N. & SCHARENBERG, S., Sport als Erwachsenenbildung – aus kritischer Analyse lernen, Hamburg: Kovac, S. 84-86.

SCHMITTNER, K. (1992). Die Förderung des Hochschulsports in Baden–Württemberg. in: RIEDER, H. (hrsg.), Sport an Hochschulen: Forschung-Lehre-Hochschulsport, Heidelberg: Institut für Sport und Sportwissenschaft, S. 205-213.

SCHRÖDEL, D. & GRÜNZFELDER, R. (2008). Studentensportstudie Würzburg 2008. Eine Untersuchung zum Sportverhalten der Studierenden in Würzburg, o. A.

SCHRÖDER, S. (2008) *Magazin des adh 02/2008*. Allgemeiner Deutscher Hochschulsportverband (adh) e.V. (hrsg.), Roßdorf: TZ-Verlag & Print GmbH, S. 19-20.

SPERLE, N. & SCHULKE H.-J. (1985). Handeln im Hochschulsport, Ahrensburg: Czwalina.

TADDICKEN, M. (2007). Methodeneffekte von Web-Befragungen – Freund oder Feind des Forschers? In: WELKER, M.& WENZEL, O. (hrsg.), Online-Forschung 2007, Köln: Halem, S. 85-102.

TADDICKEN, M. (2009). Die Bedeutung von Methodeneffekten der Online-Befragung: Zusammenhänge zwischen computervermittelter Kommunikation und erreichbarer Datengüte? In: Jackub, N. , SCHOEN, H. & ZERBACK, T. (Hrsg.) (2009), Sozialforschung im Internet, Wiesbaden: VS Verlag, S. 91-108.

THEOBALD, A. (2000). Das World Wide Web als Befragungsinstrument, Wiesbaden: Deutscher Universitäts-Verlag.

THEOBALD, A., DREYER, M. & STARSETZKI, T. (2001). Online-Marktforschung. Theoretische Grundlagen und praktische Erfahrungen, Wiesbaden: Gabler.

THIEL, A., TEUBERT, H. & KLEINDIENST-CACHAY (2006). Die Bewegte Schule auf dem Weg in die Praxis. Theoretische und empirische Analysen einer pädagogischen Innovation, Hohengehren: Schneider Verlag.

TOURANGEAU, R. (1994). Survey Research and Social Change. *Annual Review of Psychology 55*, S. 775-801.

VAN EIMEREN, B. & FREES, B. (2007). Internetnutzung zwischen Pragmatismus und YouTube-Euphorie. In: Media Perspektiven 8/2007, S. 362-377.

WELKER, M. (2007). Was ist Online-Forschung? Eine Tour d'horizon zu einem erfolgreichen Forschungsfeld. In: WELKER, M. & WENZEL, O. (hrsg.), Online-Forschung 2007, Köln: Halem, S 19-51.

WELKER, M. & WENZEL, O. (Hrsg.), Online-Forschung 2007. Grundlagen und Fallstudien, Köln: Halem.

WOPP, C. (1987). Angebotsformen im Universitätssport. in: Sport und Lebensstil. Dokumente zum Hochschulsport 21. Ahrensburg: Czwalina.

WOPP, C. (1995). Entwicklungen und Perspektiven des Freizeitsports. Aachen: Meyer & Meyer.

ZERBACK, T. , SCHOEN, H., JACKUB, N. & SCHLERETH, S. (2009). Zehn Jahre Sozialforschung mit dem Internet – Eine Analyse zur Nutzung von Online-Umfragen in den Sozialwissenschaften. In: Jackub, N., SCHOEN, H. & ZERBACK, T. (Hrsg.), Sozialforschung im Internet, Wiesbaden: VS Verlag, S. 61-74.

ZERR, K. (2001). Online Marktforschung – Erscheinungsformen und Nutzungspotentiale. In: THEOBALD, A., DREYER, M. & STARSETZKI, T., (Hrsg.), Online Marktforschung. Theoretische   Grundlagen und praktische Erfahrungen, Wiesbaden: Gabler Verlag, S. 7-26.

7 Anhang

Struktur des Fragebogens zur Hochschulsport-Umfrage NRW 2009

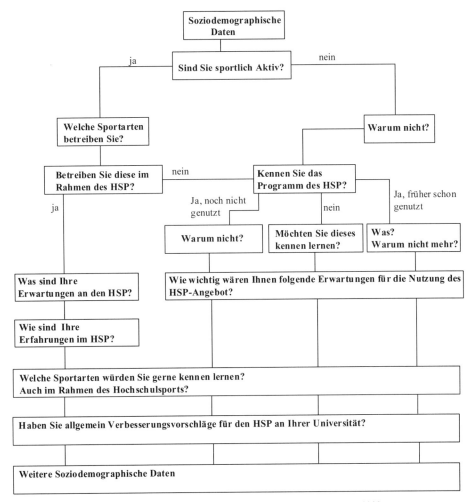

Anhang 1   Struktur des Fragebogens zur Hochschulsport-Umfrage NRW 2009

Betreiben Sie ihren Sport im Rahmen des Angebots des Hochschulsports?

	Aachen		Bielefeld		Bochum		Bonn		Dortmund		Köln		Münster		Paderborn		Wuppertal		Gesamt	
	männlich	weiblich	m	w	m	w	m	w	m	w	m	w	m	w	m	w	m	w	m	w
Studierende (in %)																				
ja, nur im HSP	8,3	16,0	7,5	11,5	3,2	7,9	11,2	17,2	11,3	19,2	4,9	6,7	9,1	18,9	7,5	12,3	5,2	12,2	7,4	13,2
im HSP und außerhalb	53,2	56,3	44,5	43,4	24,6	33,4	50,0	56,3	44,2	52,8	47,0	52,1	51,5	55,7	39,7	47,9	33,6	31,1	43,6	49,0
nur außerhalb	38,6	27,8	47,9	45,1	72,2	58,7	38,9	26,4	44,4	28,0	48,1	41,3	39,4	25,4	52,8	39,8	61,2	56,7	49,0	37,8
Bedienstete (in %)																				
ja, nur im HSP	4,1	7,9	8,5	5,2	3,0	1,7	2,9	5,4	/	/	5,0	6,8	6,7	10,5	4,8	2,6	2,6	2,7	4,5	5,6
im HSP und außerhalb	50,2	41,2	48,2	36,2	20,7	16,1	34,6	31,5	/	/	29,8	32,0	30,1	31,4	39,7	35,1	31,3	34,0	34,1	30,0
nur außerhalb	45,6	50,9	43,3	58,7	76,3	82,2	62,5	63,1	/	/	65,3	61,2	63,1	58,1	55,6	62,3	66,1	63,3	61,4	64,4

Anhang 2   Betreiben Sie ihren Sport im Rahmen des Angebots des Hochschulsports?

Wo betreiben Sie ihre Sportart?

	Aachen	Bielefeld	Bochum	Bonn	Dortmund	Köln	Münster	Paderborn	Wuppertal	Gesamt
Studierende (in %)										
Am Hochschulort	59,4	53,4	36,6	61,5	53,5	57,0	62,8	48,3	37,5	53,7
Am Hochschulort und außerhalb	23,0	17,5	16,9	19,6	19,2	21,7	20,2	23,3	17,1	19,7
außerhalb	17,7	29,1	46,5	18,9	27,2	21,3	17,1	28,4	45,4	26,5
Bedienstete (in %)										
Am Hochschulort	60,3	58,8	43,8	51,6	/	55,0	58,4	47,5	48,8	52,3
Am Hochschulort und außerhalb	20,8	22,3	20,2	21,8	/	16,4	17,2	18,7	20,8	19,7
außerhalb	18,9	18,8	36,0	26,6	/	28,6	24,4	33,8	30,4	28,0

Anhang 3   Wo betreiben Sie ihre Sportart?

Organisation des Sporttreibens der Studierenden und Bediensteten in den neun Hochschulstandorten

	Aachen	Bielefeld	Bochum	Bonn	Dortmund	Köln	Münster	Paderborn	Wuppertal	Gesamt
Studierende (in %)										
Hochschulsport	31,9	27,5	16,3	35,6	33,4	23,4	36,1	25,3	20,0	29,0
ich selber	43,9	42,5	48,8	40,8	38,6	42,3	40,2	44,1	44,6	43,0
Verein	16,0	18,6	20,6	13,8	17,9	17,6	14,9	21,3	22,8	17,4
kommerzieller Anbieter	6,6	8,2	10,7	8,5	7,7	8,8	6,5	7,4	8,7	8,1
Asta-Sport						4,9				
sonstige Anbieter	1,5	3,2	3,7	1,3	2,4	2,9	2,3	1,8	3,8	2,5
Bedienstete (in %)										
Hochschulsport	25,2	22,7	8,6	16,5	/	14,8	20,0	17,7	17,1	17,2
ich selber	48,7	48,4	54,8	51,1	/	51,0	48,5	56,3	52,8	50,9
Verein	12,5	14,6	15,9	16,1	/	12,4	15,4	14,2	17,0	15,0
kommerzieller Anbieter	10,6	10,5	14,8	12,9	/	13,8	11,7	7,6	9,7	12,4
Asta-Sport					/	2,1				
sonstige Anbieter	3,0	3,8	5,9	3,6	/	5,9	4,5	4,2	3,4	4,5

Anhang 4   Organisation des Sporttreibens der Studierenden und Bediensteten

Bewertungen der Angebote an den neun Hochschulstandorten

	Aachen	Bielefeld	Bochum	Bonn	Dort-mund	Köln	Münster	Pader-born	Wupper-tal	Gesamt
				Studierende (Note 1 bis 5)						
Vielfalt der angebotenen Sportarten	1,74	1,82	1,98	1,56	1,71	1,68	1,48	1,77	1,95	1,69
Hohe Zahl angebotener Veranstaltungen in der Vorlesungszeit	2,07	1,94	2,14	1,84	1,91	2,06	1,83	1,94	2,09	1,97
Hohe Zahl angebotener Veranstaltungen in der vorlesungsfreien Zeit	2,43	2,52	2,75	2,3	2,38	2,84	2,31	2,33	2,75	2,50
Angenehme Größe der Sportgruppen	2,98	2,90	2,97	2,54	2,97	2,88	2,62	2,51	2,65	2,80
Hohe Qualifikation der Übungsleiter	2,04	2,10	2,09	2,08	2,12	2,00	2,01	1,98	1,98	2,04
				Bedienstete (Note 1 bis 5)						
Vielfalt der angebotenen Sportarten	1,71	1,65	2,03	1,44	/	1,58	1,42	1,63	1,60	1,65
Hohe Zahl angebotener Veranstaltungen in der Vorlesungszeit	2,01	1,80	2,23	1,66	/	1,95	1,70	1,84	1,85	1,88
Hohe Zahl angebotener Veranstaltungen in der vorlesungsfreien Zeit	2,34	2,38	2,77	2,21	/	2,66	2,15	2,28	2,60	2,40
Angenehme Größe der Sportgruppen	2,94	2,66	2,80	2,25	/	2,31	2,51	2,43	2,16	2,53
Hohe Qualifikation der Übungsleiter	2,12	1,83	1,99	1,70	/	1,62	1,84	1,87	1,65	1,84

Anhang 5   Bewertungen der Angebote an den neun Hochschulstandorten

Bewertungen der Sportstätten an den neun Hochschulstandorten

	Aachen	Bielefeld	Bochum	Bonn	Dort-mund	Köln	Münster	Pader-born	Wupper-tal	Gesamt
Studierende (Note 1 bis 5)										
Technisch einwandfreier Zustand der Sportstätte	2,42	2,13	2,14	2,39	2,10	2,56	2,58	2,20	2,06	2,38
Sauberkeit und Ausstattung der sanitären Anlagen	2,48	2,70	2,42	2,70	2,64	2,93	2,83	2,61	2,63	2,70
Sauberkeit und Ausstattung der Umkleideräume	2,52	2,55	2,41	2,60	2,35	2,82	2,70	2,44	2,44	2,59
Erreichbarkeit der Sportstätte mit dem ÖPNV	2,47	1,61	1,99	2,58	2,28	2,19	2,44	2,06	2,05	2,27
Nähe der Sportstätte zur Wohnung	2,51	2,39	2,45	2,90	2,63	2,66	2,43	2,33	2,48	2,56
Nähe der Sportstätte zur Universität	2,06	1,43	1,61	2,76	1,65	2,19	2,24	1,73	1,55	2,07
Bedienstete (Note 1 bis 5)										
Technisch einwandfreier Zustand der Sportstätte	2,55	2,19	2,27	2,53	/	2,81	2,61	2,15	2,04	2,45
Sauberkeit und Ausstattung der sanitären Anlagen	2,61	2,79	2,41	3,01	/	3,08	2,95	2,61	2,56	2,79
Sauberkeit und Ausstattung der Umkleideräume	2,64	2,69	2,49	3,00	/	3,06	2,84	2,35	2,64	2,76
Erreichbarkeit der Sportstätte mit dem ÖPNV	2,44	1,54	2,07	2,66	/	2,12	2,25	2,03	1,97	2,19
Nähe der Sportstätte zur Wohnung	2,46	2,19	2,63	2,74	/	2,44	2,44	2,53	2,49	2,50
Nähe der Sportstätte zur Universität	1,99	1,28	1,69	2,54	/	1,94	2,03	1,51	1,64	1,89

Anhang 6   Bewertung der Sportstätten an den neun Hochschulstandorten

Bewertungen der Zeiten an den neun Hochschulstandorten

	Aachen	Bielefeld	Bochum	Bonn	Dortmund	Köln	Münster	Paderborn	Wuppertal	Gesamt
Studierende (Note 1 bis 5)										
Preis-/Leistungsverhältnis	1,79	1,47	1,57	1,63	1,36	1,83	1,69	1,86	1,77	1,68
Sportangebot vormittags	2,67	2,95	3,03	2,61	3,37	2,67	2,94	2,78	2,77	2,81
Sportangebot mittags	2,60	2,92	3,03	2,56	3,15	2,64	2,84	2,84	2,65	2,75
Sportangebot nachmittags	2,50	2,35	2,55	2,36	2,33	2,54	2,37	2,37	2,43	2,43
Sportangebot abends	2,40	2,06	2,17	2,33	1,99	2,40	2,12	2,04	2,29	2,23
Bedienstete (Note 1 bis 5)										
Preis-/Leistungsverhältnis	1,74	1,62	1,76	1,58	/	1,60	1,72	1,91	1,93	1,71
Sportangebot vormittags	2,88	2,54	3,10	2,22	/	2,61	2,82	2,30	2,52	2,67
Sportangebot mittags	2,93	2,69	3,13	2,29	/	2,53	2,80	2,29	2,54	2,66
Sportangebot nachmittags	2,51	2,24	2,56	2,22	/	2,60	2,36	2,32	2,35	2,39
Sportangebot abends	2,55	2,20	2,39	2,23	/	2,52	2,19	2,13	2,26	2,30

Anhang 7   Bewertungen der Zeiten an den neun Hochschulstandorten

Sind die Angebote des Hochschulsports bekannt?

	Aachen	Bielefeld	Bochum	Bonn	Dortmund	Köln	Münster	Paderborn	Wuppertal	Gesamt
Studierende (in %)										
Nein	19,4	29,7	39,7	17,5	11,9	14,9	21,6	27,3	26,1	25,2
Ja, habe aber noch nicht teilgenommen	50,7	45,4	45,1	52,6	63,6	57,3	54,8	51,8	56,5	51,9
Ja, habe früher teilgenommen	29,9	24,9	15,2	29,9	24,5	27,9	23,6	21,0	17,5	22,9
Bedienstete (in %)										
Nein	17,6	14,3	29,2	20,6	/	21,5	23,9	7,4	13,6	22,5
Ja, habe aber noch nicht teilgenommen	41,2	48,9	34,3	43,9	/	48,5	47,8	45,4	53,8	42,5
Ja, habe früher teilgenommen	41,2	36,7	36,5	35,4	/	30,0	28,3	47,2	32,6	35,0

Anhang 8   Sind die Angebote des Hochschulsports bekannt?

Warum sind Ihnen die Angebote des Hochschulsports nicht bekannt?

	Aachen	Bielefeld	Bochum	Bonn	Dortmund	Köln	Münster	Paderborn	Wuppertal	Gesamt
Studierende (in %)										
Ich wusste nicht, dass es den HSP an meinem Standort gibt	3,6	3,9	7,6	3,6	4,4	4,8	1,7	5,6	5,1	5,1
Ich wusste nicht, wo ich mich informieren kann	69,1	76,4	74,5	68,4	61,6	68,4	69,2	71,6	65,6	71,6
Ich habe grundsätzlich kein Interesse, Sport zu treiben	11,6	8,5	14,2	16,3	10,6	14,3	14,3	18,8	13,9	13,0
Ich habe bisher kein Interesse am HSP gehabt	15,6	13,3	12,4	18,4	24,5	12,7	14,1	10,3	14,2	13,6
Sonstiges	7,9	5,2	0,8	5,1	3,8	3,7	10,9	4,5	8,2	5,3
Bedienstete (in %)										
Ich wusste nicht, dass es den HSP an meinem Standort gibt	0,0	0,0	2,6	0,0	/	0,0	0,0	/	0,0	1,1
Ich wusste nicht, wo ich mich informieren kann	50,0	46,2	63,0	54,4	/	51,6	50,0	/	35,0	55,8
Ich habe grundsätzlich kein Interesse, Sport zu treiben	17,9	15,4	17,4	17,7	/	6,5	11,8	/	20,0	15,4
Ich habe bisher kein Interesse am HSP gehabt	28,6	34,6	15,7	20,3	/	29,0	22,5	/	35,0	21,1
Sonstiges	14,3	3,8	5,2	11,4	/	12,9	15,7	/	10,0	9,3

Anhang 9   Warum sind Ihnen die Angebote des Hochschulsports nicht bekannt?

Warum haben Sie bisher nicht an den Angeboten des Hochschulsports teilgenommen?

	Aachen	Bielefeld	Bochum	Bonn	Dortmund	Köln	Münster	Paderborn	Wuppertal	Gesamt
Studierende (in %)										
Ich bin zur Zeit nicht aktiv, aus den zuvor genannten Gründen	27,3	28,3	28,0	28,1	26,9	19,3	24,3	21,2	25,9	25,4
Es waren nicht die richtigen Sportarten für mich dabei	13,3	13,4	21,0	7,9	11,2	9,2	7,9	14,2	10,7	12,2
Die Angebotenen Zeiten sind zu ungünstig	39,8	47,6	42,0	44,3	43,8	45,5	27,3	36,7	41,6	40,6
Die Angebote des HSP sind zu teuer	11,4	3,6	3,5	7,5	4,9	14,0	8,2	11,0	8,4	8,4
Die Sportanlagen liegen zu ungünstig	22,1	10,1	17,4	35,2	20,8	23,8	25,7	10,4	16,2	22,3
Die Sportanlagen sind nicht mit öffentlichen Verkehrsmitteln erreichbar	2,7	0,4	2,4	2,8	2,9	2,1	3,0	2,2	1,6	2,5
Ich habe keine Zeit, an den Angeboten des HSP teilzunehmen	46,6	49,8	46,9	44,8	45,6	50,0	37,4	42,9	52,0	45,4
Ich nutze andere Sportangebote	21,7	20,8	27,0	20,4	27,5	31,4	22,2	28,0	25,8	24,7
Das Angebot, an dem ich teilnehmen wollte, war bereits ausgebucht	16,9	9,6	9,1	17,6	9,0	11,6	27,2	29,9	7,3	14,7
zu große Entfernung zum Wohnort	2,7	3,9	6,9	3,2	6,6	4,0	2,2	5,0	8,9	5,5
Sonstiges	5,0	5,7	3,0	4,1	5,0	2,9	9,0	4,6	4,6	5,1
Gesamt	209,5	193,2	207,2	215,9	204,2	213,8	194,4	206,1	203,0	206,8
Bedienstete (in %)										
Ich bin zur Zeit nicht aktiv, aus den zuvor genannten Gründen	23,1	17,2	20,6	20,6	/	20,9	20,2	18,2	20,7	20,3
Es waren nicht die richtigen Sportarten für mich dabei	11,5	12,9	16,1	3,8	/	7,3	8,3	6,8	14,7	11,1
Die Angebotenen Zeiten sind zu ungünstig	38,5	58,6	33,5	52,2	/	46,4	37,6	36,4	45,7	42,4
Die Angebote des HSP sind zu teuer	3,8	6,0	2,3	1,4	/	1,8	5,0	2,3	10,3	3,9
Die Sportanlagen liegen zu ungünstig	28,2	6,9	8,5	36,8	/	18,2	18,6	6,8	10,3	17,0
Die Sportanlagen sind nicht mit öffentlichen Verkehrsmitteln erreichbar	5,1	0,9	1,4	4,3	/	0,0	0,0	2,3	0,0	1,6
Ich habe keine Zeit, an den Angeboten des HSP teilzunehmen	39,7	40,5	39,7	32,1	/	39,1	38,4	52,3	37,1	38,4
Ich nutze andere Sportangebote	21,8	24,1	39,4	26,8	/	35,5	29,8	27,3	27,6	31,2
Das Angebot, an dem ich teilnehmen wollte, war bereits ausgebucht	7,7	6,0	6,8	8,1	/	3,6	10,3	2,3	6,9	7,3
zu große Entfernung zum Wohnort	5,1	3,4	2,5	5,7	/	2,7	6,2	6,8	4,3	4,3
Sonstiges	10,3	10,3	4,8	4,8	/	8,2	6,2	2,3	6,9	6,4
Gesamt	194,8	186,8	175,6	196,6	/	183,7	180,6	163,8	184,5	183,9

Anhang 10   Warum haben Sie bisher nicht an den Angeboten des Hochschulsports teilgenommen?

Warum nutzen Sie die Angebote des Hochschulsports nicht mehr?

	Aachen	Bielefeld	Bochum	Bonn	Dortmund	Köln	Münster	Paderborn	Wuppertal	Gesamt
Studierende (in %)										
Die Gruppen waren zu voll	34,5	44,9	33,1	22,2	40,4	39,6	27,3	15,1	23,3	33,3
Das Angebot war ausgebucht	12,8	5,3	8,9	16,0	10,9	13,4	21,7	17,1	10,7	12,8
Die Qualität des Angebots war zu schlecht	16,5	21,5	18,0	14,2	26,1	22,3	18,4	17,8	13,4	19,4
Die Angebote waren zu teuer	9,5	1,7	2,1	5,3	2,7	6,1	7,1	13,3	9,9	6,0
Die Sportanlagen waren zu schlecht	8,6	7,5	8,1	8,2	9,6	15,7	8,4	4,7	5,4	9,7
Ich habe keine Zeit mehr	46,8	45,1	48,7	43,9	56,0	41,3	43,7	52,1	51,1	46,0
Die Angebote finden für mich zur falschen Zeit statt	40,2	50,2	44,5	50,9	51,2	52,1	32,2	36,4	52,0	44,9
Ich nutze andere Sportangebote	18,0	10,4	21,9	16,8	12,3	24,8	19,0	17,9	14,7	18,4
ich wohne (inzwischen) weit weg	3,8	3,7	7,4	11,8	1,2	5,5	11,1	6,3	7,3	6,6
Der Kurs wird nicht mehr angeboten	1,4	0,9	1,7	0,0	0,6	2,0	1,5	0,5	2,9	1,3
Wegen gesundheitlicher Gründe	3,1	1,2	1,8	2,2	0,0	1,9	1,0	1,2	1,8	1,7
Sonstiges	6,8	8,9	4,8	9,0	3,4	2,4	12,8	8,4	6,4	6,4
Gesamt	202,0	201,3	201,0	200,5	214,4	227,1	204,2	190,8	198,9	206,5
Bedienstete (in %)										
Die Gruppen waren zu voll	29,6	31,0	32,6	18,6	/	25,8	19,9	16,3	19,4	26,5
Das Angebot war ausgebucht	16	4,8	10,9	15,6	/	7,6	12,3	4,1	0,0	10,4
Die Qualität des Angebots war zu schlecht	11,1	6,0	9,6	7,8	/	18,2	9,6	2,0	10,4	9,3
Die Angebote waren zu teuer	8,6	7,1	1,8	3,6	/	6,1	3,4	10,2	6,0	4,1
Die Sportanlagen waren zu schlecht	9,9	9,5	7,0	5,4	/	10,6	6,8	6,1	3,0	7,3
Ich habe keine Zeit mehr	38,3	39,3	38,1	40,7	/	34,8	38,4	36,7	41,8	38,5
Die Angebote finden für mich zur falschen Zeit statt	38,3	50,0	46,9	57,5	/	48,5	41,8	53,1	56,7	48,3
Ich nutze andere Sportangebote	28,4	19,0	29,3	25,7	/	24,2	22,6	32,7	20,9	26,1
ich wohne (inzwischen) weit weg	4,9	1,2	6,5	12,6	/	3,0	3,4	0,0	1,5	5,5
Der Kurs wird nicht mehr angeboten	1,2	1,2	2,8	1,2	/	3,0	4,1	4,1	4,5	2,6
Wegen gesundheitlicher Gründe	2,5	1,2	2,1	0,6	/	1,5	1,4	2,0	7,5	2,0
Sonstiges	11,1	13,1	8,3	9,0	/	6,1	11,0	8,2	9,0	9,3
Gesamt	199,9	183,4	195,9	198,3	/	189,4	174,7	175,5	180,7	189,9

Anhang 11   Warum nutzen Sie die Angebote des Hochschulsports nicht mehr?

Schriften zur Körperkultur

hrsg. von Prof. Dr. Horst Hübner
(Bergische Universität Wuppertal)

Sportentwicklung in Hattingen

Sportverhalten
Sportstätten
Sportstättenbedarf

Horst Hübner, Oliver Wulf (Hg.)
Schriften zur Körperkultur
Band 55
Lit

Horst Hübner; Oliver Wulf (Hg.)
Grundlagen der Sportentwicklung in Hattingen
Sportverhalten – Sportstättenatlas – Sportstättenbedarf
Die Stadt Hattingen hat im Jahr 2007 beschlossen, die Forschungsstelle „Kommunale Sportentwicklungs-
planung" der Bergischen Universität mit der Schaffung aktualisierter Grundlagen für eine zeitgemäße
Sportstättenentwicklungsplanung zu beauftragen. In Anlehnung an den von Bund, Ländern und Gemein-
den sowie dem Deutschen Sportbund verabschiedeten „Leitfaden für die Sportstättenentwicklungsplanung" sind in den Jahren 2008 und 2008 empirische Untersuchungen durchgeführt und die weiteren
Planungsgrundlagen erarbeitet worden. Der vorliegende Band präsentiert auf 200 Seiten die relevanten
Ergebnisse. Als erster Baustein wurde die Ermittlung des Sporttreibens der Einwohner in Angriff genommen und dazu im Februar und Juni 2008 die 10- bis 75-jährige Bevölkerung Hattingens repräsentativ
befragt (Teil A). Die gute Qualität der Stichproben (1.983) ermöglicht für die Gesamtstadt und auch kleinräumig für die Stadtteile eine Vielzahl aussagekräftiger Einblicke in das Sporttreiben der Hattinger. Der
Sportstättenatlas der Stadt Hattingen (Teil B) umfasst über 110 Sportstätten und Sportanlagen; diese wurden im Verlauf des Jahres 2008 differenziert erfasst. Sie stehen der Sportverwaltung in Form einer dynamischen Datenbank zur Verfügung und bieten erstmals für die Sportstätten der Grundversorgung und auch
für die Sondersportanlagen ein umfangreiches Bild über den für das Sporttreiben und die bewegungsaktive
Freizeit so wichtigen Infrastrukturbereich. Der dritte Baustein zeitgemäßer Sportstättenentwicklungsplanung erläutert für zwei Teilbereiche die Bilanzierung von Sportstättennachfrage und Sportstättenangebot
(Teil C). Zuerst erfolgen verschiedene Musterrechnungen zur Ermittlung der Nachfrage der Hattinger
nach Fußballplätzen. Das zweite Teilgutachten zeigt in differenzierter Form den Bestand und den Bedarf
an städtisch-öffentlichen Turn- und Sporthallen. Die jeweiligen Teilgutachten beinhalten interkommunale
Vergleiche und beziehen die Einwohnerprognose in die Vorschläge für die künftige Sportstättenentwicklung mit ein. Hattingen verfügt mit dem nun gedruckt vorliegenden Band über umfangreiche und empirisch fundierte Basisdaten für eine gezielte Aktualisierung der Sportförderung und für eine zukunftsfähige
Sportstättenentwicklung.
Bd. 55, 2009, 200 S., 24,90 €, br., ISBN 978-3-643-10165-5

LIT Verlag Berlin – Münster – Wien – Zürich – London

Auslieferung Deutschland / Österreich / Schweiz: siehe Impressumsseite

Horst Hübner; Michael Pfitzner; Inga Seidel (Hg.)
Selbstevaluation des schulsportlichen Unfallgeschehens
Modetrend oder nachhaltiges Instrument für einen sicheren und attraktiven Sportunterricht?
Anfang 2006 ist das neue Handlungsprogramm zur „Sicherheits- und Gesundheitsförderung im Schulsport in Nordrhein-Westfalen" in Kraft getreten. Eine Zielsetzung bestand darin, das weiterhin hohe Unfallgeschehen zu reduzieren und mit Hilfe der Aspekte „Risiko" und „Sicherheit" nachhaltige Impulse zur Unterrichtsentwicklung zu gewinnen. Daher sollte ein Verfahren entwickelt werden, wie Sportlehrerinnen und Sportlehrer aus einer systematischen Untersuchung des Unfallgeschehens der eigenen Schule gemeinsam zu einem qualitätsvollen und sicheren Sportunterricht beitragen können. Im Schuljahr 2007/08 hat die Forschungsstelle „Mehr Sicherheit im Schulsport" der Bergischen Universität Wuppertal das Pilotprojekt „Selbstevaluation des schulsportlichen Unfallgeschehens" durchgeführt. Das Vorhaben wurde unterstützt von Seiten der Unfallkasse NRW, des Ministeriums für Schule und Weiterbildung NRW und des Landesverbandes der Betriebskrankenkassen NRW. Die zwölf teilnehmenden Pilotschulen aus allen Schulformen haben auf Grundlage der schulinternen Sportunfälle ihr Unfallgeschehen ausgewertet und im Rahmen einer Fachkonferenz Sport diskutiert. Auf das schulinterne Unfallgeschehen abgestimmt, konnten die Schulen anschließend zahlreiche Maßnahmen entwickeln, um die Unfallzahlen im Schulsport künftig zu senken und die Sicherheit zu erhöhen. Auf diese Weise leisten sie einen Beitrag zur guten und gesunden Schule und zur Qualitätsverbesserung des Sportunterrichts. Der vorliegende Band stellt die Ziele und den Verlauf des Pilotprojekts vor, darüber hinaus werden konkrete Hinweise geboten, wie eine „Selbstevaluation des schulsportlichen Unfallgeschehens" von den Schulen durchgeführt werden kann. Die von den beteiligten Pilotschulen geschriebenen Erfahrungsberichte bieten Sportfachkonferenzen und Sportlehrkräften, die zukünftig eine Selbstevaluation durchführen möchten, interessante Einblicke in den Verlauf und die durch eine innovative Lehrerkooperation entstandenen Ergebnisse der schulinternen Sicherheitsförderung.
Bd. 56, 2009, 192 S., 24,90 €, br., ISBN 978-3-643-10293-5

LIT Verlag Berlin – Münster – Wien – Zürich – London
Auslieferung Deutschland / Österreich / Schweiz: siehe Impressumsseite

Horst Hübner; Oliver Wulf
Grundlagen der Sportentwicklung in Bielefeld
Sportverhalten – Sportstättenatlas – Sportstättenbedarf
Die Stadt Bielefeld hat im Jahr 2008 beschlossen, die Forschungsstelle „Kommunale Sportentwicklungs-planung" der Bergischen Universität mit der Schaffung aktualisierter Grundlagen für eine zeitgemäße Sportstättenentwicklungsplanung zu beauftragen. In Anlehnung an den von Bund, Ländern und Gemein-den sowie dem Deutschen Sportbund verabschiedeten „Leitfaden für die Sportstättenentwicklungspla-nung" sind in den Jahren 2008 und 2009 empirische Untersuchungen durchgeführt und die weiteren Pla-nungsgrundlagen erarbeitet worden. Der vorliegende Band präsentiert auf 220 Seiten die relevanten Er-gebnisse. Als erster Baustein wurde die Ermittlung des Sporttreibens der Einwohner in Angriff genommen und dazu im September und November 2008 die 10- bis 75-jährige Bevölkerung Bielefelds repräsenta-tiv befragt (Teil A). Die gute Qualität der Stichproben (3.560) ermöglicht für die Gesamtstadt und auch kleinräumig für die Stadtbezirke eine Vielzahl aussagekräftiger Einblicke in das Sporttreiben der Biele-felder. Der Sportstättenatlas der Stadt Bielefeld (Teil B) umfasst über 640 Sportstätten und Sportanlagen; diese wurden im Verlauf der Jahre 2008 und 2009 differenziert erfasst. Sie stehen der Sportverwaltung in Form einer dynamischen Datenbank zur Verfügung und bieten erstmals für die Sportstätten der Grundver-sorgung und auch für die Sondersportanlagen ein umfangreiches Bild über den für das Sporttreiben und die bewegungsaktive Freizeit so wichtigen Infrastrukturbereich. Der dritte Baustein zeitgemäßer Sport-stättenentwicklungsplanung erläutert für zwei Teilbereiche die Bilanzierung von Sportstättennachfrage und Sportstättenangebot (Teil C). Zuerst erfolgen verschiedene Musterrechnungen zur Ermittlung der Nachfrage der Bielefelder nach Fußballplätzen. Das zweite Teilgutachten zeigt in differenzierter Form den Bestand und den Bedarf an städtisch-öffentlichen Turn- und Sporthallen. Die jeweiligen Teilgutachten beinhalten interkommunale Vergleiche und beziehen die Einwohnerprognose in die Vorschläge für die künftige Sportstättenentwicklung mit ein. Bielefeld verfügt mit dem nun gedruckt vorliegenden Band über umfangreiche und empirisch fundierte Basisdaten für eine gezielte Aktualisierung der Sportförderung und für eine zukunftsfähige Sportstättenentwicklung.
Bd. 57, 2009, 216 S., 24,90 €, br., ISBN 978-3-643-10375-8

LIT Verlag Berlin – Münster – Wien – Zürich – London
Auslieferung Deutschland / Österreich / Schweiz: siehe Impressumsseite